新弥生時代のはじまり

第4巻

弥生農耕のはじまりとその年代

西本 豊弘 編

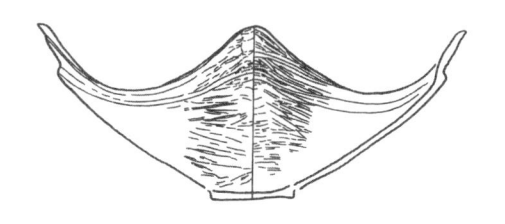

雄山閣

目　次

序 …………………………………………………………………………西本豊弘… 3

日本版較正曲線の作成と新たなる課題 …………………………………尾嵜大真… 4

弥生時代の実年代 …………………………………………………………藤尾慎一郎… 9

近畿地方以東の地域への拡散 ……………………………………………小林謙一… 55

遺物にみられる海洋リザーバー効果 ……………………………………宮田佳樹… 83

貝類の年代測定 ……………………………………………………………遠部　慎… 91

動物骨の年代測定 …………………………………………………………伊達元成…100

穀類の同定 …………………………………………………………………住田雅和…106

黒川式土器の再検討──九州の縄文時代晩期土器── …………………水ノ江和同…114

韓半島の新石器時代の造形物 ………………………………梁成赫（金　憲奭訳）…128

西安漢墓陶倉出土植物遺存の鑑定と分析 …………………趙志軍（今村佳子訳）…135

日本への金属器の渡来 ……………………………………………………石川岳彦…147

序

　学術創成研究『弥生農耕の起源と東アジア』は2004年度から始まり2008年度で終了する。この5年間の研究成果は，研究が始まって1年目から刊行してきたこの「新弥生時代のはじまり」シリーズで一般公開してきた。本書はその第4巻であり最終巻である。

　弥生時代の年代をめぐる研究は，2002年に科学研究費による研究（今村峯雄代表）で弥生土器に付着した炭化物を加速器によって年代測定したところ，予想外に古い測定値を得たことにはじまる。そこで，さらに弥生時代の年代を確実にするためにこの学術創成による研究を始めることとなった。

　2004年以降，全国の教育委員会・埋蔵文化財センターをはじめとして多くの研究者の協力を得て，この研究を推進してきた。その結果，水田稲作を伴う弥生時代は紀元前10世紀後半に始まったと推測される。我々の炭素14年代測定による弥生時代の年代研究は，弥生時代と縄文晩期の資料の測定を中心としてきたが，弥生時代のみを測定しても信頼されないことから，旧石器時代から江戸時代までのあらゆる時代の資料を測定する方針で行なってきた。したがって，1995年以降継続してきた国立歴史民俗博物館による炭素14年代研究の結果は，旧石器時代から江戸時代までの年代観を提示したことになる。この結果は，考古学的な編年研究と矛盾することはなく，編年研究に具体的な年代を与えて研究を促進することになるであろう。

　この研究では，年代測定値だけではなく暦年代を推測して議論を行なってきたが，暦年代を得るための世界基準の較正曲線を用いるだけではなく，紀元前10世紀から紀元後3世紀までの弥生時代に相当する時期の日本独自の較正曲線の作成に努めた。その結果，おおよそは世界基準と大きくずれることはなかったが，紀元後1世紀から3世紀の時期では，日本では世界基準と若干ずれることがわかった。この時期の測定から推測された暦年代が従来の較正曲線を利用した年代よりも新しくなる可能性が高い。この時期は古墳の発生期であり，古代国家形成期である。今後，この時期の年代に関する研究をさらに続けなければならないであろう。このように，炭素年代測定による年代研究は，考古学的な編年研究の中に実年代を用いた新しい研究を生み出したと言える。

　加速器を用いた炭素14年代の測定法は，ごく少量の炭素14で測定可能というメリットがあると同時に，資料の汚染や海洋リザーバー効果などさまざまな要因による影響を受けやすい。そのために測定試料の慎重な前処理が必要であり，測定データの解釈についても海洋リザーバー効果や炭素と窒素の比率など様々な要素を考慮すべきである。加速器による炭素14年代測定法は万能ではなく，まだ多くの問題が残っている。この方法に信頼を得るためには，研究に直接携わる自然科学者だけではなく考古学者の協力が不可欠である。今後さらにこの分野の研究が進み，考古学・歴史学の研究に新たな展望をもたらすことを期待している次第である。

　最後に，この研究に協力いただいた研究分担者・研究協力者・全国の考古学関係者の方々に心から感謝の意を表します。

編者　西本豊弘

日本版較正曲線の作成と新たなる課題

尾嵜大真

1　炭素14年代法と暦年較正

　炭素14年代法などの放射性核種を利用した放射性年代決定法では，放射性核種が一定の半減期で異なる核種へ壊変することを利用して，その核種が壊変した量を求め，時間（年代）を決定する。壊変した量を求める際に，現時点での量は今ある試料について分析を行なうことで求められるが，その初期値を求めるのに直接あるいは間接的にさまざまな方法が取られている。初期値を求めることが困難な場合にはある値を仮定して年代値が計算される。このようにして求められる年代値は「仮想年代」などと呼ばれている。

　炭素14年代法では炭素14濃度の初期値はほとんどの場合，大気中二酸化炭素の炭素14濃度とされる。そして，炭素14年代法が確立された当時は，宇宙線によって生成された炭素14が大気に入ってくる速度と大気中の炭素14の減少速度はほぼ平衡となっていて，大気中二酸化炭素の炭素14濃度はほぼ一定であると考えられていたため，大気中二酸化炭素の炭素14濃度と年代を求める試料中の炭素14濃度とを比較することで炭素14年代値が求められていた。しかし，樹木の年輪中などの炭素14を系統的に測定した結果から大気中二酸化炭素の炭素14濃度は必ずしも一定でなく，変動していることがわかってきた。つまり，「炭素14年代値」は実際の年代とは異なる仮想年代だったのである。しかし，過去の報告値との統一を図るために，現在でも炭素14年代値は初期値をある一定の濃度と仮定して算出されている。そして，主に年輪年代法で年代付けされた年輪試料などの年代既知の試料中の炭素14濃度と実際の年代を対応させることで，炭素14年代を実際の年代（暦年代）に変換する手法－暦年較正－がとられるようになった。1980年代からは国際的に組織だって炭素14年代を暦年代に較正するデータベースが構築されている（最新のものはIntCal04〔Reimer et al. 2004〕）。

　また，大気中二酸化炭素の炭素14濃度は1年以上の単位ではほぼ地球全域で均一であると考えられてきたのだが，南半球の樹木の炭素14を測定してみた結果，北半球のものと比べて系統的に古くなっていることが明らかとなり，少なくとも南北半球間では均一ではないことが明らかとなった〔たとえばHogg et al. 2002, McCormac et al. 2004〕。さらに北半球内でもトルコの樹木についての炭素14測定の結果から紀元前800年から750年の間では北欧とは一致しないことが示され〔Kromer et al. 2001〕，半球レベルでもときには異なる可能性が示されつつある。近年では東南アジアの樹木の炭素14は北半球よりも南半球のそれと一致していることが示され，南北半球の分け目も地理的な赤道による分割ではなく，大気を塊として考えた境目を考えなければならないことが示されている〔Hua et al. 2004〕。

2　日本産樹木年輪試料中の炭素14とIntCal04

　IntCal04は北半球一般に汎用的な炭素14年代較正曲線とされている。しかし，IntCal04がヨーロッパや北アメリカの樹木年輪試料の炭素14濃度をもとに作られていることを考えると，果たして北半球とはいえ，それらの地域から遠く離れた日本の試料に対してもIntCal04が適切な較正曲線であるかどうかは，炭素14年代法を利用する上では非常に大きな問題となる。その疑問に答えるべく，われわれは奈良文化財研究所の光谷拓実氏によって確立された日本産樹木に対する年輪年代法を用

表1　日本産樹木年輪試料の詳細

試料名	樹種	試料採取地点	年輪年代
AKNKH	スギ	秋田県にかほ市	1060BC～506BC
HRHH	ヒノキ	広島県東広島市 黄幡1号遺跡	820BC～436BC 339BC～204BC
NNIH	ヒノキ	長野県飯田市 畑ノ沢地区	685BC～193BC
HKN	スギ	神奈川県 足柄下郡箱根町	245BC～AD190
NNMSM	ヒノキ	長野県南信濃村 遠山川河床	153BC～AD500

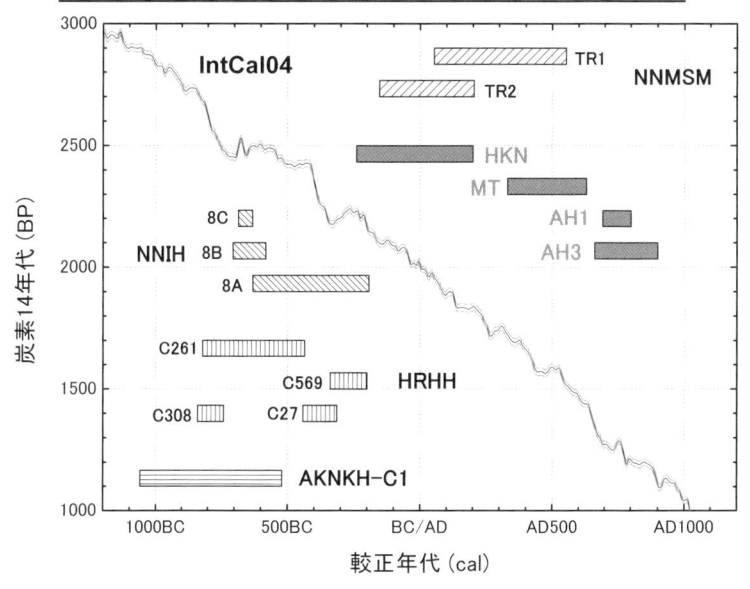

図1　IntCal04と日本産樹木試料の年代幅

いて年代付けされた日本産樹木年輪試料の炭素14年代測定を行なってきた〔たとえばSakamoto et al. 2003, Ozaki et al. 2007など〕。表1に用いた日本産樹木試料の詳細を記した。図1にはこれらの日本産樹木試料の年代幅をIntCal04とともに示した。表1, 図1からも明らかなようにこれらの日本産樹木年輪試料は弥生時代全体をカバーしている。

弥生時代に相当する時期については, IntCal04はほとんど10あるいは20年ごとの年輪試料について得られた炭素14年代によって構築されている。ここではIntCal04の刻みに合わせて5年輪ごとについての測定を行なった。その結果, 得られた日本産樹木年輪試料中の炭素14年代の平均を暦年代に対してプロットしたものが図2である。図2には比較としてIntCal04も示してある。さらに, 図2には日本産樹木年輪試料の炭素14年代とIntCal04との違いも示した。

5年輪ごとに測定を行なったことで, 11年周期とされる太陽活動の変動の影響が多く認められ, 個々の値をIntCal04と比較すると違いが幾分か大きくなる傾向がある。その差は, 多くの場合, 10年あるいはそれ以上の移動平均をとることで減少する。しかし, 紀元前700年から650年では移動平均をとってもIntCal04と比較して明らかに大きな振幅が認められる。この部分はIntCal04のもととなったデータも少ない上に, 20年輪についてのデータなどもあり, IntCal04自体が必ずしも完全なものではないことが推測される。つまり, 日本産樹木から得られた結果は日本の試料特有のものではなく, 太陽活動などによる大きな炭素14濃度の変動が非常に大きかったことを反映したものであると考えられる。実際に日本産樹木の結果は11年周期のような変動を示している。このような変動は紀元前820年以前にも見受けられるが, 太陽活動の影響であるかは明確には見て取れない。1年輪ごとの測定などを行なうことで, 判別できるものと思われる。

そして, 紀元後1世紀から3世紀にかけてはSakamoto et al.〔2003〕も示唆していたように, 明らかなIntCal04との違いが確認された。Sakamoto et al.〔2003〕では10年輪ごとでの測定であったものを5年輪ごとで行なった上に, 近年の高精度化された加速器質量分析計（AMS）による高精度の結果から, 明確なものとなった。また, その違いは正確に系統的なものではなく, 急激に炭素14年代が若くなるところではその違いが小さくなり, 炭素14が古くなるところでは違いが保たれるか大きくなるような傾向が見受けられた。このような傾向はHua et al.〔2004〕が南半球のものと似ていると指摘した東南アジアの樹木と似ており, 違いが生まれた原因を探る上で非常に興味深い。

3　日本産樹木間の比較

紀元前820年から450年にかけてはNNIH，HRHH，AKNKHの3つの日本産樹木が重複している部分である。図3に重複した部分について，その差を暦年代に対してプロットしてみた。この図からこれらの3つの樹木の年代の重なる部分はほぼ完全に一致していることがわかる。また，これらの結果は，上述した紀元前700年から650年にかけての大きな振幅があった部分を除いてIntCal04とも非常によく一致していることから，IntCal04と一致した結果の得られる年代範囲では日本のほぼ全域でIntCal04が適用可能ということが推測される。

しかし，IntCal04と日本産樹木との間に大きな系統的な違いが認められる紀元後1世紀から3世紀の中で，紀元後1世紀の前半部分では2つの日本産樹木の間にもわずかながら違いが認められ，さらに双方ともIntCal04とも一致していない。少なくとも日本近辺では大気中炭素14濃度が北半球の他の地域と大きく異なっていたことは明らかで，日本近辺だけに限っても大気中炭素14濃度は不均一であったことが推測される。これは，炭素14濃度の地域による違いがどれくらいの空間的広がりを持ち，どのように違っていたのかを明らかにする上で非常に興味深い。

おそらくは地球上の炭素循環が関与していることが推測されるが，具体的にどのような事象に起因しているかはいくつかの可能性が考えられ，絞り込むのは困難である。後述するが，今後詳細に検討したいところである。

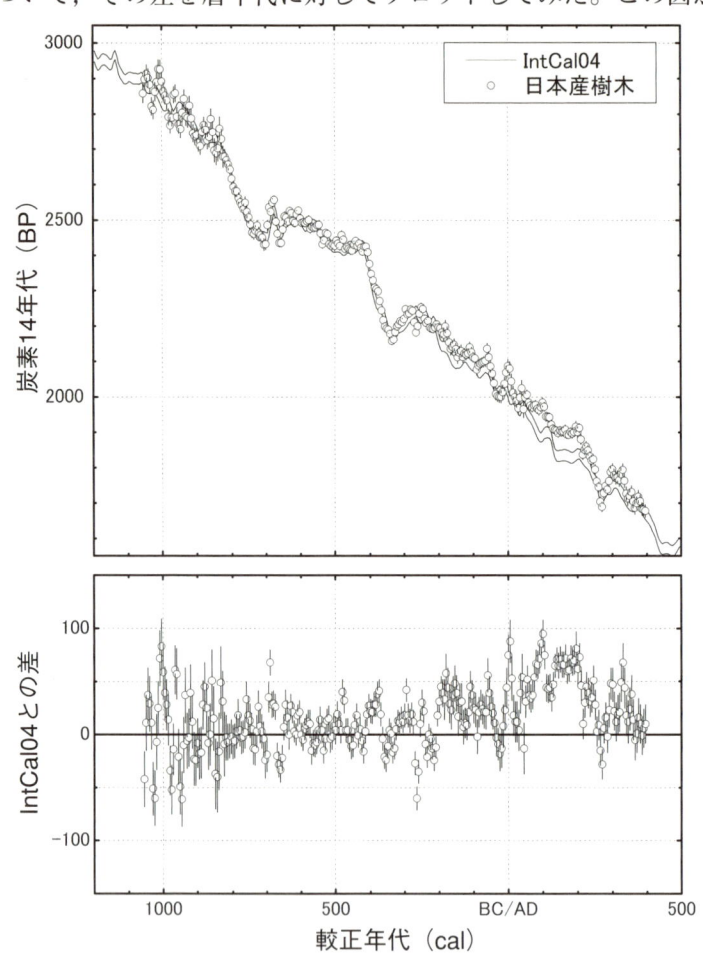

図2　日本産樹木年輪試料の炭素14年代とIntCal04

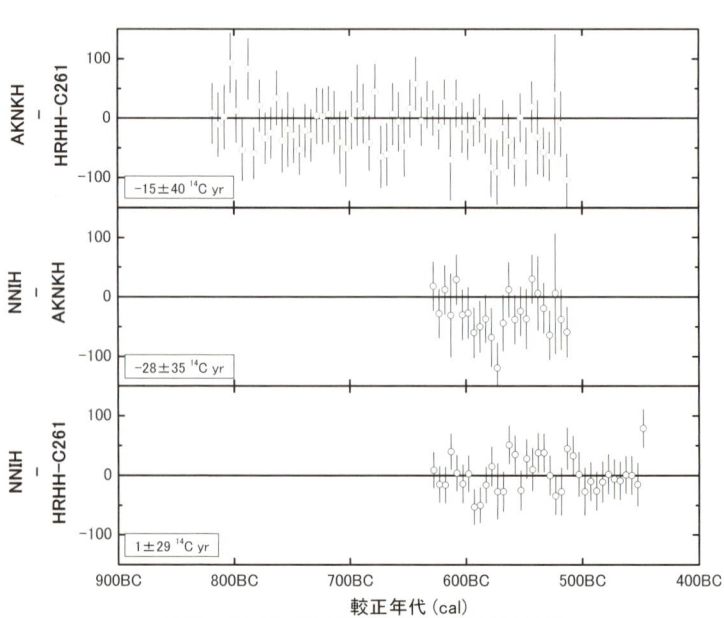

図3　日本産樹木間の炭素14年代の相違

4　日本産樹木年輪試料の炭素14年代を使った暦年較正

さて，IntCal04と日本産樹木と

の間に違いが認められた部分では実際の暦年較正においてどのような影響があるのだろうか。

　IntCal04にはなかった太陽活動の変動に起因するものと考えられる炭素14の激しい変動が見つかった紀元前700年から650年の部分については，IntCal04では紀元前800年位だったものが紀元前7世紀前半である可能性が現われたり，紀元前400年位だったものが紀元前700年あるいは紀元前650年くらいに確率をもったりと小さくない影響が現われる。ただし，決してIntCal04と日本産樹木による暦年較正結果がまったく異なるものとなることはない。そして，暦年較正結果の範囲以上に試料の実年代を絞り込むことは炭素14測定からのみでは不可能であり，それは試料の持つ情報と組み合わせることで初めて可能となるものである。まさに考古学的知見との組み合わせが重要となるのである。

　日本産樹木とIntCal04が大きく異なる紀元前1世紀から3世紀ではどうなるのであろうか。ひとつの明確な例としてはImamura et al.〔2007〕があげられる。これは京都府宇治市街遺跡下層から見つかった木材資料についてのウィグルマッチングで，IntCal04と日本産樹木における系統的なズレをIntCal04に与えた場合の暦年較正結果で明らかに異なる結果が得られた例である。この系統的な違いはわずか14 ± 7 ^{14}Cyrであるにもかかわらず，100年近い暦年較正結果の違いとなった。紀元前1世紀から3世紀のIntCal04と日本産樹木の炭素14の違いは大きなところでは100 ^{14}Cyr近くにもなる。違いの大きさが必ずしも暦年較正結果にそのまま反映されることはないが，異なる結果が得られることは明らかである。実際に尾嵜ら〔2008〕では小田ら〔2007〕の指摘したIntCal04による不自然な暦年較正結果が日本産樹木の炭素14を用いることで解消され，考古学的な年代観とも非常によく合致することを示している。

おわりに

　ここでは，弥生時代を網羅する年代範囲の日本産樹木年輪試料の炭素14年代測定の結果を北半球一般で汎用的なものとされる炭素14年代較正曲線IntCal04と比較・検討し，暦年較正結果に生じる違いを考察した。結果として，弥生時代のほとんどの年代範囲でIntCal04が日本でも十分利用可能なものであるということが明らかとなった。しかし，弥生時代後期から古墳時代にかけて，紀元後1世紀から3世紀にかけては日本産樹木年輪試料の炭素14年代は明らかにIntCal04と異なる。これは日本産樹木の結果を較正曲線として用いた方がIntCal04を用いるより考古学的な年代観と整合的である例もあることからも支持される。ただ，この時期についての複数の日本産樹木年輪試料の測定結果の間には，近年の高精度化されているAMSによる炭素14測定の誤差を考えると，わずかながらも違いがあるように見受けられる。当然のことながら，大気中炭素14濃度は必ずしもわれわれ人間の国境を基準に区切られているわけではない。つまり，これまでの日本産樹木年輪試料の炭素14測定から明らかとなった紀元後1世紀から3世紀の炭素14年代の違いは日本全域で必ずしも同じではないのかもしれない。今後，空間的な測定範囲を広げることにより，検討されるべき問題であるように思われる。この時期の日本では文書による記録が生まれつつあり，考古学で取り扱う年代精度が非常に高くなることからも炭素14年代法によって得られる年代，とりわけ実年代にも高い精度が求められ，日本の資料に対する的確な暦年較正曲線の整備は強く望まれよう。

　また，炭素14濃度の違いが明らかにされるたびにその原因となる事象についても議論がなされてきた。日本における紀元後1世紀から3世紀の炭素14の異常についても，それが何に起因するものなのかは非常に興味深く，今後，日本国内外の多くの地域の木材年輪試料の測定が進められ，明らかにされるべきものであろう。それが明らかにされれば，弥生時代から古墳時代への変化とも何らかのつながりが見出されるかもしれない。

　　謝辞

　　日本産樹木年輪試料に関しては非常に多くの炭素14測定を行なってきた。AMS法の開発により短時間で高精度での測定が可能になったとはいえ，多くの人の手助けの下にここまでの結果が得られ，詳細に

わたる議論を展開することが可能となった。名古屋大学年代測定総合研究センター 中村俊夫教授，東京大学大学院工学系研究科 松崎浩之准教授，（株）パレオ・ラボ 小林紘一博士，伊藤茂氏，丹生越子氏に感謝いたします。

そして，年輪試料の年代付けに必要不可欠であった年輪年代法を日本においても確立され，本稿の日本産樹木資料の年代付けをしていただいた奈良文化財研究所 光谷拓実博士に心より感謝いたします。

参考文献

P. J. Reimer, M. G. L. Baillie, E. Bard, A. Bayliss, J W. Beck, C. J. H. Bertrand, P. G. Blackwell, C. E. Buck, G. S. Burr, K. B. Cutler, P. E. Damon, R. L. Edwards, R. G. Fairbanks, M. Friedrich, T. P. Guilderson, A. G. Hogg, K. A. Hughen, B. Kromer, G. McCormac, S. Manning, C. B. Ramsey, R. W. Reimer, S. Remmele, J. R. Southon, M. Stuiver, S. Talamo, F. W. Taylor, J. van der Plicht, C. E. Weyhenmeyer 2004 IntCal04 Terrestrial Radiocarbon Age Calibration, 0–26 cal kyr BP. *Radiocarbon* 46 (3), 1029-1058

A. G. Hogg, F. G. McCormac, T. F. G. Higham, P. J. Reimer, M. G. L. Baillie, J. G. Palmer 2002 High-presicion radiocarbon measurements of comtemporaneous tree-ring dated wood from the British Isles and New Zealand: AD1850-950, *Radiocarbon* 44 (3), 633-640

F. G. McCormac, A. Bayliss, G. L. Baillie 2004 ShCal04 southern hemisphere calibration, 0-11.0 cal kyr BP. *Radiocarbon* 46 (3), 1087-1092

B. Kromer, A. W. Manning, P. I. Kuniholm, M. W. Newton, M. Spurk, I. Levin 2001 Regional $^{14}CO_2$ offsets in the troposphere: Maginitude, mechanisis, and conseqences. *Science* 294, 2529-2532

Hua Q, Barbetti M, Zoppi U, Fink D, Watanasak M, Jacobsen GE. 2004 Radiocarbon in tropical tree rings during the Little Ice Age. *Nuclear and Instrumental Methods B* 223-4, 489-494.

M. Sakamoto, M. Imamura, J. van der Plicht, T. Mitsutani, M. Sahara 2003 Radiocarbon Calibration For Japanese Wood Samples. *Radiocarbon* 45 (1), 81-89

H. Ozaki, M. Imamura, H. Matsuzaki, T. Mitsutani 2007 Radiocarbon in 9th to 5th century BC tree-ring samples from the Ouban 1 archaelogical site, Hiroshima, Japan. *Radiocarbon* 49 (2), 473-479

M. Imamura, H. Ozaki, T. Mitsutani, E. Niu, S. Itoh 2007 Radiocarbon wiggle-matching of Japanese historical materials with a possible systematic age offset. *Radiocarbon* 49 (2), 331-337

尾嵜大真・藤尾慎一郎・小林謙一・坂本　稔・春成秀爾・今村峯雄・西本豊弘・松崎浩之・中村俊夫・光谷拓実 2008「日本産樹木年輪試料の炭素14年代を用いた弥生時代後期から古墳時代初期の暦年較正」『日本文化財科学会第25回大会研究発表要旨集』136-137

小田寛貴・山本直人・赤塚次郎・加納俊介・木野瀬正典・中村俊夫 2007「弥生終末期から古墳前期の土器に付着した炭化物の^{14}C年代—愛知県安城市釈迦山遺跡・中狭間遺跡の例を中心に—」『日本文化財科学会第24回大会研究発表要旨集』136-137

弥生時代の実年代

藤尾慎一郎

はじめに

　2003年5月に歴博の年代測定研究グループは，日本列島の水田稲作が前10世紀に九州北部で始まっていたという，それまでの考え方よりも500年早い水田稲作開始説を発表した。本グループが1996年から縄文土器に付着した炭化物約700点を対象に実施した炭素14年代測定と方法論の整備をふまえての発表であったが，西日本を中心とした弥生時代の研究者には知られていなかったこともあって多くのご批判をいただいた。

　発表から6年，今や弥生時代の開始年代が従来通り前5～前4世紀でよいという研究者は九州北部の数人となり，開始年代について発言している研究者の中には，前600年説〔武末 2002〕，甲元眞之・宮本一夫，石川日出志のような前8～前7世紀説，ひいては西周前期である前10～前9世紀までさかのぼる可能性を示唆する大貫静夫〔大貫 2007〕などの説が出てくるようになった。まだ議論を見守っている研究者がほとんどとはいえ，歴博以外にも弥生時代が従来の考えよりも早く始まっていたという意見がいくつも出てくるようになった背景には，弥生開始年代を考古学的に語る上で重要な鍵を握っている，中国の遼東・遼西地域の研究が進んだことをあげることができよう。中原系の青銅器を介してしか年代が決められない考古学に対して，年代を直接知ることができる炭素14年代測定が示した弥生時代前10世紀開始説は，考古学的にもすでに射程に入ったといえよう。さらに年輪年代のわかっている日本列島産樹木の炭素14年代測定が進んだことによって，前820～前240年までの炭素14年代値が明らかにされたことも大きい。炭素14年代値が2600 ^{14}C BP台を示す年輪は，前796年より古い年輪であることがわかったからである。ちなみにこれは2600 ^{14}C BP台の測定値をもつ夜臼Ⅱa式が，前796年より古いことを意味する。

　本稿はこれまで本グループが発表してきた弥生時代の実年代のうち，九州北部から西部瀬戸内にかけての地域と愛知県域における水田稲作の開始年代，定型化した前方後円墳の築造開始年代に対する現状での見通しについて述べたものである。近畿，東北，中部，関東における水田稲作の開始年代は本巻の小林謙一論文をご参照いただきたい。

　1章では私たちがどのようにして実年代を求めているか，統計的な手法を述べる。2章から5章までは九州北部（2章），九州東部・西部瀬戸内（3章・4章），愛知県（5章）における水田稲作が始まった炭素14年代を確定し，6章ではこれらの炭素14年代の実年代を求める。今回初めて，板付Ⅱa式と板付Ⅱb式の開始年代を統計的に導き出したのであわせて報告する。7章は韓国無文土器の年代だが，あらたに水石里式土器の炭素14年代に関する新情報を盛り込んだ。8章では2008年5月の日本考古学協会で概要を発表した前方後円墳の成立年代について報告する。

1　年代決定の基本的な考え方

　弥生時代の実年代を求める場合，まず行なうのは同じ土器型式に属する炭素14年代値を出来るだけ多く測ることである。理想は一型式につき20点ぐらい。試料は土器の外面に付着したススや内面に付着したお焦げが望ましい。その土器に伴うことが確実だからである。木炭だと木炭自身の考古年代は出土状況に頼らざるを得ず，土器との厳密な同時性が保証できないからである。次に集め

土器型式ごとに炭素14年代の中心値を較正曲線上に並べていき，較正曲線上における土器型式ごとの位置を決定していく。複数の箇所に置ける場合もとりあえずプロットしてみる。当然土器型式には存続幅があるので，同じ土器型式の測定値は何十年かの範囲に分散する。

海洋リザーバー効果の影響を受けた炭化物の測定値や，測定上のエラーのものは型式の集中域から大きく外れてしまうので，グラフ上で視覚的に識別することができる。またある程度データ数が増えれば土器型式の順番と逆転する位置にプロットしてある測定値は外すことができるようになる。この作業を繰り返していけば土器型式ごとの炭素14年代値を絞り込むことがやがて可能になる。こうして型式ごとにまとまった炭素14年代の上限値と下限値をもとに較正年代への変換を行なえば，自然科学的な方法だけで行なうよりは，考古情報を盛りこむことでより絞り込んだ較正年代を得ることができる。繰り返し批判されるような土器1点の測定値をもって恣意的に年代を求めているわけではない。

さらに土器型式の較正年代の上限値と下限値を求める場合は，型式ごとにまとめた炭素14年代値の上限値と下限値の較正年代から求めるのではない。隣接する土器型式の境界を統計的に求めている。

まず次章で九州北部の縄文晩期末から弥生前期中頃までの土器に付着した炭化物を試料として測定した炭素14年代の値を用いて，土器型式ごとの炭素14年代値を求める。

2　九州北部における水田稲作の開始年代──弥生時代はいつ始まったのか──

暦年較正曲線の凹凸（ウィグル）の特性を利用して，木材の年輪に沿って多数の年輪の炭素14濃度を測定し，得られたパターンと較正曲線パターンとを比較照合することによって高精度・高確度の年代を得る方法が本来のウィグルマッチ法である。

年輪の代わりに土器型式と実年代の関係を出土状況からの新旧や相対編年の情報を活用し，土器型式に対する実年代を暦年較正曲線上で解析する方法が土器型式を用いたウィグルマッチ法である。

（1）水田稲作開始期の山の寺・夜臼Ⅰ式の測定例

九州北部における水田稲作の開始年代について考える。表1は縄文晩期から弥生前期後半および古墳時代の開始期までの九州を中心とした土器型式の炭素14年代値を遺跡ごとにならべたものである。日本列島でもっとも早く水田稲作が始まるのは，山の寺式や夜臼Ⅰ式と呼ばれている土器型式の段階なので，開始年代を知るには直前の土器型式である黒川式新段階の土器と開始期の土器型式との間で統計処理を行ない，両型式の境界を求めることによって弥生時代が始まった実年代を求めることができる。表中の各型式の点数は有効な測定値だけをカウントしたものである。

2004年に佐賀県唐津市菜畑遺跡9～12層出土の山の寺式（図2-2）を測定後，2005年には福岡市板付遺跡第34次調査第9層出土の夜臼Ⅰ式（図3-1，図4-1・2・4）を測定した。板付の砲弾型一条甕（図3-1）1点と晩期系粗製深鉢5点の炭素14年代はすべて2600 ^{14}C BP台であった。夜臼Ⅱa式と同じ炭素14年代をもつ第9層出土土器は，刻目がヘラ刻目であることや口縁部の突帯が口縁端部まで上昇していることなど，板付G-7a・b区最下層出土の夜臼Ⅰ式に比べて型式学的に後出するという山崎純男の指摘もあり，夜臼Ⅰ式新段階として処理した。

その後しばらく山の寺式や夜臼Ⅰ式の測定値を得ることはできなかったが，2006年12月になって福岡市西区橋本一丁田遺跡第2次調査出土の方形浅鉢（図2-1）の口縁部外面から採取した炭化物の炭素14年代値を測定したところ，2765±40 ^{14}C BPという値を得た。方形浅鉢は菜畑9～12層や唐津市宇木汲田貝塚第Ⅺ層から出土するもので，山の寺式に伴うものはこれまでも知られていたが，夜臼Ⅰ式に伴うもので炭素14年代が得られたのはこれが初めてであった。その後，現在に至るまで，これより古い水田稲作開始期の土器の炭素14年代値は得られていない。

表1 縄文晩期初頭〜弥生前期後半，弥生終末〜古墳前期初頭の炭素14年代とδ^{13}C

遺跡名	測定機関番号	炭素14年代	δ^{13}C (‰)	器種	備考(歴博番号など)	コメント
入佐式(晩期初頭)2点						
加世田市諏訪牟田	Beta-176043	2990±30	-27.9	粗製深鉢	FJ0007	未報告，旧称農業センター
鹿児島県姶良町中ノ原	PLD-4645	2940±25	(-26.8)	粗製深鉢	KAMB77	48集489
黒川式古(晩期前半)1点，上菅生B式古3点						
南島原市権現脇	IAAA-40542	2910±30	(-26.2)	粗製深鉢	FJ0431	晩期初頭の年代
霧島市上野原	IAAA-30253	3010±40	(-23.0)	組織痕文土器	FJ0003	
大分市玉沢条里跡7次	MTC-07426	2955±30	-25.8	深鉢		上菅生B式古
大分市玉沢条里跡7次	MTC-07427	2905±30	-26.0	無刻目突帯文土器		上菅生B式古
大分市玉沢条里跡7次	MTC-07428	2945±35	-26.8	深鉢		上菅生B式古
黒川式新(晩期後半)9点＋前池式併行突帯文土器2点						
北九州市石田	MTC-03785	2890±80	-26.1	瀬戸内型屈曲一条甕	FJ0145	前池式併行
土佐市居徳4D区(殺傷人骨)ⅣB層	Beta-184565	2810±40	-25.9	瀬戸内型屈曲一条甕	KCM6	前池式併行
佐賀市東畑瀬	Beta-184543	2860±40	-26.1	粗製深鉢	FJ0149	
佐賀市東畑瀬	Beta-184541	2850±40	-26.5	粗製深鉢	FJ0159	
佐賀市東畑瀬	Beta-184542	2840±40	-26.3	粗製鉢	FJ0154	
小城市石木中高4	MTC-03788	2810±60	-25.5	刻目文鉢	FJ0165	平均値 2831±33
小城市石木中高4	Beta-191834	2840±40	-25.7	刻目文鉢	FJ0165Re	
小城市石木中高7	Beta-189558	2820±40	-25.4	屈曲型粗製鉢	FJ0168	
小城市石木中高1	Beta-189556	2830±40	-26.0	粗製鉢	FJ0162	
唐津市菜畑遺跡	Beta-189570	2820±40	-23.5	屈曲型粗製鉢	FJ0403	
唐津市菜畑遺跡	Beta-189572	2820±40	-26.7	砲弾型粗製甕	FJ0401	
南島原市権現脇	PLD-5055	2825±25	-26.3	組織痕文破片	FJ0573	報告書未掲載
山の寺・夜臼Ⅰ式(早期前半)10点，上菅生B式新2点						
唐津市菜畑	Beta-189571	2880±40	-26.5	屈曲型二条甕	FJ0406	黒川式古の年代で古すぎる
唐津市菜畑	Beta-188522	2730±40	-25.2	甕底部	FJ0408	
唐津市菜畑	Beta-189574	2710±40	-25.8	浅鉢坏屈曲部	FJ0407	
福岡市橋本一丁田	MTC-08113	2765±40	(-27.7)	方形浅鉢	FUFU27	
南島原市権現脇	IAAA-41894	2790±40	(-27.9)	リボン付き粗製鉢	FJ0576	平均値 2769±40
南島原市権現脇	IAAA-40546	2750±30	-26.4	リボン付き粗製鉢	FJ0442	
南島原市権現脇	IAAA-41101	2780±40	-26.3	リボン付き粗製鉢	FJ0577	
南島原市権現脇	PLD-4661	2780±25	-26.6	組織痕文破片	FJ0575Re	報告書未掲載
南島原市権現脇	PLD-5056	2775±25	-26.7	組織痕文破片	FJ0574	
南島原市権現脇	PLD-4657	2715±30	(-30.1)	鉢	FJ0435Re	報告書未掲載
平戸市里田原	IAAA-41094	2750±40	-25.4	粗製鉢	FJ0478	
平戸市里田原	IAAA-41095	2740±40	-26.8	屈曲鉢	FJ0481	
唐津市菜畑	Beta-189573	2760±40	-25.7	浅鉢	FJ0409	

※ゴチは何らかの理由で考古学的に妥当でない測定値

遺 跡 名	測定機関番号	炭素14年代	δ^{13}C (‰)	器 種	備考(歴博番号など)	コメント
福岡市日佐1-13	Beta-188185	3060±40	-26.0	組織痕文鉢	FJ0043	後期末の年代。再測定したのがIAAA41080
	IAAA-41080	2780±40	-26.0		FJ0043Re	
大分市玉沢条里跡7次	IAAA-40795	2760±40	-25.9	無刻目突帯文土器	FJ0460	
大分市玉沢条里跡7次	IAAA-40796	2760±40	-26.1	無刻目突帯文土器	FJ0461	
夜臼Ⅰ新4,夜臼Ⅱa式(早期後半)15点						
福岡市板付34次	Beta-204385	2620±40	-25.8	砲弾型一条甕	FUFU42	第1回目は2410^{14}C BPが出た
福岡市雀居4次	MTC-08030	2690±35	(-23.6)	砲弾型粗製甕	FUFJ4	
福岡市雀居4次	MTC-08038	2745±35	-20.8	浅鉢	FUFJ30b	海洋リザーバー効果の影響
福岡市雀居4次	MTC-08037	2735±35	-21.7	夜臼Ⅱa	FUFJ29	海洋リザーバー効果の影響
福岡市橋本一丁田	Beta-172128	2770±40	-25.1	砲弾型一条甕		夜臼Ⅰ式の年代,古すぎる
福岡市橋本一丁田	Beta-172130	2660±40	未測定	砲弾型一条甕	FJ以前	平均値 2630±28
	MTC-08115	2600±40	(-27.3)		FUFU30	
福岡市橋本一丁田	Beta-172131	2650±40	-25.8	砲弾型一条甕	HSM6	
福岡市橋本一丁田	Beta-172129	2640±40	-26.1	屈曲型二条甕	HSM3	
福岡市橋本一丁田	MTC-08117	2620±45	(-27.8)	砲弾型一条甕	FUFU32	
唐津市梅白2	Beta-174313	2680±40	-24.1	杭	FJ番号なし	
唐津市梅白1	Beta-174312	2600±40	-32.8	杭	FJ番号	
唐津市菜畑	Beta-188523	2810±40	-22.8	唐津型甕	FJ0412	海洋リザーバー効果の影響
唐津市菜畑	Beta-189575	2300±40	-25.9	砲弾型粗製鉢	FJ0410	新しすぎる
	IAAA-41083	2480±40	-25.9		FJ410Re	新しすぎる
唐津市菜畑	Beta-188526	2600±40	-25.4	祖型甕B	FJ0418	
福岡市板付34次	Beta-184551	2670±40	-26.4	砲弾型粗製甕	FJ048	平均値 2650±28
	Beta-204409	2630±40	-27.1		FUFU49	
福岡市板付34次	Beta-204406	2630±40	-25.8	甕底部	FUFU40	
福岡市板付34次	Beta-204407	2600±40	-25.7	砲弾型粗製甕	FUFU41	
南島原市権現脇	IAAA-40543	2600±30	(-27.1)	リボン付粗製鉢	FJ0436	平均値 2596±24
	IAAA-40544	2590±40	-26.4		FJ0434	
小城市石木中高6	IAAA-41081	2650±40	-25.5	屈曲型刻目文土器	FJ0167Re	平均値 2630±20
	MTC-03787	2870±60	-25.7		FJ0167	
	Beta-189568	2610±40	-25.5		FJ0167Re	
福岡市橋本一丁田	MTC-08118	2585±40	(-27.4)	浅鉢	FUFU33	やや新しい
唐津市大江前	MTC-07433	2530±30	-26.6	甕底部	SAGFJ9	新しすぎる
福岡市橋本一丁田	MTC-08114	2490±40	(-28.0)	方形浅鉢	FUFU28	新しすぎる
鹿屋市榎木原3	PLD-9667	2635±25	-26.9	浅鉢		
福岡市福重稲木2次	PLD-9654	2410±25	(-24.6)	砲弾型一条甕		新しすぎる
夜臼Ⅱb式20点・板付Ⅰ式(前期初頭)8点						
福岡市板付34次	Beta-204410	2570±40	-25.5	粗製鉢	FUFU50b	
福岡市雀居12次	Beta-172132	2560±40	-26.3	屈曲型二条甕	JKY2	
筑後市上北島塚ノ本	IAAA-40832	2550±40	-25.0	甕底部	FJ0600	

遺　跡　名	測定機関番号	炭素14年代	$\delta^{13}C$ (‰)	器　種	備考(歴博番号など)	コメント
福岡市那珂君休4次	MTC-04310	2510 ± 35	-26.2	砲弾型一条甕	FJ0074	
福岡市橋本一丁田	MTC-08120	2535 ± 40	(-26.9)	脚台底部鉢	FUFU36	
福岡市橋本一丁田	MTC-08116	2515 ± 40	(-28.7)	砲弾型一条甕	FUFU31	
福岡市橋本一丁田	MTC-08119	2505 ± 40	(-27.7)	砲弾型一条甕	FUFU34	
唐津市大江前	MTC-07430	2610 ± 40	-25.6	砲弾型一条甕	SAGFJ5	誤差の範囲
唐津市大江前	Beta-217421	2460 ± 40	残材なく非測定	唐津型甕	SAGFJ3B	
唐津市大江前	Beta-217422	2580 ± 40	残材なく非測定	甕底部	SAGFJ6	
唐津市大江前	MTC-07429	2465 ± 30	-26.5	唐津型甕	SAGFJ4	誤差の範囲
唐津市大江前	MTC-07434	2530 ± 30	-26.9	砲弾型一条甕	SAGFJ13	
唐津市大江前	MTC-07435	2550 ± 30	-25.9	甕底部	SAGFJ14	
唐津市菜畑	Beta-188527	2800 ± 40	-22.8	唐津型甕	FJ0423	海洋リザーバー効果の影響
唐津市菜畑	Beta-188526	2600 ± 40	-25.4	祖型甕	FJ0418B	誤差の範囲
唐津市菜畑	Beta-188525	2590 ± 50	-26.1	砲弾型一条甕	FJ0420	
福岡市雀居4次	MTC-08031	2495 ± 35	(-26.1)	砲弾型一条甕	FUFJ8B	
福岡市雀居4次	MTC-08035	2550 ± 35	(-23.3)	屈曲型二条甕	FUFJ20A	
福岡市雀居4次	MTC-08028	2455 ± 35	(-24.8)	浅鉢脚底部	FUFJ1	
福岡市雀居4次	MTC-08029	2535 ± 35	(-25.7)	夜臼Ⅱ	FUFJ2	
福岡市雀居4次	MTC-08030	2690 ± 35	(-23.6)	夜臼Ⅱ	FUFJ4	海洋リザーバー効果の影響
唐津市菜畑	Beta-188524	2570 ± 40	-26.7	板付Ⅰ式甕底部	FJ0415	
福岡市雀居12次	Beta-172134	2620 ± 40	-26.8	板付Ib～Ⅱa式	JKY5	
福岡市那珂君休4次	Beta-184553	2520 ± 40	-26.1	板付Ⅰ式	FJ0035	
唐津市大江前	MTC-07431	2525 ± 30	-25.8	板付Ⅰ式	SAGFJ7	
唐津市大江前	MTC-07432	2530 ± 30	-26.4	板付Ⅰ式	SAGFJ8	
福岡市雀居12次	Beta-172135	2590 ± 40	-26.4	板付祖型甕	JKY6	
福岡市福重稲木2次	PLD-9652	2510 ± 25	(-25.0)	砲弾型一条甕		
福岡市福重稲木2次	PLD-9653	2480 ± 25	(-26.1)	板付Ⅰ式		もっとも若い板付Ⅰ式の年代
福岡市福重稲木2次	PLD-9656	2565 ± 25	(-26.1)	祖型甕		
原山式(前期初頭)6点						
佐賀市礫石B	IAAA-30252	2550 ± 50	(-27.5)	砲弾型一条甕	FJ0002	
小城市石木中高8	Beta-189557	2560 ± 40	-25.1	甕底部	FJ0169	
南島原市権現脇	IAAA-40545	2590 ± 40	(-29.7)	屈曲型胴部一条甕	FJ0440	
南島原市権現脇	IAAA-41100	2570 ± 40	-26.1	屈曲型二条甕	FJ0571RE	
南島原市権現脇	IAAA-40541	2570 ± 30	(-27.6)	屈曲型二条甕	FJ0428	
南島原市権現脇	Beta-194400	2530 ± 40	NA	粗製鉢	FJ0437	隆帯に刻目
九州南部の突帯文系土器，擬孔列文土器10点						
曽於市薬師堂の古墳	MTC-07870	2530 ± 40	(-29.0)	屈曲型二条甕	KAFJ13	夜臼Ⅱb式併行

遺跡名	測定機関番号	炭素14年代	$\delta^{13}C$ (‰)	器種	備考（歴博番号など）	コメント
曽於市上中段	MTC-07871	2460 ± 40	(-25.1)	屈曲型甕	KAFJ18	夜臼Ⅱb式併行
曽於市上中段	MTC-07872	2490 ± 40	(-30.8)	組織痕文鉢	KAFJ20A	
曽於市上中段	MTC-07873	2515 ± 40	(-27.7)		KAFJ20B	
曽於市上中段	MTC-07878	2470 ± 45	(-32.9)	砲弾一条鉢	KAFJ21B	夜臼Ⅱb式併行
曽於市小倉前	MTC-07879	2510 ± 40	(-26.8)	孔列文付鉢	KAFJ29	
曽於市小倉前	MTC-07880	2490 ± 40	(-27.4)	屈曲型甕	KAFJ44	
鹿児島県中ノ原	PLD-9670	2520 ± 25	-26.5	組織痕文土器	KAMB-132	黒川式に比定したが前期初頭まで残存するのか？
日置市市ノ原	PLD-9666	2530 ± 25	-26.6	二条甕		亀ノ甲式古
日置市市ノ原	PLD-9668	2505 ± 25	-27.0	二条甕		亀ノ甲式古
南溝手・岡大式8点						
高松市東中筋	Beta-184569	2550 ± 40	-25.9		KGT11-26	口縁部外面
高松市東中筋	Beta-184570	2590 ± 40	-24.8		KGT13-43	口縁部外面
高松市東中筋	Beta-184567	2580 ± 40	-26.6	瀬戸内型屈曲一条甕	KGT7-1	口縁部外面
高松市東中筋	Beta-184568	2550 ± 40	-26.1	突帯文土器	KGT8-12	口縁部外面
高松市東中筋	Beta-187217	2590 ± 40	-26.0		KGT11-31	口縁部外面
高松市東中筋	Beta-187218	2560 ± 40	-26.5	瀬戸内型屈曲一条甕	KGT8-10	口縁部外面
高松市東中筋	IAAA-31603	2570 ± 30	-26.5	瀬戸内型屈曲一条甕	KGT11-27	口縁部外面
高松市東中筋	IAAA-31604	2480 ± 30	-26.6		KGT16-77	底部内面
沢田式新11点，遠賀川系1点						
土佐市居徳1C区ⅣD層, No.26	MTC-03782	2620 ± 60	-25.5	湾曲型一条甕	FJ-0102	外面
土佐市居徳1C区ⅣD層, No.35	MTC-03783	2510 ± 50	-26.3	粗製深鉢	FJ-0105	外面
土佐市居徳1C区ⅣD層, No.34	IAAA-31592	2490 ± 30	-25.8	粗製深鉢	FJ-0106	外面
土佐市居徳1C区ⅣD層, No.125	IAAA-31593	2530 ± 30	-25.7	粗製深鉢	FJ-0108	底部内面
土佐市居徳1C区ⅣB層, No.392	IAAA-31594	2460 ± 30	-25.0	遠賀川系	FJ-0110	外面
土佐市居徳1C区ⅣB層, No.896	MTC-03784	2610 ± 70	-26.5	砲弾型一条甕	FJ-0112	外面
土佐市居徳1C区ⅣB層, No.1013	IAAA-31595	2550 ± 30	-26.7	粗製深鉢	FJ-0115	外面
土佐市居徳	IAAA-31950	2530 ± 30	-24.1	屈曲型二条甕	KGM-18	
今治市阿方	MTC-07844	2520 ± 35	(-23.9)	屈曲型一条甕		内
	MTC-07845	2495 ± 35	(-25.1)			外
今治市阿方	MTC-07846	2475 ± 35	(-24.5)	屈曲型一条甕		内
	MTC-07847	2460 ± 35	(-24.9)			外
今治市阿方	MTC-07848	2535 ± 35	(-22.3)	屈曲型一条甕		外
今治市阿方	MTC-07849	2540 ± 35	(-24.9)	屈曲型一条甕		内
	MTC-07850	2475 ± 35	(-25.2)			外
板付Ⅱa式1点						
福岡市福重稲木2次	PLD-9659	2640 ± 30	(-32.5)	板付Ⅱa式？		古すぎる。グラファイト不足か？

遺　跡　名	測定機関番号	炭素14年代	$\delta^{13}C$ (‰)	器　種	備考(歴博番号など)	コメント
福岡市雀居遺跡4次	MTC-08032	2400 ± 35	(-26.3)	板付Ⅱa式		

板付Ⅱa式併行4, 中山Ⅰ式3点

遺　跡　名	測定機関番号	炭素14年代	$\delta^{13}C$ (‰)	器　種	備考(歴博番号など)	コメント
大分市玉沢条里跡7次	IAAA-41085	2480 ± 40	-26.0	屈曲一条甕系	FJ0449	
大分市玉沢条里跡7次	IAAA-41088	2490 ± 40	-26.9	屈曲一条甕系	FJ0456	
大分市玉沢条里跡7次	IAAA-40792	2410 ± 40	-25.7	屈曲一条甕系	FJ0452	
大分市玉沢条里跡7次	IAAA-40793	2370 ± 40	-26.4	屈曲一条甕系	FJ0457	
今治市阿方3a	MTC-07841	2330 ± 35	(-23.3)	遠賀川系甕		中山Ⅰ式
今治市阿方3b	MTC-07842	2420 ± 35	(-25.9)	遠賀川系甕		中山Ⅰ式
今治市阿方3c	MTC-07843	2370 ± 35	(-26.1)	遠賀川系甕		中山Ⅰ式
今治市阿方3bre	PLD-6552	2410 ± 25	-26.1	遠賀川系甕		中山Ⅰ式
今治市阿方1	MTC-07839	2350 ± 35	(-25.6)	遠賀川系甕		中山Ⅰ～Ⅱ式古
今治市阿方1re	PLD-6550	2485 ± 25	-27.1	遠賀川系甕		中山Ⅰ～Ⅱ式古
今治市阿方2b	MTC-07840	2300 ± 35	(-24.1)	遠賀川系甕		中山Ⅰ～Ⅱ式
今治市阿方2bre	PLD-6551	2470 ± 20	-26.9	遠賀川系甕		中山Ⅰ～Ⅱ式

板付Ⅱb式6・亀ノ甲式8点

遺　跡　名	測定機関番号	炭素14年代	$\delta^{13}C$ (‰)	器　種	備考(歴博番号など)	コメント
福岡市福重稲木2次	PLD-9657	2480 ± 25	(-26.8)	砲弾型一条甕		亀ノ甲式古
福岡市福重稲木2次	PLD-9658	2510 ± 25	(-27.0)	砲弾型一条甕		亀ノ甲式古
福岡市雀居4次	Beta-188181	2520 ± 40	-25.9	二条甕	FJ078	内面。以前はリザーバー効果か？としていたもの
福岡市雀居4次	Beta-188187	2540 ± 50	-25.6	二条甕	FJ081	内面。以前はリザーバー効果か？としていたもの
福岡市雀居4次	MTC-08033	2415 ± 35	(-24.5)	如意状口縁甕	FUFJ-18b	
福岡市雀居4次	MTC-08034	2360 ± 35	(-24.3)	如意状口縁甕	FUFJ-19b	
福岡市雀居4次	MTC-08036	2400 ± 35	(-25.2)	如意状口縁甕	FUFJ-21b	
福岡市雀居4次	MTC-08040	2430 ± 35	-19.0	如意状口縁甕	FUFJ-31b	C_4植物か？
福岡市雀居4次	MTC-08041	2400 ± 35	(-26.1)	如意状口縁甕	FUFJ-36a	
福岡市雀居4次	MTC-08042	2385 ± 35	(-25.4)	如意状口縁甕	FUFJ-36b	
長崎市深堀	IAAA-41092	2570 ± 30	-24.3	二条甕	FJ0470b	海洋リザーバー効果か？
長崎市深堀	IAAA-41093	2610 ± 40	-24.4	二条甕	FJ0470c	海洋リザーバー効果か？
大分市玉沢条里跡7次	IAAA-41084	2450 ± 40	-25.6	砲弾型一条甕	FJ0448	亀ノ甲式古
鹿児島県川辺町古市	IAAA-30254	2380 ± 50	(-27.3)	二条甕		高橋Ⅱ式

馬見塚F地点式2, 馬見塚式2, 樫王式2点

遺　跡　名	測定機関番号	炭素14年代	$\delta^{13}C$ (‰)	器　種	備考(歴博番号など)	コメント
名古屋市牛牧	PLD-8809	2660 ± 25	(-25.8)	馬見塚F地点式		
名古屋市牛牧	PLD-8808	2695 ± 25	-25.9	馬見塚F地点式		
一宮市馬見塚	PLD-8799	2515 ± 20	-12.1	馬見塚式		C_4植物か？
春日井市松河戸	PLD-8804	2465 ± 25	-30.9	馬見塚式		

春日井市松河戸	PLD-8805	2430 ± 25	-27.2	馬見塚～樫王式	内面	
	PLD-8806	2430 ± 25	-24.9		外面	
一宮市山中	PLD-8807	2580 ± 25	-26.0	馬見塚～樫王式		

庄内3式3, 布留0式15, 布留1式1, 布留2式1点

矢塚2次・纏向148次墳丘盛土内	IAAA-71902	1900 ± 30	(-28.8)	庄内3式期?	NRSK-C9	木端状木材
矢塚2次・纏向148次墳丘盛土内	IAAA-71903	2100 ± 30	(-23.4)	庄内3式期?	NRSK-C10	木端状木材
矢塚2次・纏向148次墳丘盛土内	IAAA-71904	1790 ± 30	(-28.3)	庄内3式期?	NRSK-C11	モモ核
矢塚2次・纏向148次墳丘盛土内	IAAA-71905	1800 ± 30	(-26.2)	庄内3式期?	NRSK-C12	モモ核
矢塚・纏向MK6C 2M溝	IAAA-71897	1820 ± 30	(-29.0)	庄内3式期	NRSK-6	築造時期の下限
纏向109次SX1002下層	IAAA-71914	1820 ± 30	(-31.4)	布留0式	NRTK-C21	木材, 箸墓築造直後
桜井市東田大塚3次・纏向113次墳丘下部井戸	IAAA-71888	1860 ± 30	-27.0	布留0式期古相	NRSK-2	
桜井市東田大塚3次・纏向113次SE2001上層	IAAA-71890	1820 ± 30	-26.7	布留0式期古相	NRSK-3a	築造時期の上限
	IAAA-71891	1780 ± 30	-27.6		NRSK-3b	
桜井市東田大塚3次・纏向113次SD2001上層下部	IAAA-71887	1850 ± 30	(-27.3)	ウリ種子:3に共伴	NRSK-C1	遺構が機能した段階に溝に流れ込んだもの
	IAAA-71889	1730 ± 30	(-24.1)	モモ核:3に共伴	NRSK-C2	
	IAAA-71892	620 ± 30	(-27.0)	小枝:3に共伴	NRSK-C3	
桜井市東田大塚2次・纏向106次1トレ周溝下層下部	IAAA-71893	1840 ± 30	-25.9	布留0式期新相	NRSK-4a	
	IAAA-71894	1750 ± 30	-27.1		NRSK-4b	
桜井市東田大塚4次	IAAA-71900	1760 ± 30	(-31.6)	布留0式期?	NRSK-C7:カゴ	
桜井市東田大塚4次	IAAA-71901	1730 ± 30	(-32.1)	布留0式期?	NRSK-C8:カゴ	
桜井市東田大塚4次・纏向147次周濠下層	IAAA-71886	1710 ± 30	-19.2	布留0～1式期(布留0新)	NRSK-1	
桜井市東田大塚4次・纏向147次周濠下層	IAAA-71895	1650 ± 30	(-26.3)	布留0～1式期(布留0新)	NRSK-C4:木材(加工木:5年材の内側直下)	NRSK-1と同時期か下る
桜井市東田大塚4次・纏向147次周濠下層	IAAA-71896	1670 ± 30	(-28.6)	布留0～1式期(布留0新)	NRSK-C5:自然木(樹幹)	
桜井市東田大塚4次・纏向147次周濠下層	IAAA-71898	1760 ± 30	(-26.8)	布留0～1式期(布留0新)	NRSK-C6:自然木(枝)	
纏向109次SX1002腐食層	IAAA-71917	1720 ± 30	(-28.0)	布留1式	NRTK-C24:木材, 箸墓築造後	
瓜生堂99-1区第0面自然流路1,SO1150	Beta-184562	1790 ± 40	-19.4	布留2式		海洋リザーバー効果?

　2005年に報告した山の寺式の測定値3点のうち, 菜畑9～12層出土の2880年^{14}C BPを示す土器 (Beta-189571) は飛び抜けて古いため検討の余地があることを指摘したが〔藤尾2007a〕, 2700^{14}C BP台を示す他の2点 (図2-2・3) の山の寺式に比べると方形浅鉢の値はわずかに古い値である。

橋本一丁田遺跡のある早良平野は早良・福岡平野として一括して扱われることも多いが，土器相には違いがみられる。特に橋本一丁田遺跡の突帯文土器には，東部九州系の器形をもつ屈曲型一条甕や口縁端部を折り曲げて体部を湾曲させる瀬戸内系の一条甕（図3-3）があるなど，板付遺跡の突帯文土器とは異なる特徴をもっている。早良における最古段階の突帯文土器の特徴には，従来の指刻目ではなくヘラ刻目が最古段階にくる可能性をもつだけに，夜臼Ⅱa式に比定した突帯文土器のなかには夜臼Ⅰ式段階まで上がる可能性のある土器が含まれている可能性も否定できない。早良の突帯文土器編年を整備する必要がある。

　山の寺・夜臼Ⅰ式の4点ではとても統計処理にたえられる測定数ではないので，最古の突帯文土器に伴う粗製深鉢を含めて統計処理を行なうことにする。そのためには，最古の突帯文土器に伴って出土することが多い黒川系粗製深鉢を年代的に特定しなければならない。

（2）黒川式の整理
① 概要

　黒川式には，突帯文土器が伴わない黒川式単純と突帯文土器が伴うものの二者があり，これまで年代測定研究グループでは後者を黒川式新と呼んできた。菜畑遺跡，佐賀県小城市（旧三日月町）石木中高遺跡，長崎県南島原市（旧深江町）権現脇遺跡，平戸市（旧田平町）里田原遺跡から出土した黒川式はほとんどがこの黒川式新に属す。しかし黒川式単純は権現脇遺跡や鹿児島県霧島市上野原遺跡出土品などわずか数点に過ぎず，しかも整合性のある炭素14年代が得られているのは権現脇の1点（図1-1）だけである。

　黒川式は浅鉢や鉢など精製土器を基準に2～3に細分されている土器群だが，炭素14年代が測定できるのは炭化物が付着する粗製土器が基本なので，黒川式の細別型式と炭素14年代との対応をとるのが難しい。これが黒川式単純の測定値が少ない理由の一つである。

　突帯文土器との共伴の有無にもとづいて，黒川式古，黒川式新という細別を行なったのはこのような理由からである。特に山の寺式に比定されている菜畑9～12層における晩期系土器の出方とその炭素14年代値が2800 ^{14}C BP台であったことを考慮したのである。

　ところが測定が進むにしたがって，黒川式古，黒川式新のいずれについてもこれまでは予想しなかった事実が次々に明らかになった。まず黒川式の特徴と考えられてきた組織痕文土器の炭素14年代が，晩期初頭の標識土器である大洞B式と同じ炭素14年代を示す上野原例（IAAA-30253）が出てきて，組織痕文土器の上限が上がるのか黒川式の年代が上がるのか，判断が難しくなってきたことがある。また突帯文土器と一緒に出土する黒川式新の粗製深鉢には，特に九州南部大隅地域では板付Ⅱa式併行の前期突帯文系土器と共に出土する場合もあることがわかってきた。

　黒川式古の問題は，後述するように黒川式自体が晩期初頭にかなり近づくことがわかってきたため解決に向かいそうだが，黒川式新についてはこのままの定義で使い続けると研究史との間で齟齬があまりにも大きくなってしまう。なぜなら，山崎純男が1980年に夜臼Ⅰ式を設定した際，夜臼Ⅰ式の煮炊き用土器のなかに深鉢Ⅰ類として晩期系の粗製深鉢を組み込んでいたからである〔山崎1980〕。これでは研究史と夜臼Ⅱa～板付Ⅱa式に併行する黒川式新が矛盾してしまう。したがって黒川式新の取り扱いを発展的に解消する必要性に迫られていた。

　筆者はこのような矛盾を感じながら，山の寺式の良好な測定値を得ようと努力したのであるが，山の寺式や夜臼Ⅰ式など西北九州最古の突帯文土器にはもともと炭化物自体があまり付着していないこともあって，長い間解決の糸口をつかめなかったのである。

② 晩期系土器の5細別

　2006年12月になって，筆者は佐賀県佐賀市（旧富士町）に所在する東畑瀬（ひがしはたぜ）遺跡の報告書を刊行するための打ち合わせを兼ねて現地を訪問した。東畑瀬は2003年7月に炭化物の試料採取に出向き，黒川式新に比定した粗製深鉢や粗製鉢3点の測定値を得た遺跡である。

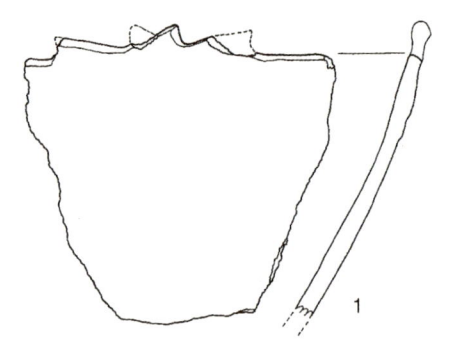

権現脇（IAAA-40542）　2910 ± 30　(-26.2‰)
黒川式古

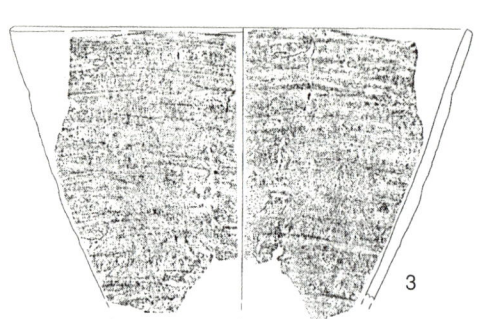

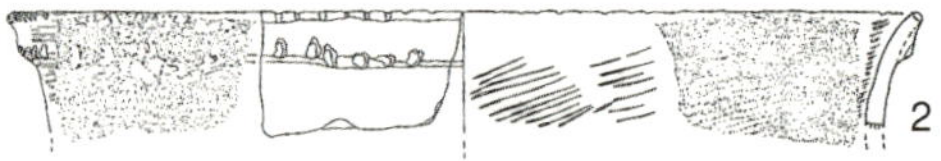

石田（MTC-03785）　2890 ± 80　-26.1‰
前池式併行

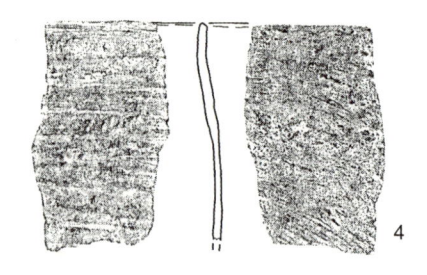

東畑瀬（Beta-184543）　2860 ± 40　-26.1‰
黒川式新

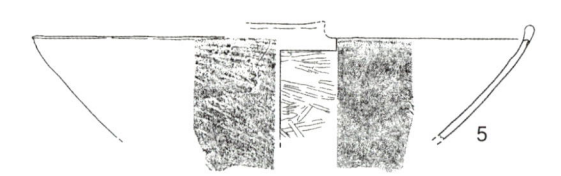

東畑瀬（Beta-184541）　2850 ± 40　-26.5‰
黒川式新

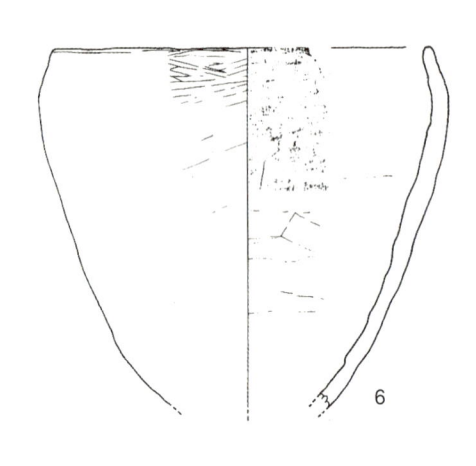

東畑瀬（Beta-184542）　2840 ± 40　-26.3‰
黒川式新

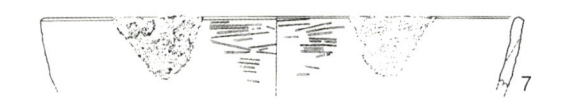

菜畑（Beta-189572）　2820 ± 40　-26.7‰
黒川式新

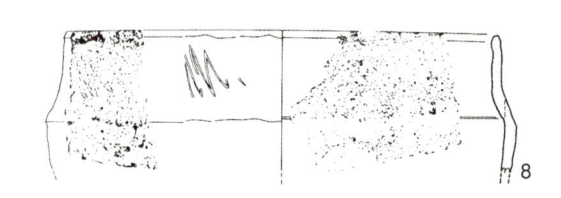

石木中高（Beta-189556）　2830 ± 40　-26.0‰
黒川式新

菜畑（Beta-189570）　2820 ± 40　-23.5‰
黒川式新

図1　黒川式古・新段階の土器実測図，炭素14年代とδ^{13}C（縮尺不同，各報告書から転載）

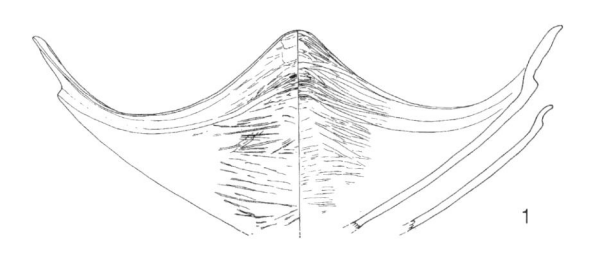

橋本一丁田（MTC0-8113）　2765±40　(-27.7‰)
夜臼Ⅰ式

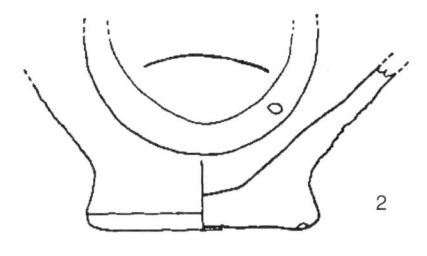

菜　畑（Beta-188522）　2730±40　-25.2‰
山の寺式

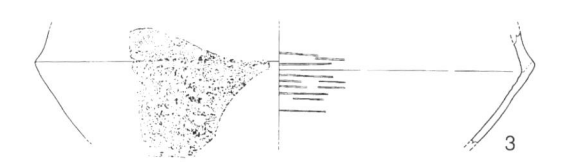

菜　畑（Beta-189574）　2710±40　-25.8‰
山の寺式

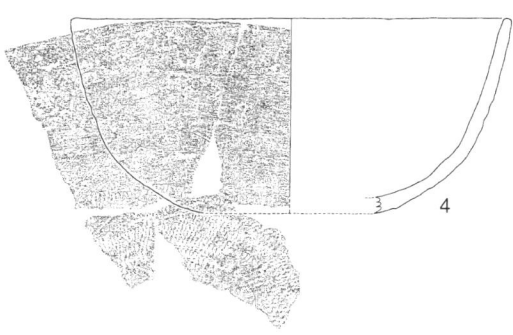

権現脇（IAAA-41101 ほか）　2780±40　-26.3‰
山の寺式

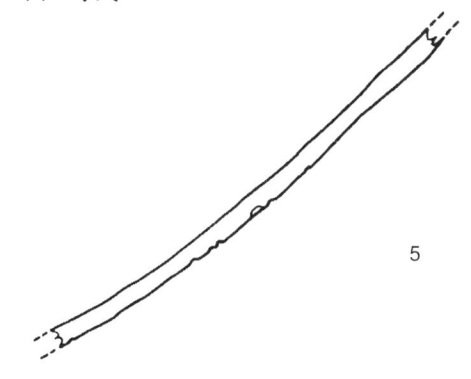

菜　畑（Beta-189573）　2760±40　-25.7‰
山の寺式

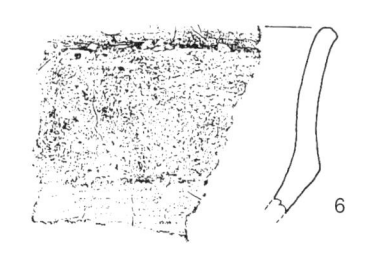

里田原（IAAA-41095）　2740±40　-26.8‰
山の寺式

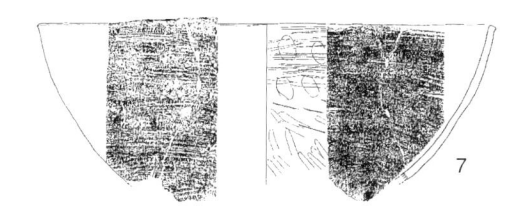

日佐（IAAA-410810）　2780±40　-26.0‰
夜臼Ⅰ式

図2　山の寺式・夜臼Ⅰ式土器実測図，炭素14年代とδ^{13}C（縮尺不同，各報告書から転載）

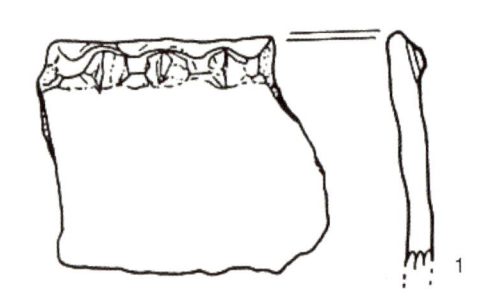

板付34次（Beta-204385）　2620 ± 40　-25.8‰
夜臼Ⅰ式新

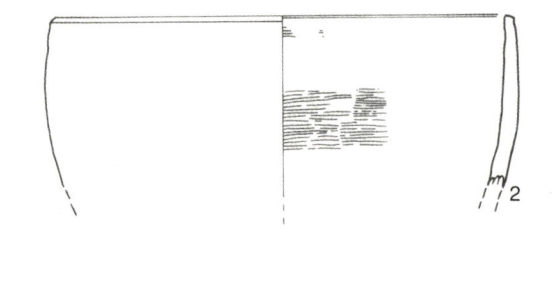

雀居4次（MTC-08030）　2690 ± 35　（-23.6‰）
夜臼Ⅱa式

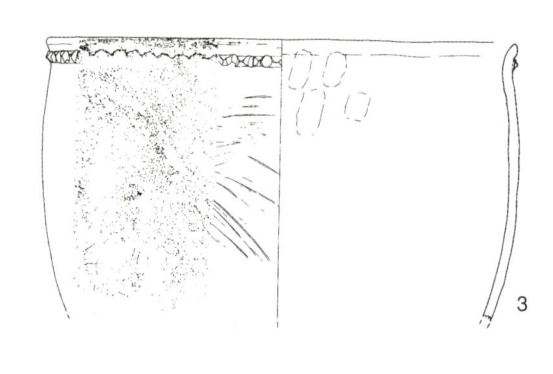

橋本一丁田（Beta-172130）　2660 ± 40　未測定
夜臼Ⅱa式（MTC-08115）2600 ± 40　(-27.3‰)

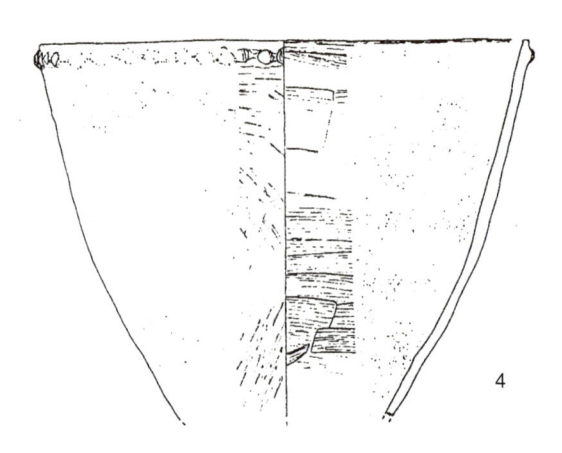

橋本一丁田（Beta-172131）　2650 ± 40　-25.8‰
夜臼Ⅱa式

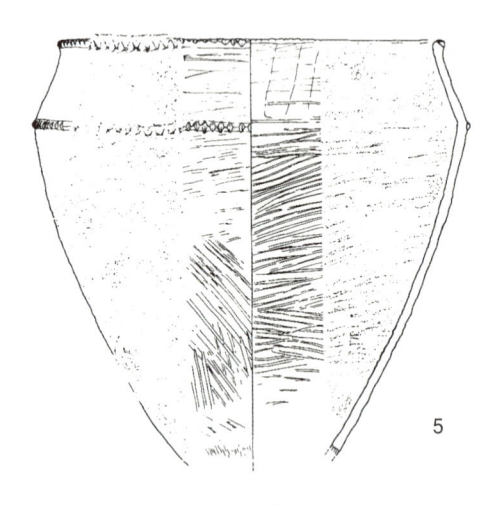

橋本一丁田（Beta-172129）　2640 ± 40　-26.1‰
夜臼Ⅱa式

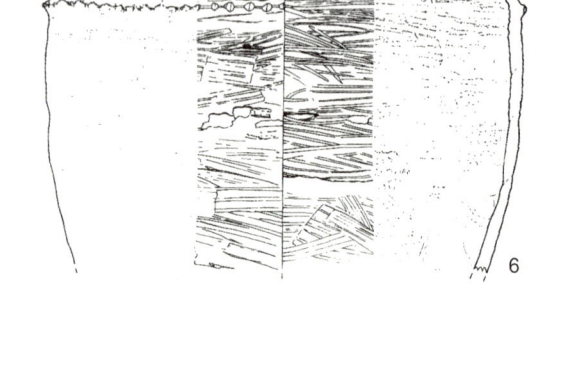

橋本一丁田（MTC-08117）　2620 ± 45　（-27.8‰）
夜臼Ⅱa式

図3　夜臼Ⅰ式新，Ⅱa式土器実測図，炭素14年代とδ^{13}C（縮尺不同，各報告書から転載）

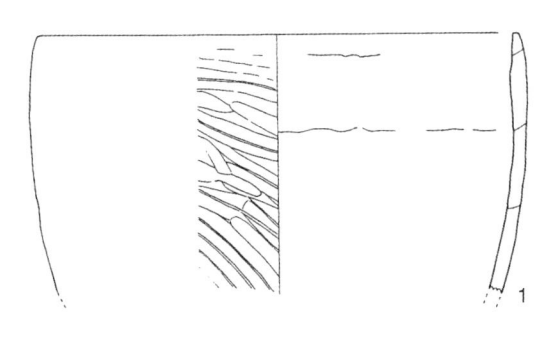

板付34次（Beta-184551）　2670 ± 40　-26.4‰
夜臼Ⅰ式新

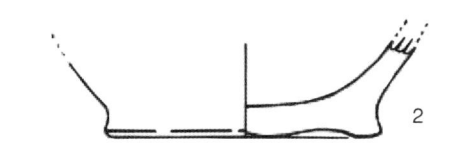

板付34次（Beta-204406）　2630 ± 40　-25.8‰
夜臼Ⅰ式新

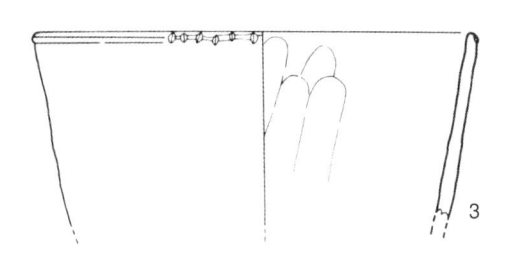

菜畑（Beta-188526）　2600 ± 40　-25.4‰
夜臼Ⅱa式

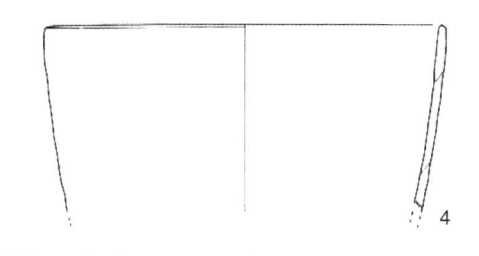

板付34次（Beta-204407）　2600 ± 40　-25.7‰
夜臼Ⅰ式新

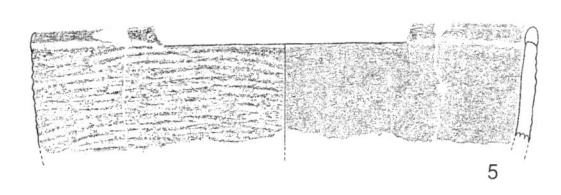

権現脇（IAAA-40543）　2600 ± 30　(-27.1‰)
夜臼Ⅱa式

図4　夜臼Ⅰ式新，Ⅱa式土器実測図，炭素14年代とδ^{13}C（縮尺不同，各報告書から転載）

　発掘調査中に試料を採取した際には，山の寺式が伴っていることを根拠に黒川式新に比定したのだが，整理作業が進んだ結果，山の寺式は2～3点しかないことがわかり，ほぼ黒川式単純段階と弥生前期前半の土器群の2群に分かれることが明らかになったのである〔藤尾・小林 2007b〕。東畑瀬の黒川式単純の炭素14年代はすべて2800 ^{14}C BP台で，これまで測定した山の寺式の炭素14年代よりも明らかに古い年代である。

　さらに東畑瀬の嘉瀬川を挟んだ対岸には西畑瀬遺跡があり，ここで出土した黒川式土器は東畑瀬遺跡の黒川式土器よりも型式学的に一段階古い可能性のあることを調査担当の徳永貞昭氏からうかがった。西畑瀬遺跡の黒川式土器は2007年以降に年代測定が行なわれる予定なので，どのような炭素14年代が出るかわからないが，型式学的に古いことが事実となると2800 ^{14}C BP年代の後半から2900 ^{14}C BP年代前半の値が出る可能性もある。

　実際，権現脇や上野原出土の黒川式土器に比定された組織痕文土器や粗製深鉢の炭素14年代値は2900 ^{14}C BP台が出ていることを参考にすると，これまで精製土器でしか細分できなかった黒川式以降の晩期系粗製土器は炭素14年代を使って5つに分けられそうである。すなわち，突帯文土器が伴わない黒川式単純を2細別（第1群，第2群），山の寺式や夜臼Ⅰ式など最古の突帯文土器に伴うもの（第3群），夜臼Ⅱ式に伴うもの（第4群），原山式など弥生前期の突帯文系土器に伴うもの（第5群），の5つの群である（図5）。

　2006年4月に筆者は一度これらの土器群を段階設定したことがある〔藤尾 2006〕。この時は先にも述べたように，2800 ^{14}C BP年以降の晩期系土器をすべて黒川式新と呼んだうえで5つに段階設定したが，その理由は菜畑9～12層から出土する山の寺式土器との同時性を重視したためである。山の寺式に比定された9～12層には多くの晩期系土器が含まれていたことと，これらの炭素14年代が2800 ^{14}C BP台を示していたからである。

　しかしこのような事情が先に指摘した矛盾を生むことにつながったのであるから，今回の東畑瀬

と西畑瀬での調査成果をふまえて，黒川式新の定義を変えることで黒川式と晩期系土器群について新たに段階設定をすることにした。

　黒川式と山の寺式との境界はまだはっきりしないが，東畑瀬の黒川式単純の炭素14年代値がすべて2800 ^{14}C BP台だったことを考慮して，これまで得られているもっとも古い突帯文土器の測定値である2765 ^{14}C BPに35 ^{14}C BPを加えた2800 ^{14}C BP年を仮の境界とし，以前を黒川式単純，以降を突帯文土器単純段階の晩期系煮炊き用土器と仮定する。その上で黒川式単純を古と新に分ける。呼び方が同じなので混乱しそうだが，黒川式新とは突帯文土器出現以前の黒川式単純の新相という位置づけである。突帯文土器に伴う晩期系土器については，突帯文土器の煮炊き用土器のセットを構成する一つの形式と認識した山崎の定義にしたがう〔山崎 1980〕。

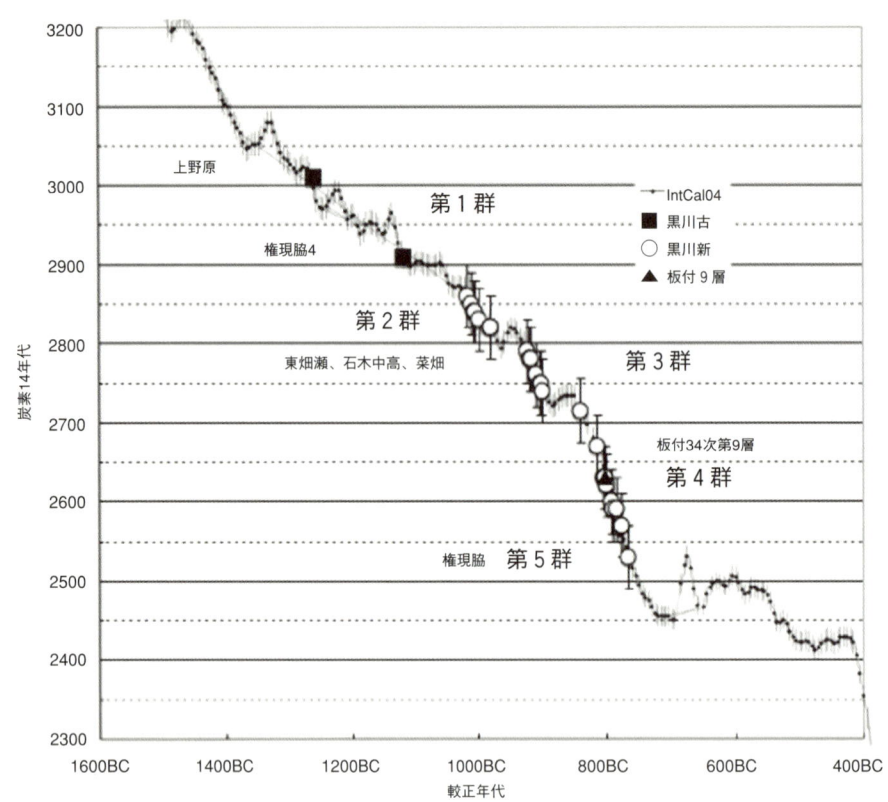

図5　縄文晩期～弥生早期土器の炭素14年代の中心値を較正曲線上に落としたもの

③　黒川式の上限

　ここで黒川式の上限と晩期系土器群の下限についてもふれておこう。先ほど2900 ^{14}C BP台の黒川式の例をあげたが，これらは晩期初頭の土器型式である大洞B式や九州南部・入佐式の炭素14年代とかなり近いこともあって，当初は測定結果が間違っているのではないかという意見もあった。黒川式に特徴的な組織痕文土器が晩期初頭まで上がるはずがないという考えに基づくものである。こうした疑問については，縄文時代のコメの上限が後期の初めまでさかのぼりつつある現状では，織物が存在した可能性を示している組織痕文土器が晩期の初めに上がっても問題はないと考えることもできる。

　その後，九州中部における晩期初頭の土器型式である天城式の炭素14年代が後期末まで上がる事実や，九州東部における晩期初頭の土器型式である大石式の典型的な土器として有名な図面が，実は後期末の熊本県御領貝塚の土器であることなどが明らかになってくると，これまで晩期初頭に比定されてきた九州の土器群が後期末に上がることによって，ぽっかりと空いた穴を埋めるように黒川式の上限が晩期前葉に近づいていくのはまぎれもない事実である〔水ノ江 1997〕。したがって2900 ^{14}C BP台を示す黒川式古段階の土器を晩期前葉の土器群として設定しても矛盾がない状況に

なりつつあると考える。

　東部九州でも状況は同様である。北九州市石田遺跡出土の前池式併行の屈曲型一条甕（図1-2）の炭素14年代は2890 ^{14}C BPであったし，後述するように大分市玉沢地区条里跡第7次調査出土の上菅生B式古（図7-1～3）も2900 ^{14}C BP台である〔藤尾・小林 2006b〕。これまで刻目突帯文土器出現直前の晩期後半に位置づけられていた刻目文土器や無刻目文土器が晩期前葉まで上がる可能性が豊前や豊後でも認められる。3章で詳しく述べる。

④ 晩期系土器の下限

　晩期系土器群の下限問題については，板付Ⅱa式段階まで残る傾向のあることを指摘したことがある〔藤尾 2006〕。原山式と呼ばれてきた島原半島の突帯文土器に伴う晩期系土器は，板付Ⅰ式併行の土器群だし，大隅半島では山の寺式と同じ型式学的特徴をもつ晩期突帯文土器に，晩期系土器群と擬孔列文土器が伴うことを確認しているが，炭素14年代は2400 ^{14}C BP台まで下るものがある。福岡平野でも板付34次調査第9層出土土器に晩期系土器群が伴っており，夜臼Ⅱa式と同じ2600 ^{14}C BP台の値が出ている。

　以上のように黒川式以来の晩期系土器群は，炭素14年代測定を行なうことによって古い方も新しい方もこれまで予測し得なかった事態に直面しつつある。考古学的な方法だけでは対応しきれない段階にはいったといえよう。

（3）統計処理の前作業

① 概要

　夜臼Ⅰ式の測定値を1点追加し，2800 ^{14}C BP台を示す晩期系土器を山の寺式から除外したうえで黒川式新を型式学的に再考した結果，山の寺式や夜臼Ⅰ式を含む前後の土器型式の測定値は，黒川式新9点，山の寺・夜臼Ⅰ式10点（突帯文3，晩期系7），夜臼Ⅱa式19点，夜臼Ⅱb式20点，板付Ⅰ式8点，沢田式新19点，板付Ⅱa式1点，板付Ⅱa式に併行する古式遠賀川系土器7点，板付Ⅱb式（亀ノ甲タイプを含む）11点になった。これらの測定値をもとに統計処理を行ない，山の寺・夜臼Ⅰ式の年代を再計算してみよう。

　表1の備考欄に海洋リザーバー効果と書いてあるものはδ^{13}Cの値からみて海洋リザーバー効果の影響を受けて古く出過ぎていると考えられるもの。ゴチは別の要因で測定結果に疑問が残るものである。型式ごとに統計処理を行なうにあたり用いる測定値を選別しなければならないが，海洋リザーバー効果の影響が認められるものは当然外す。

② 複数の測定値をもつ土器の扱い

　黒川式新段階に比定した土器に疑問のある測定値はないが，石木中高4のように同一個体で複数のサンプリングを行なったために複数の測定値をもつものがある。外面と内面で測定値に違いが出るかどうかを調べたものや，1回目の誤差が大きかったために再測定したもの，サンプリング後に完形に復元されて結果的に良心的ブラインドテストとなったものなど，原因はさまざまだが統計処理をする前にこれらを一本化しておく必要がある。なぜなら同一型式の炭素14年代分布に偏りを生じてしまうからである。ある土器の使用期間は属する型式の存続幅のごく一部にすぎないために，もしある土器がもつ複数の測定値を使って統計処理すると型式の存続幅のなかの特定の年代に偏ることになり，型式ごとの存続幅を出す場合にはきわめて都合が悪い。

　詳細は省略するが石木中高4の平均値は2831±33 ^{14}C BPとなる。当然のことながら平均値を出すと誤差は小さくなっていく。複数の測定値をもつ資料を平均すると黒川式新の炭素14年代は9点，これに併行する北九州市石田遺跡出土の前池式に併行する突帯文土器を加えると10点になる。

（4）ゴチで表わした測定値の検討

　山の寺式や夜臼Ⅰ式に含めた突帯文土器の測定値は依然として少ないが，2700 ^{14}C BP台を示す

粗製深鉢，菜畑9〜12層の浅鉢，今回新たに加わった橋本一丁田の方形浅鉢など山の寺・夜臼Ⅰ式土器は10点に達する。

　菜畑9〜12層出土の屈曲型二条甕（Beta-189571）は刻目の形態などから山の寺式新または夜臼Ⅱa式に比定した資料だが，山の寺式の炭素14年代として統計処理に用いたことがある〔藤尾ほか2005〕（図5-3段目）。現在では本稿でもすでに述べたように2880 ^{14}C BPという炭素14年代は明らかに黒川式古段階の測定値であることから，山の寺式の炭素14年代からは外している。山の寺式の測定値は2750 ^{14}C BP付近に集中するが，それから100 ^{14}C BP以上も古い測定値であることからも妥当な処置と考える。

　この時期には複数の測定値をもつ資料が二つある。権現脇のリボン付き粗製鉢（FJ442，576，577）は良心的ブラインドテストの結果，三つの測定値をもつにいたったもので平均すると2769±40 ^{14}C BPになる。

　福岡市日佐遺跡の組織痕文鉢（図2-7，図5-1段目）〔藤尾ほか 2005〕は，Beta-188185の3060±40 ^{14}C BPという測定値が，縄文後期末の土器の測定値であることから明らかに山の寺式の測定値とはかけ離れていると考えられるので，再測定したIAAA-41080の2780±40 ^{14}C BPに一本化した。

　板付34次の夜臼Ⅰ式新を含む夜臼Ⅱa式にはゴチの測定値と海洋リザーバー効果の影響がうかがえる測定値がある。板付34次の砲弾型一条甕（Beta-204385，図3-1，図5-2段目）〔藤尾ほか 2005〕の測定値は，1回目が2410±40 ^{14}C BP，2回目が2620±40 ^{14}C BPであった。2005年の論文では前者を採用したが，その後，2回目の測定値を得ることができたので，2006年日本考古学協会第72回総会研究発表では後者で報告している（表1中）〔藤尾・春成ほか 2006〕。2410±40 ^{14}C BPという値は明らかに板付Ⅱa式以降の測定値だからである。したがって本稿でも2回目の測定値を採用して統計処理を行なう。

　菜畑8下層出土の砲弾型粗製鉢（FJ410）は他の夜臼Ⅱa式の値より100 ^{14}C BPほど新しい値なので，〔藤尾ほか 2005〕では外したが，板付Ⅱa式前半まで存在することは唐津市大江前遺跡のあり方を見ても可能性はあるので，統計には用いないものの混じり込みの可能性がある。大江前（MTC-07433）と橋本一丁田（MTC-08114），福重稲木（PLD-9654）は，誤差の範囲に収まらないほど若い値が出ているので用いないことにする。

　一方，δ^{13}Cの値から海洋リザーバー効果の影響がうかがえて夜臼Ⅰ式以前の値が出ている測定値は統計に用いていない。

　複数の測定値をもつ橋本一丁田（Beta-172130，MTC-08115）の平均値は2630±28，板付34次（Beta-184551，204409）の平均値は2650±28，権現脇（IAAA-40543，40544）の平均値は2596±24，石木中高6（IAAA-41081，MTC-03787，Beta-189568）の平均値は2630±20である。

　夜臼Ⅱb式と板付Ⅰ式には2点（Beta-188527，MTC-08030）に海洋リザーバー効果の影響が認められるので外す。2007年の報告〔藤尾 2007a〕時，板付Ⅰ式はすべて2500 ^{14}C BP台だったが，今回，福重稲木の試料（PLD-9653）がはじめて2400 ^{14}C BP台を示し，現状では板付Ⅰ式の中でももっとも新しい炭素14年代値を持つ。前回，大江前の調査で出土した夜臼Ⅱb式の中にはじめて2400 ^{14}C BP台の測定値を得た際は，板付Ⅰ式の下限より夜臼Ⅱb式の下限の方が新しい可能性を指摘したが，板付Ⅰ式・夜臼Ⅱb式ともども2400 ^{14}C BP台の測定値を得たことになるので下限問題はまた白紙に戻ったことになる。

　2400 ^{14}C BP台の板付Ⅰ式や夜臼Ⅱb式はまだ1点ずつしか確認できていないので，今後もこの意味について考えていきたい。

（5）統計処理と実年代
① 弥生時代の開始年代

　黒川式新と山の寺・夜臼Ⅰ式の境界を統計的に算出することによって弥生早期の実年代を算出す

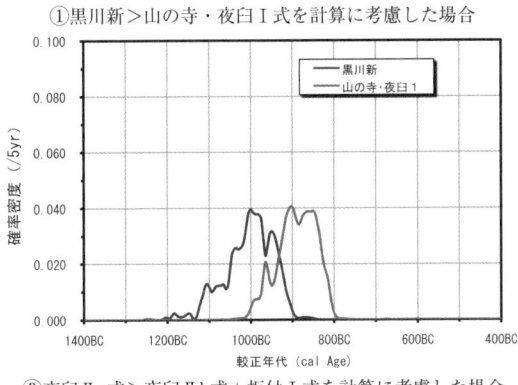

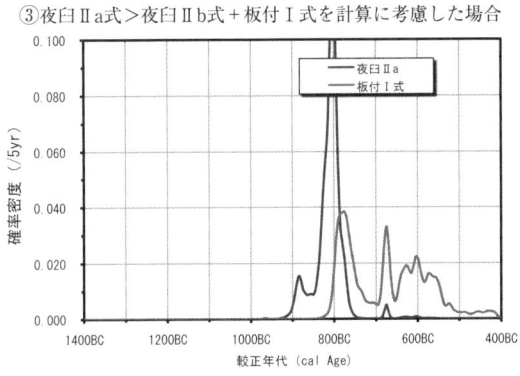

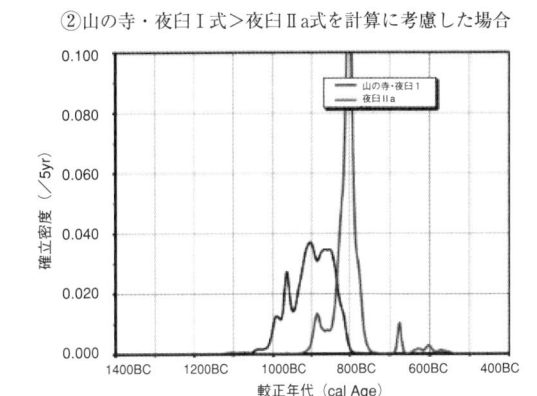

図6　黒川式新～夜臼Ⅱb式・板付Ⅰ式共伴期までの
　　　型式間境界
今村峯雄氏のプログラムを用いて計算

る。2005年段階との違いは，黒川式新を突帯文土器出現以前の晩期土器に限定した点である。

図6－①をみるとわかるように，黒川式新のピーク（濃）9点と山の寺・夜臼Ⅰ式のピーク（淡）10点が重複する境界部付近の前960～935年のどこかに両者の境界がくるとみられる。2005年段階の境界は前935～915年の間にくるという統計結果だったのでわずかに上がったことになる。この原因は山の寺式3点だけで統計処理を行なった2005年段階は，精度が粗かったからかも知れない。今回は菜畑の山の寺式新である2880 ^{14}C BPを外した一方で，橋本一丁田の2765 ^{14}C BPや日佐の2780 ^{14}C BPを加えるとともに，試料数が増加したことで精度が上がったと考えられる。よって2007年2月以降，灌漑式水田稲作の開始を前10世紀後半と考えている。

②　山の寺式・夜臼Ⅰ式と夜臼Ⅱa式の境界

図6－②をみると，山の寺・夜臼Ⅰ式のピーク（濃）10点と夜臼Ⅱa式のピーク（淡）19点が重複する境界付近の前840～835年あたりに両者の境界がくるとみることができる。前回は前900～860年ごろにくるとみていたのでわずかだが下ったことになる。試料数が3：6から10：15，10：19にかなり増えたことで精度が高まったことと，夜臼Ⅱa式の2600 ^{14}C BP台後半の測定値が増えたことが原因と考えられる。

この結果，山の寺・夜臼Ⅰ式の存続幅は100年強となり前回よりわずかに長くなった。戦いや環濠集落は水田稲作が始まってわずか25～50年で出現するとこれまで考えられてきたが，今回の結果をみるとその倍以上の時間がかかっていたことになる。

③　夜臼Ⅱa式と夜臼Ⅱb式・板付Ⅰ式との境界

図6－③をみると夜臼Ⅱa式のピーク（濃）19点と，夜臼Ⅱb式・板付Ⅰ式のピーク（淡）28点が重複する境界部付近の前790～785年頃に両者の境界がくるとみることができる。前回は前780年ごろに板付Ⅰ式が出現するとみていたので，わずかに上った前8世紀初頭に前期が始まったことになる。

試料数も6：11から15：25，19：28と微増して精度を増したこと，夜臼Ⅱb式に2400 ^{14}C BP台前半の値を示すものが4点加わったことが新しくなった原因と考えられる。比較対象を板付Ⅰ式のみ，夜臼Ⅱb式のみにして夜臼Ⅱa式との境界を求めても結果はほぼ同じであった。

この結果，夜臼Ⅱa式の存続幅は60～70年ほどになる。

（6）小　結

① 2800 ^{14}C BP台を示す粗製深鉢や組織痕文土器を黒川式新に比定し，突帯文土器以前という前提で検討した。

② 2700 ^{14}C BP台は山の寺や夜臼Ⅰ式，およびそれに伴う晩期系土器の炭素14年代という前提で検討した。

③ 2600 ^{14}C BP台は，夜臼Ⅱa式，およびそれに伴う晩期系土器の炭素14年代という前提で検討した。

④ 2500 ^{14}C BP台～2400 ^{14}C BP台前半は夜臼Ⅱb式や板付Ⅰ式の炭素14年代という前提で検討した。

以上の前提のもとに統計処理を行なった結果，2008年12月時点の弥生時代開始年代および型式間の境界年代は次の通りである。

山の寺・夜臼Ⅰ式　　　965－935～840－835　（2005年段階　930－915～900－860）
夜臼Ⅱa式　　　　　　840－835～790－785　（2005年段階　900－860～810）
夜臼Ⅱb・板付Ⅰ式　　　790－785～　　　　　（2005年段階　810～750）

（7）較正年代の絞り込み

この計算結果は年輪年代がわかっている日本の樹木の炭素14年代とも整合的である〔Ozaki et al. 2007〕。東広島市黄幡1号遺跡から出土したヒノキ材や飯田市埋没樹幹から得られた年輪年代（前820年～前240年）と，それを炭素14年代測定をすることで作ったJCal（Japanese Calibration Curve：図10）である。IntCal04とあわせて検討してみよう。

① 前796年以前の年輪年代の炭素14年代はすべて2600 ^{14}C BP 台以前であった。

② 前766年以前の年輪の炭素14年代値は，2521 ^{14}C BP以前であった。

①～②から何が言えるのか。まず①からは2600 ^{14}C BP台を示す夜臼Ⅱa式以前の較正年代が前796年以前にあたることを意味する。つまり夜臼Ⅱa式および先行する山の寺式や夜臼Ⅰ式は前796年以前ということになる。②から，2600～2521 ^{14}C BP年代をもつ夜臼Ⅱb式や板付Ⅰ式は前766年以前にくることを意味する。したがって夜臼Ⅱa式が前796年以前に来ることは確実なので，夜臼Ⅱa式が前9世紀にまで上がるとした2003年の歴博発表は正しかったといえる。したがって日本列島における灌漑式水田が前10世紀までさかのぼる可能性は高いのである。

3　東部九州，西部瀬戸内における水田稲作の開始年代――弥生前期中頃の炭素14年代――

玄界灘沿岸地域で始まった本格的な水田稲作は前7世紀以降，九州東部や瀬戸内地域へと拡散していく。それがいつ頃なのかを調べるために良好な資料が出土している大分平野，愛媛県高縄半島の遺跡から出土した縄文晩期最終末の沢田式新や遠賀川系土器，高知県居徳遺跡の沢田式新の年代学的調査をもとに考える。

大分市玉沢地区条里跡遺跡第7次調査によって出土した無刻目突帯文土器と弥生前期前半の突帯文系土器，愛媛県今治市阿方（あがた）遺跡から出土した突帯文土器（岡大・沢田式土器）と遠賀川系土器（中山Ⅰ式土器）に付着する炭化物の炭素14年代測定を行なった。その結果，これらの地域では灌漑式水田稲作が前8～前7世紀には始まっていた可能性が出てきた。

（1）水田稲作開始直前の大分平野

大分市玉沢地区条里跡遺跡第7次調査から出土した無刻目の突帯文土器に付着した炭化物の炭素14年代を測定した（図7-1～4，8）。これらの土器群は，これまで上菅生B式新段階に属すると考え

られていた煮炊き用土器で，屈曲する胴部をもつ深鉢の口縁部に，断面の大きさが小ぶりの突帯を貼り付けている（2・4・8）。突帯上に刻目を施文しないところに，名称の由来がある。

山の寺式や夜臼I式に併行するとされる豊後の刻目突帯文土器である下黒野式の前には，無刻目の突帯文土器である上菅生B式土器が設定されていた〔高橋 1980〕。上菅生B式土器は断面の大きさが大ぶりの突帯を貼り付ける点に特徴があり，上菅生B式新とはその点で区別されている。

上菅生B式新に比定されたこれらの煮炊き用土器の炭素14年代を測定したところ，2900 ^{14}C BP台を示すグループ（1～3）と2700 ^{14}C BP台を示すグループ（4・8）の二つに分かれた。型式学的な識別は難しいが，炭素14年代値からみると前者が晩期前葉，後者が山の寺式に併行する弥生早期併行の土器群であることがわかるので，前者の型式比定は再考が必要である（註1）。

大分平野で灌漑式水田稲作が始まるのは弥生前期にはいってからなので，これらの土器群の段階の大分平野は水田稲作以前の晩期文化段階にあったことになる。

今回の調査では2800 ^{14}C BP台の炭素14年代をもつ，いわゆる黒川式に併行する土器群の調査を行なうことができなかったので，大分平野における晩期終末の状況は依然として，よくわからないといえよう。玉沢地区条里跡遺跡でも黒川式併行段階は，生活がとぎれていた可能性があると考えられている。

（2）　灌漑式水田稲作開始直前の西部瀬戸内

今治市阿方遺跡（愛媛県教育委員会調査分）から，突帯文土器の沢田式新土器（図8-1～4）と，この地域最古の遠賀川系土器（図11-1～3）が出土した。

沢田式新は夜臼系の丹塗り磨研土器が伴うことから，岡山の研究者により夜臼I～IIa式に併行する土器群と考えられてきたのに対し，筆者や春成秀爾は夜臼IIb式や板付I式に併行すると考えてきた〔藤尾編 2001，春成 1990〕。

炭素14年代測定を行なった結果，2400 ^{14}C BP台後半～2500 ^{14}C BP台前半の測定値を示した。炭素14年代値から見る限り夜臼IIb・板付I式共伴期後半から板付IIa式前半にかけて併行することになる。考古学的に後者は考えられないので，夜臼IIb・板付I式共伴期に併行するとなれば前785～前780年以降の所にプロットすることができる。

阿方遺跡の突帯文土器には口唇部への直接刻目がほとんどみられないか，あっても形骸化していること，古い遠賀川系土器が混在して出土していることからみて，突帯文土器の最終末段階に位置する土器群であることに間違いはない。ただ後述するように2400 ^{14}C BP台後半の値を示す中山I式の炭素年代とは重複していないので，玄界灘沿岸地域のように突帯文土器と遠賀川系土器が併存した可能性を考える必要はないと考えている。

阿方遺跡の在来人は，突帯文土器を使う段階から遠賀川系土器を使う文化段階に，数十年の時をへて移行したことになる。集落立地は変わっていないため在来人が水田稲作民に転換したと考えられる。その時期は福岡平野に遅れること約250年，大分平野に遅れること約50年といった程度であろうか。そして彼らが手本にした文化の故地は，松山市大淵遺跡の出土資料からみて豊前（九州北東部）の可能性がある。

（3）　高知平野における水田稲作の開始年代

高知県土佐市居徳（いとく）遺跡から出土した古式の突帯文土器や沢田式新に比定された新式の突帯文土器の年代学的調査を行なった。倉岡式（図9-1）は瀬戸内最古の突帯文土器と同じ炭素14年代値（2810±40 ^{14}C BP）を示すので，高知最古の突帯文土器としては妥当な年代である。一方，沢田式新は2620～2490±30 ^{14}C BPの測定値を得た〔藤尾・小林ほか 2004〕。

居徳遺跡の沢田式新には，図9-2や3のように2600 ^{14}C BP台の値を示すものと，5のように2500 ^{14}C BP台を示すものの二者がある。5は明らかに二条甕で炭素14年代からみても板付I式に

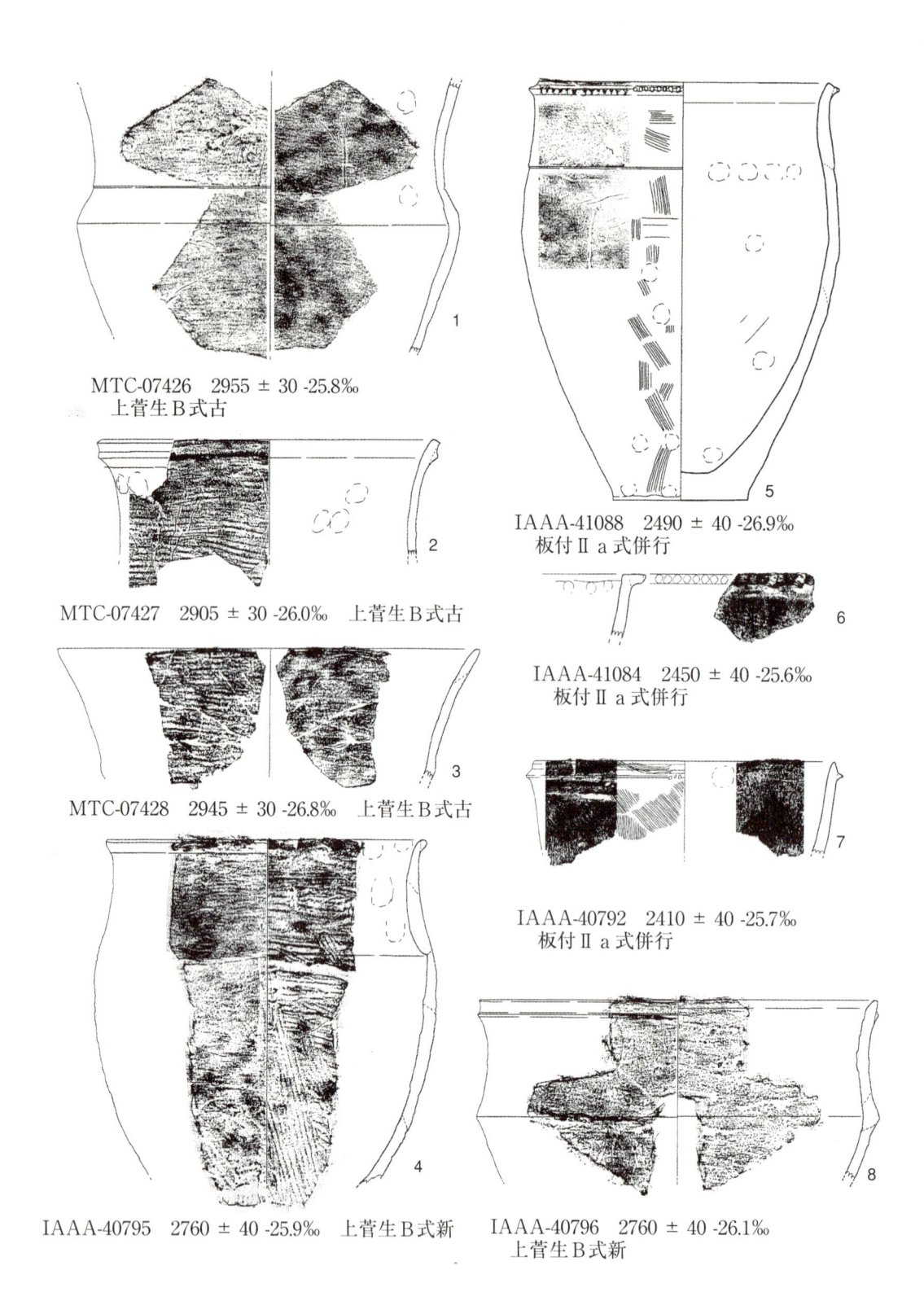

MTC-07426　2955 ± 30 -25.8‰
　上菅生B式古

MTC-07427　2905 ± 30 -26.0‰　上菅生B式古

MTC-07428　2945 ± 30 -26.8‰　上菅生B式古

IAAA-40795　2760 ± 40 -25.9‰　上菅生B式新

IAAA-41088　2490 ± 40 -26.9‰
　板付Ⅱa式併行

IAAA-41084　2450 ± 40 -25.6‰
　板付Ⅱa式併行

IAAA-40792　2410 ± 40 -25.7‰
　板付Ⅱa式併行

IAAA-40796　2760 ± 40 -26.1‰
　上菅生B式新

図7　大分市玉沢条里跡遺跡第7次調査出土土器（縮尺不同，報告書から転載）

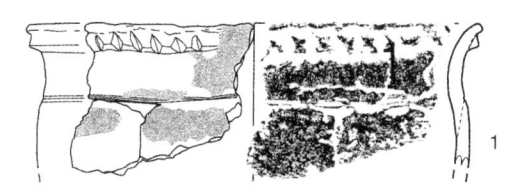

阿方　口頸外面（MTC-07844）2520 ± 35　（-23.9‰）
屈曲部外面（MTC-07845）2495 ± 35　（-25.1‰）

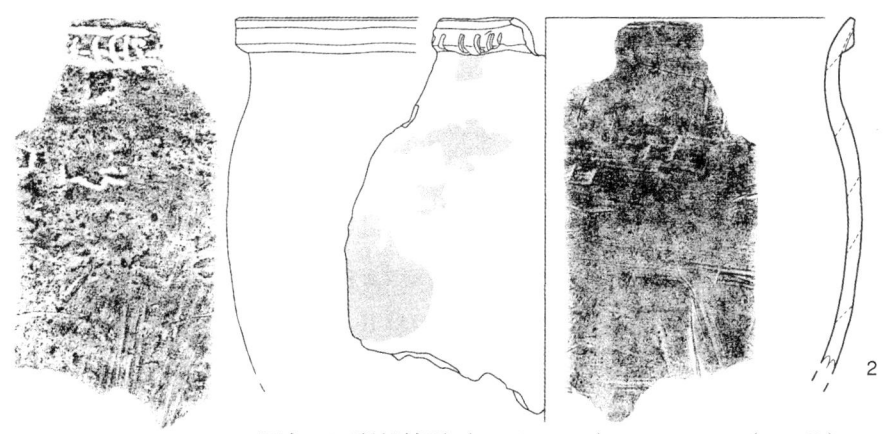

阿方　口頸部外面（MTC-07846）2475 ± 35　（-24.5‰）
胴部外面（MTC-07847）2460 ± 35　（-24.9‰）
沢田式新併行

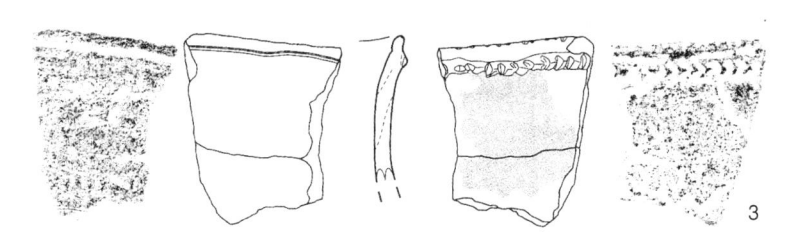

阿方　外面（MTC-07848）2535 ± 35　（-22.3‰）
沢田式新併行

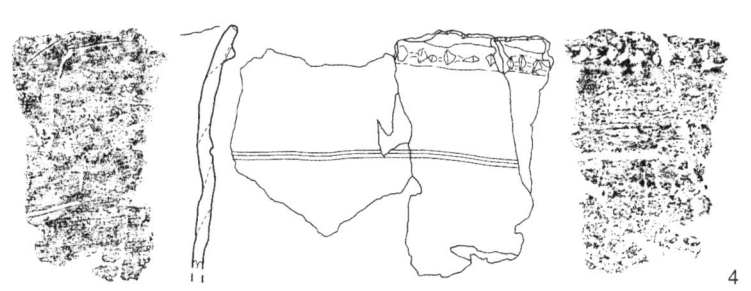

阿方　内面（MTC-07849）2540 ± 35　-24.9‰
外面（MTC-07850）2475 ± 35　-25.2‰　沢田式新併行

図8　今治市阿方遺跡出土沢田式新土器（報告書から転載）

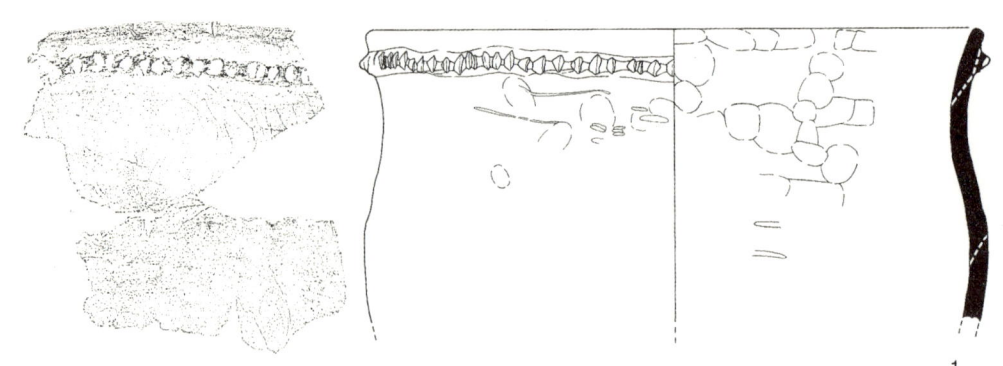

居徳（Beta-184565）　2810 ± 40　-25.9‰
倉岡式（前池式併行）

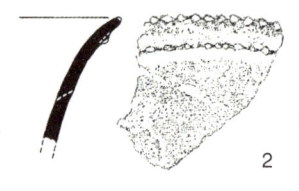

居徳（MTC-03782）　2620 ± 60
-25.5‰　沢田式古併行

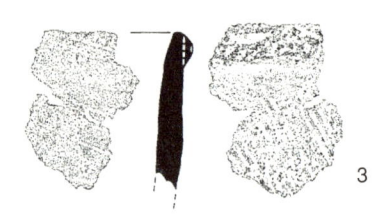

居徳（MTC-03784）　2610 ± 70
-26.5‰　沢田式古併行

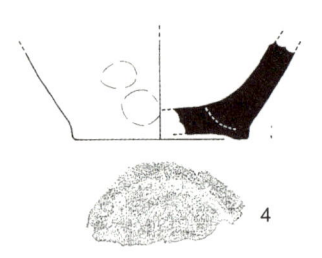

居徳（IAAA-31594）　2460
± 30　-25.0‰　遠賀川系？

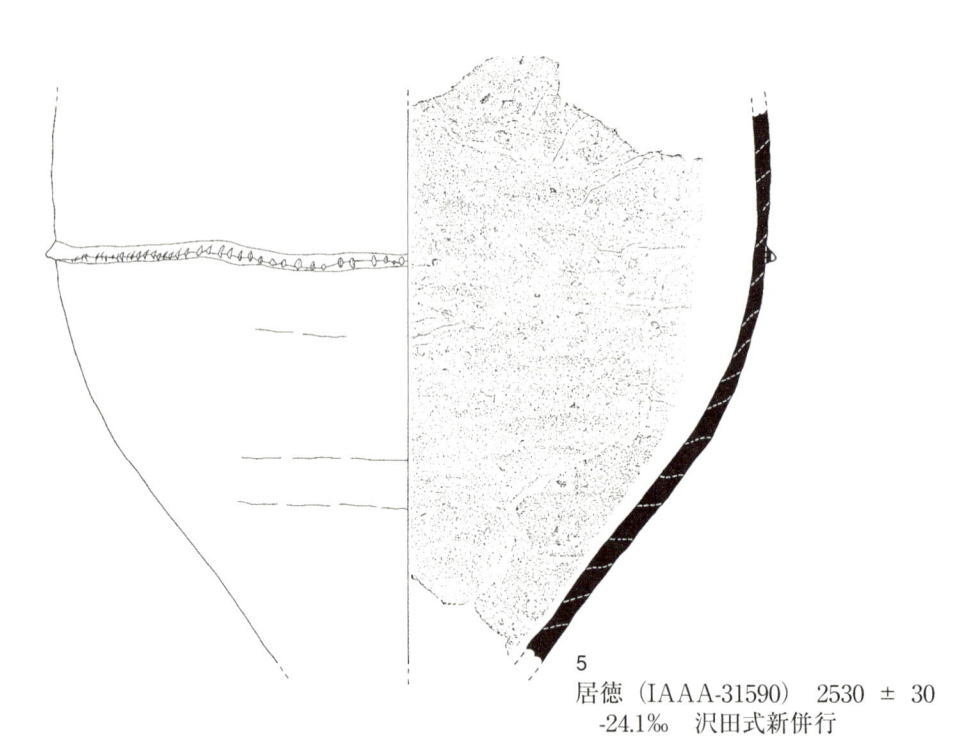

居徳（IAAA-31590）　2530 ± 30
-24.1‰　沢田式新併行

図9　土佐市居徳遺跡出土倉岡式，沢田式新土器（報告書から転載）

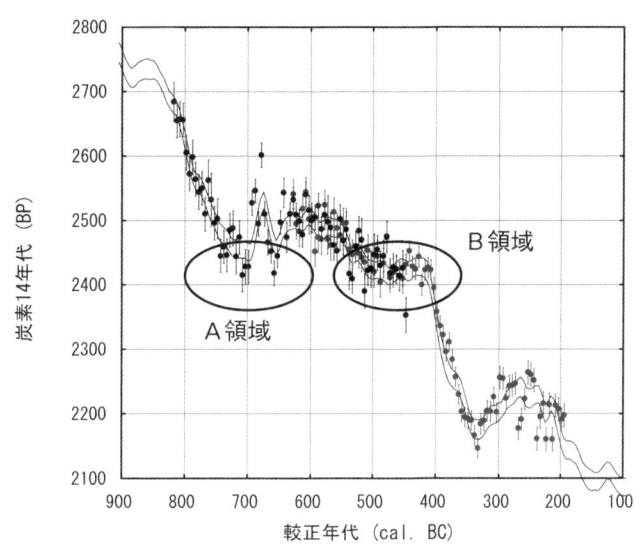

図10　日本産樹木の炭素14年代値（前820〜前200年）

併行するもので，阿方遺跡の沢田式新と同じ時期のものである。2が胴部に突帯がついた二条甕になるのかどうかはわからないが，口唇部直接刻目と胴部突帯が組み合う二条甕はあまりないので，5の二条甕とは時期差をもつとみてもよいだろう。すると居徳の突帯文土器は沢田式古の2・3と，沢田式新の5から構成されるという理解もできよう。

図9-4は遠賀川系の甕の可能性があると言われているもので，炭素14年代値が2460±30 ^{14}C BPである。実は高知平野で炭素14年代値がわかっている遠賀川系土器はこの居徳の甕1点しかない。底部破片なので細かい時期比定が難しいが年代的には板付Ⅱa式と同じ^{14}C値を示すので，この土器自体が前期中ごろの遠賀川系土器であってもよいだろう。問題はこれが高知平野の弥生前期のどのあたりに位置づけられるのか，ということである。

この土器が出土したD層は遠賀川系土器がわずかに伴う突帯文土器が主体の層で，田村Ⅰ-2期に相当するという。D層出土土器で測定したのは4点で2620〜2490 ^{14}C BPの炭素14年代値をもつ。B層は突帯文土器と遠賀川系土器が共存する層で田村Ⅰ-2・3期に相当し，やはり2610，2550，2460 ^{14}C BPという3つの測定値をもつ。少なくとも炭素14年代値ではD層とB層の間に差は認められない。

炭素14年代値からみた居徳の突帯文土器は夜臼Ⅱa〜夜臼Ⅱb・板付Ⅰ式〜板付Ⅱa式に，遠賀川系土器は板付Ⅱa式に併行する。

出原恵三は居徳遺跡から出土した遠賀川系土器の上限は田村Ⅰ-2期に併行すると考えているので，これに従うならば高知平野でもっとも古い遠賀川系土器である田村Ⅰ-1期の年代は居徳の遠賀川系土器より古くなるので，板付Ⅰ式と同じ2500 ^{14}C BP台まで上がる可能性が出てくる。阿方遺跡や居徳遺跡で見つかっている2500 ^{14}C BP台の突帯文土器はまだ弥生化していない。一方，田村Ⅰ-1期に伴うのは弥生化した突帯文系土器である。出原の型式認定にしたがう限り，西部瀬戸内や中部瀬戸内より先に田村遺跡では突帯文土器が弥生化して水田稲作が始まったことになる。

居徳遺跡には弥生化していない突帯文土器しかなく，田村遺跡には弥生化した突帯文系土器しかない。型式学的には居徳から田村へ新しくなると考えるのが自然だが，集団差という可能性もあるから，時間的な前後関係に単純に置き換えることは難しい。

いずれにしても高知平野の遠賀川系土器の炭素14年代値はまだ1点しかないので，もう少し測定数を増やしてから，高知平野における水田稲作の開始年代について考えることにする。現状では高知平野における水田稲作の開始年代は，板付Ⅰ式〜板付Ⅱa式に併行する，前8〜前7世紀のどこかにくると考えておくが，板付Ⅰ式よりも先に始まったことを示す証拠は今のところ認められない。

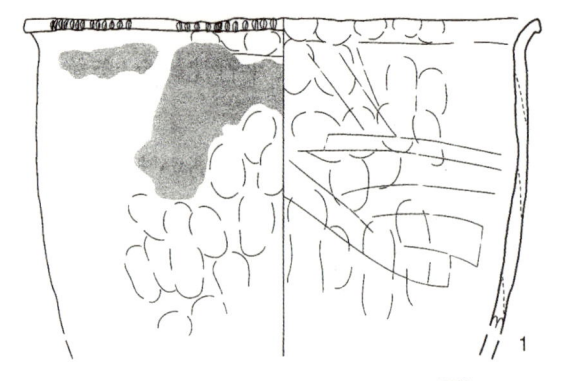

阿方　胴部中位外面（PLD-6552）　2410 ± 25　-26.1‰
　　　中山Ⅰ式併行

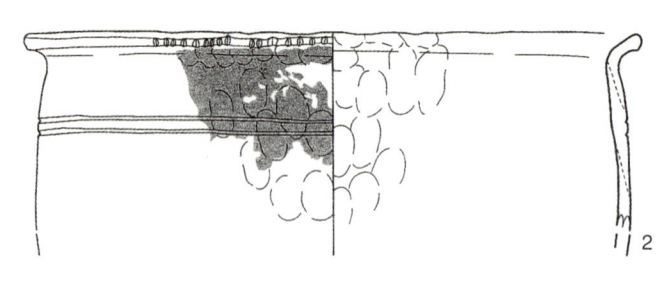

阿方　口縁外面（PLD-6550）　2485 ± 25　-27.1‰
　　　中山Ⅰ式併行

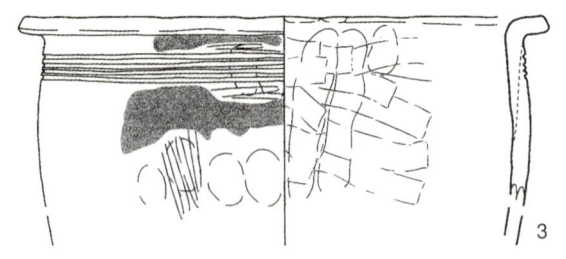

阿方　胴部外面（PLD-6551）　2470 ± 20　-26.9‰
　　　中山Ⅰ～Ⅱ式併行

図11　今治市阿方遺跡出土遠賀川系土器（報告書から転載）

（4）西部瀬戸内における灌漑式水田稲作の開始

　2003年11月に福岡市埋蔵文化財センターで歴博が行なった福岡現地検討会で筆者は，次のように報告している。「大分市玉沢遺跡の前期突帯文系土器はいずれも炭素14年代値が2300〜2500 ^{14}C BPで，板付Ⅱ式併行の値が出ている。まだ試料数が少ないので断定はできないが，豊後への遠賀川系文化の拡散は周防灘沿岸に比べると一段階遅れる可能性も出てきたといえよう。そうなれば土佐市居徳遺跡への拡散よりも遅れることになり興味深い事実である」。

　玉沢地区条里跡遺跡第7次調査出土の弥生系突帯文土器（図7-5〜7）は弥生前期末の下城式以前に位置づけられ，考古学的には板付Ⅱa式併行となるが，IntCal04を用いた較正年代では板付Ⅱb式以降の年代になってしまう可能性があることをこの発言は示唆したものである。同時に測定した玉沢地区条里跡遺跡から出土した水田灌漑施設に伴うクスの樹幹を対象としたウィグルマッチングの測定結果でも付着炭化物と同様の結果が出ていた。考古学的には板付Ⅱa式併行であっても較正年代は前期末の土器と同じ較正年代が出てしまうので両者の結果があわなかったのである。

　2004年になって，学術創成研究グループの今村峯雄と尾嵜大真が東広島市黄幡1号遺跡から出土したヒノキ材を5年輪ごとに年代測定したところ興味深い事実がわかった。このヒノキ材は奈良文化財研究所の光谷拓実によって年輪年代測定が行なわれ，前820〜前240年の年輪をもつことがわかっていたものである〔光谷 2005〕。

　すると，IntCal04では2400 ^{14}C BP台前半の炭素14年代値は前500〜前400 cal BC（図10のB領域）にかけてみられるが，黄幡1号遺跡のヒノキ材では，前700〜前650 cal BC頃（図10のA領域）にも存在することがわかったのである。

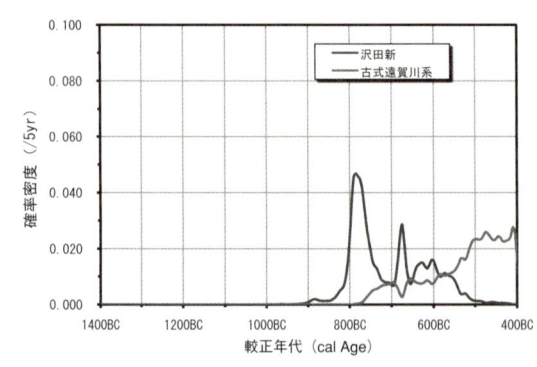

図12　沢田新〜古式遠賀川系土器の型式間境界

前700年頃はIntCal04でも較正曲線が2400 ^{14}C BP台なかばの値をもつことは知られているが，黄幡1号遺跡のヒノキ材から得られた前700年ごろの炭素14年代値はそれ以上に新しい2400 ^{14}C BP台後半の値が出たのである。今のところいくつかの要因が考えられるが，日本の樹木の地域特性である可能性があると考えられている。

この点を念頭において先の玉沢地区条里跡遺跡第7次調査の測定結果をみると，板付Ⅱa式併行の土器付着炭化物の中に2400 ^{14}C BP台後半のものがあることがわかる。IntCal04との照合では前期後半以降でしかあり得なかったこれらの測定値が，前7世紀前半付近でも較正曲線と誤差の範囲で交差したのである。

このような状況がみられるのは大分平野だけではない。愛媛県高縄半島の突端にある阿方遺跡から出土した，西部瀬戸内でもっとも古い遠賀川系土器である中山Ⅰ式土器に付着した炭化物（図11-1）を測定したところ，やはり2400 ^{14}C BP台後半（2450, 2410±40 ^{14}C BP）の炭素14年代値をもつ資料が存在した（EHFJ-3：2410±25 ^{14}C BP）。

したがって，大分平野や高縄半島では，遠賀川系土器が出現する前7世紀ごろに，灌漑式水田稲作が始まっていた可能性が出てきたのである。

ここで沢田式新と古式遠賀川系土器の炭素14年代値を統計処理して，遠賀川系土器が出現する年代を算出してみた。高松市東中筋遺跡，居徳遺跡，阿方遺跡出土の沢田式新19点と，雀居4次，玉沢7次，阿方出土の板付Ⅱa式，併行の古式遠賀川系土器6点の統計処理結果を示したのが図12である。沢田式新のピーク（濃）19点と古式遠賀川系土器のピーク（淡）7点が重複する境界付近の前680～前575年のどこかに両型式の境界がくると考えられる。日本産樹木の炭素14年代値を見る限り，前680年にかなり近い時期にくるのではないかと予測している。

このように，日本産樹木をもとに作った較正曲線，すなわち日本産樹木年輪の炭素14年代と，統計処理の結果，玄界灘沿岸地域に遅れること300年弱で西部瀬戸内まで灌漑式水田稲作が広がった可能性があるといえよう。

4　板付Ⅱa式と板付Ⅱb式の開始年代について

大分平野や高縄半島で水田稲作が始まった前7世紀頃の福岡平野の状況はあまり明らかでないが，2006年11月に福岡市雀居遺跡4次調査出土の板付Ⅱa式1点と板付Ⅱb式6点の炭素14年代値を追加したので，福岡平野の弥生時代前期中頃～後半の年代について報告する。

(1)　測定資料の考古学的特徴と炭素14年代

当該期の土器に付着した炭化物の測定数は，板付Ⅱa式1点，板付Ⅱb式6点，板付Ⅱb式に併行する亀ノ甲タイプや高橋Ⅱ式8点である。参考値として板付Ⅱa式に併行する大分，愛媛の遠賀川系土器を用いる。

板付Ⅱa式（図13-1）

口唇部端部下端に刻目をもち，口唇部を丸くおさめることから板付Ⅱa式に比定した。口縁部破片なので体部の形態は不明である。2400±35 ^{14}C BPという測定値は，今のところ板付Ⅱa式や西部瀬戸内最古の遠賀川系土器である中山Ⅰ式，大分平野の弥生化した最古の前期突帯文系土器など，西日本西部各地で弥生稲作が始まったころの土器にみられる値と同じ2300 ^{14}C台初期の値である。この炭素14年代を単純にIntCal04と照合すると，前期末の土器が多く分布する前400年付近の確率密度（550～395calBC：81.1%）がもっとも高くなり（図14），考古学的な所見との整合性がとれない。大分や愛媛で指摘した現象と同じである。

板付Ⅱb式・高橋Ⅱ式（図13-2～6）

図13-6の鹿児島県古市遺跡以外はすべて雀居遺跡4次調査出土である。雀居遺跡の如意状口縁をもつ甕は，口唇部下端に刻目をもつ点が板付Ⅱa式と同じだが，口唇端部を方形に仕上げたり，

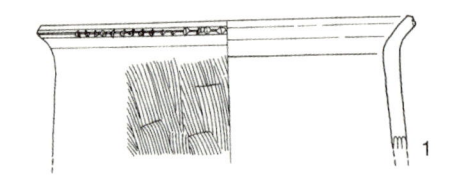

雀居4次（MTC-08032）　2400 ± 35　(-26.3‰)
板付Ⅱa式

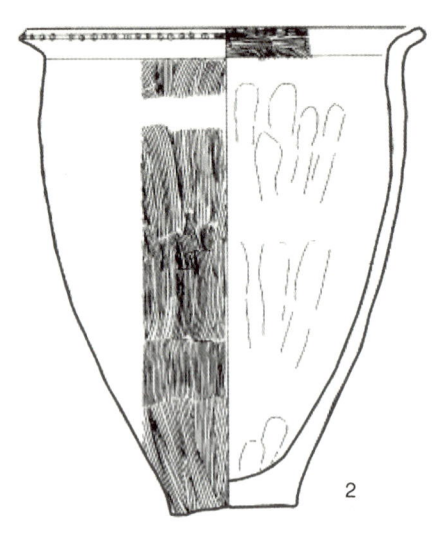

雀居4次（MTC-08040）　2430 ± 35　-19.6‰
板付Ⅱb式

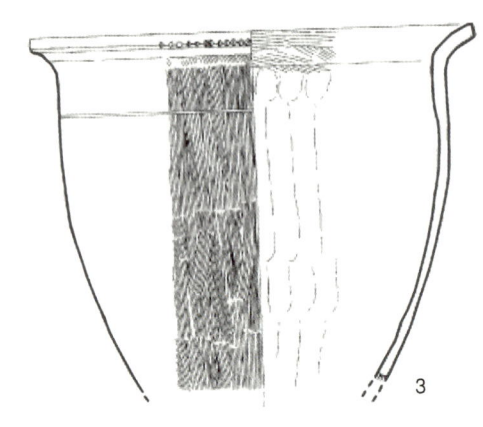

雀居4次（MTC-08036）　2400 ± 35　-25.2‰
板付Ⅱb式

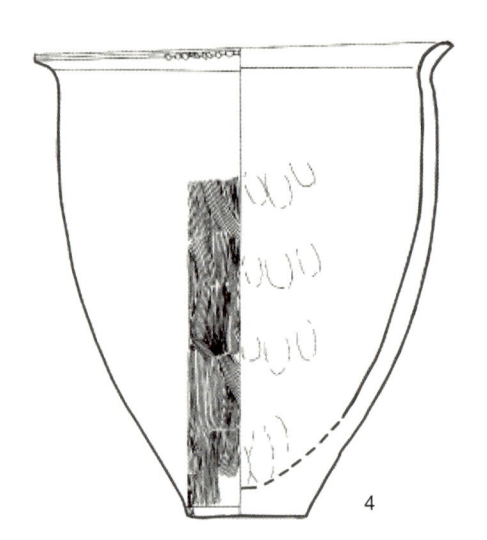

雀居4次（MTC-08034）　2360 ± 35　(-24.3‰)
板付Ⅱb式

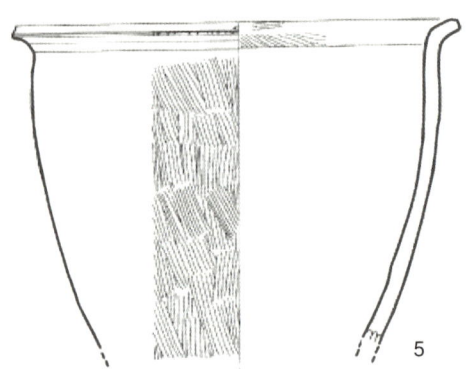

雀居4次（MTC-08041, 08042）　2400 ± 35
(-26.1‰)　2385 ± 35　-25.4‰　板付Ⅱb式

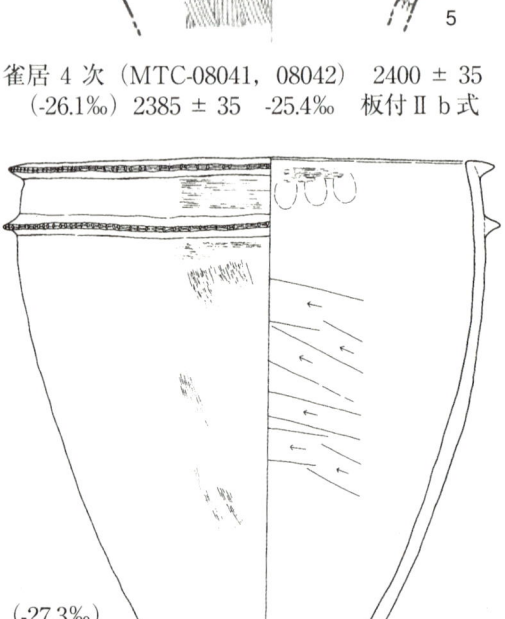

古市（IAAA-30254）　2380 ± 50　(-27.3‰)
高橋Ⅱ式

図13　弥生前期中頃〜前期後半の測定土器
（縮尺不同，各報告書から転載）

体部が張り始めたりする点が異なっている。底部は前期末の板付Ⅱc式のようにまだ脚台化していない。

炭素14年代値は2430〜2360 ¹⁴C BPの範囲に収まり，いわゆる2400年問題の真っ只中である。図13-2のδ¹³Cは−19.6‰で重いが，板付Ⅱb式の炭素14年代値としては妥当な値なので，C₄植物が炭化物のなかに含まれていた可能性がある。現状では福岡平野最古のC₄植物の存在を示す証拠である。

古市出土の高橋Ⅱ式土器（図13-6）は，福岡県八女市亀ノ甲遺跡1号溝や板付Ⅱb式に併行する九州南部の前期突帯文系土器である。弥生早期の屈曲型二条甕の系譜をひく甕で，九州南部の広い範囲に分布する。2380±50 ¹⁴C BPという炭素14年代値はいわゆる亀ノ甲タイプ初の測定値である。これまでこの種の甕は前期末になって成立するという考えが根強かっただけに，炭素14年代でも板付Ⅱb式と併行することが初めて確認できたことの意義は大きい。

これらの土器の炭素14年代の中心値をIntCal04上におくと2400年問題の後半，すなわち前6〜前5世紀ごろにくる。

（2） 板付Ⅱ式の実年代

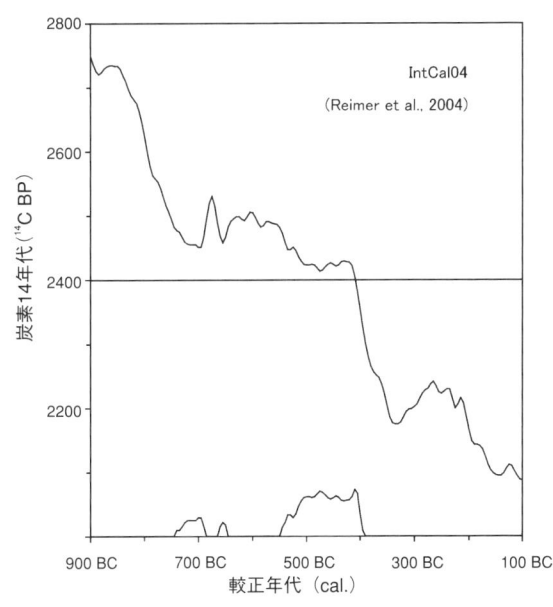

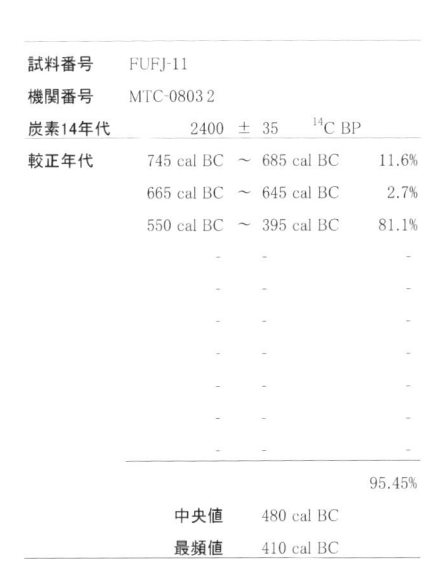

図14　板付Ⅱa式の確率密度分布図

図15は各土器型式の炭素14年代の中心値をIntCal04上に落としたものである。板付Ⅱa式の測定値は2400 ¹⁴C BP一つしかないので，併行する大分市玉沢地区条里跡遺跡出土の前期突帯文系土器，愛媛県今治市阿方遺跡と東広島市黄幡1号遺跡出土の遠賀川系土器もあわせて検討する。

2400 ¹⁴C BPの板付Ⅱa式をIntCal04上に落とすと，400calBC頃に中心値を落とすことができるので，確率密度分布をみても550〜395cal BCが81.1％と高確率を示し，以下，745〜685cal BCが11.6％，665〜645cal BCが2.7％とつづく（図14）。玉沢地区条里跡遺跡の板付Ⅱa式に併行する前期突帯文系土器や阿方の古式遠賀川系土器も同じ傾向を示す。

ところが前400年頃は板付Ⅱc式の中心値および前期末の金海式甕棺が主に分布する領域なので，板付Ⅱa式の中心値がこの付近にくるとは考古学的に考えられない。また板付Ⅱa式に先行する板付Ⅰ式が前790〜前785年頃に上限をもつので，もし板付Ⅱa式の中心値が前400年頃にくれば，400年近くにわたって存続する板付Ⅰ式と，50年足らずのきわめて短い間に板付Ⅱa，Ⅱb式と板付Ⅱc式という3つの土器型式がいることになり，土器型式編年との整合性を著しく欠くことになる。

年代測定研究グループは板付Ⅱa式や併行する最古の遠賀川系土器の炭素14年代値とIntCal04と

照合すると，考古学的な土器型式の順番とあわないという事態に直面したのである。

（3） 日本版較正曲線との照合

先述したように今村と尾嵜は2004年秋から，奈良文化財研究所の光谷拓実によって前820〜前240年の年輪年代をもつことが確認された，東広島市黄幡1号遺跡から出土したヒノキ製の未成品について，5年輪ごとに炭素14年代を測定して日本版較正曲線の構築を始めた（図10）。この結果，年輪年代で前705〜前701年の部分や，前700〜前696年の部分など，前700年前後に2400 ^{14}C BPに近い炭素14年代を示す年輪のあることがわかった〔Ozaki et al. 2006〕。そこで2400 ^{14}C BPの板付Ⅱa式の実年代は，前8世紀末〜前7世紀初頭にくるのではないかという見通しをたてたのである。これなら土器編年とも矛盾がない。

もちろん板付Ⅱb式の炭素14年代にも，雀居4次18bのように2400±35 ^{14}C BPを示す試料もあるが，板付Ⅱb式は2400年問題後半の水平部分，すなわち前6世紀なかば以降にきた方が考古学的には整合的である。

図15にみられるように板付Ⅱa式や古式遠賀川系土器の2400 ^{14}C BPや2300 ^{14}C BP台前半という炭素14年代値をIntCal04の中心値よりも50〜100年以上新しい方に離して中心値を落としたのは（図中の丸で囲んだ部分），IntCal04にあわせるよりも年輪年代のわかっている日本産樹木の炭素14年代値にあわせる方が考古学的に整合的だからである。

同時に土器型式の新旧関係を考慮して，板付Ⅱa式，板付Ⅱa式に併行する古式遠賀川系土器，板付Ⅱb式，板付Ⅱc式の中心値を落とすと図15のようになる。この結果，板付Ⅱa式と板付Ⅱa式併行期は前7世紀に，板付Ⅱb式は前400年以前に中心値がくるように落とすと，考古学的な型式変遷と整合性をもつ分布を示す。

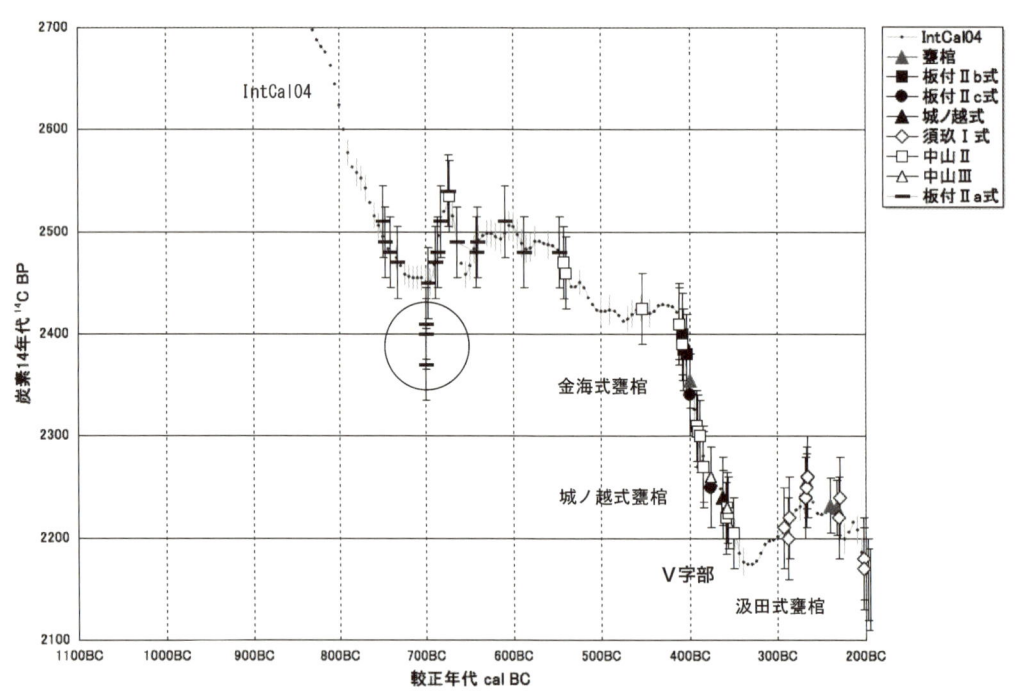

図15　九州北部・大分・愛媛・広島の土器型式分布図（前期中ごろ〜中期前葉）

±35年の誤差を考慮しても，板付Ⅱb式は前6世紀から前5世紀の間という，2400年問題の後半付近に上限がきて，下限は2400年問題を抜ける可能性のあることがわかる。前期末は2400年問題にもV字部にもかからず較正曲線の急傾斜の部分にあたり，中期初頭の下限は較正曲線のV字部の部分にかかる可能性がある。

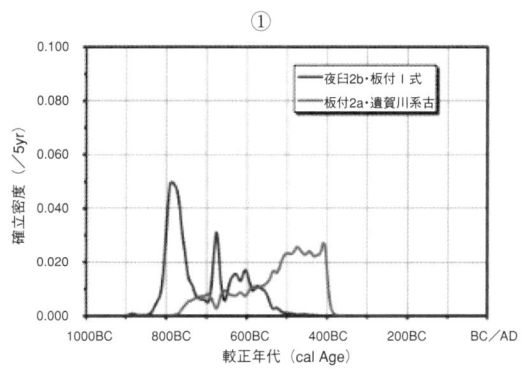

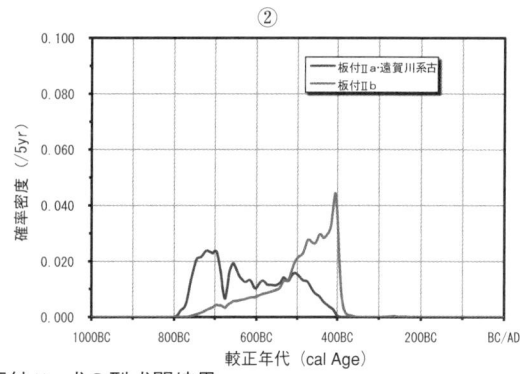

図16 夜臼Ⅱb・板付Ⅰ式と板付Ⅱa式の型式間境界

（4） 板付Ⅰ式，板付Ⅱa式と板付Ⅱb式の型式間境界

ここで板付Ⅰ式と板付Ⅱa式，板付Ⅱa式と板付Ⅱb式の境界を統計的に求める。

① 板付Ⅰ式と板付Ⅱa式の型式間境界

夜臼Ⅱb式と板付Ⅰ式28点と，板付Ⅱa式および古式遠賀川系土器7点を統計処理したのが図16-①である。夜臼Ⅱb式・板付Ⅰ式のピーク（濃）と古式遠賀川系土器のピーク（淡）が重複する境界部付近の前685～前580年のどこかに両型式の境界がくると考えられる。先に見た日本産樹木の炭素14年代値とも矛盾がない。これによって板付Ⅰ式は100年強の存続幅をもつことになる。

② 板付Ⅱa式と板付Ⅱb式の型式間境界

板付Ⅱa式および古式遠賀川系土器7点と，板付Ⅱb式・亀ノ甲式・高橋Ⅱ式14点の統計処理結果を示したのが図16-②である。板付Ⅱa式のピーク（濃）と板付Ⅱb式のピーク（淡）が重複する境界部付近の前625～前475年のどこかに両型式の境界がくるとみられる。現状ではこれ以上絞り込むことはできないが，板付Ⅱb式の中心値で見ると前550年付近がもっとも可能性が高く，かつこの値が前625～前475年の中に入っていることがわかる。

（5） 小　結

以上，板付Ⅱa式，板付Ⅱb式の炭素14年代の中心値をIntCal04上に落とし，日本版較正曲線を参考に実年代を換算した結果と，統計処理によって板付Ⅱa式の出現年代と板付Ⅱb式の出現年代を算出した。板付Ⅱa式の出現年代は前680～前575年の間，板付Ⅱb式の出現年代は前625～前475年の間であった。いずれも統計的にはこれ以上，絞り込むことはできないが，日本産樹木の炭素14年代値をふまえると，板付Ⅱa式は前680～前650年，板付Ⅱb式は前550年前後に始まった可能性が高いと推測している。

この年代観にしたがうと各土器型式の存続幅は，板付Ⅱa式は約150年，板付Ⅱb式は前期末の開始年代を前380年ごろとすると170年前後となる。

当該期は日本列島に青銅器や鉄器などの金属器が出現する時期にあたるので，この年代についてもふれておこう。福岡県今川遺跡は板付Ⅰ式新に比定されているので，実年代は前700年前後，九州北部に粘土帯土器が出現する前期末は先述したように前4世紀前葉，青銅器が甕棺に副葬され始める中期初頭は前4世紀中ごろ以降，青銅器の鋳造や鉄器が出現する中期前葉（須玖Ⅰ式古）は，前4世紀後葉～末を上限とする。

また後期無文土器である円形粘土帯土器の実年代を武末純一が示した九州北部との併行関係〔武末 2004〕から推測すると，板付Ⅱa～城ノ越式に併行する円形粘土帯土器は，前7世紀前葉～前4世紀中ごろの約400年間弱存続したことになる。

5 愛知県における水田稲作の開始年代

(1) 測定した遺跡と土器

　水田稲作開始期の土器として，名古屋市牛牧遺跡出土の馬見塚F地点式（晩期後半）2点，一宮市馬見塚遺跡出土の馬見塚式，春日井市松河戸遺跡出土の馬見塚式と馬見塚～樫王式1点，一宮市山中遺跡出土の馬見塚式～樫王式（縄文晩期末～弥生前期後半）1点の年代学的調査を実施した。

(2) 土器の特徴と炭素14年代値，較正年代

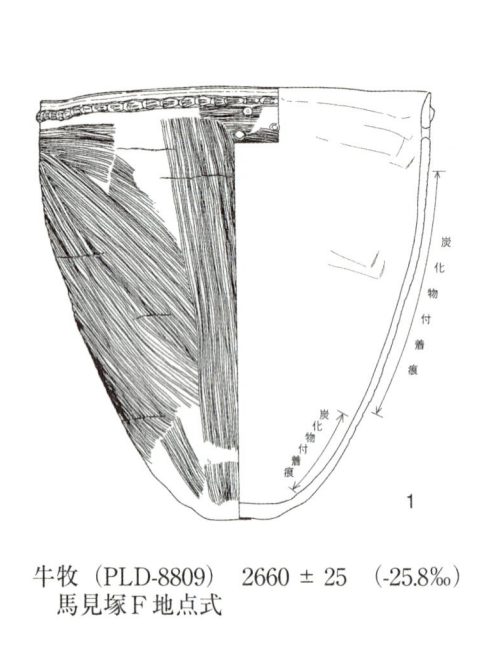

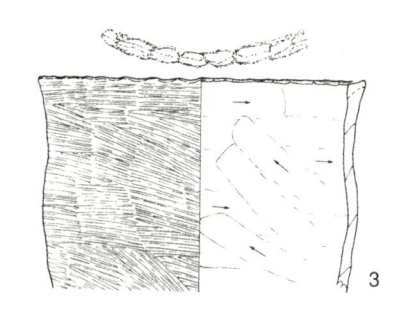

山中（PLD-8807）　2580 ± 25　-26.0‰
馬見塚～樫王式

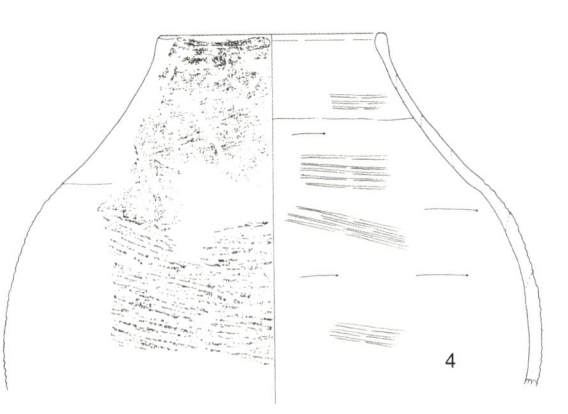

牛牧（PLD-8809）　2660 ± 25　(-25.8‰)
馬見塚F地点式

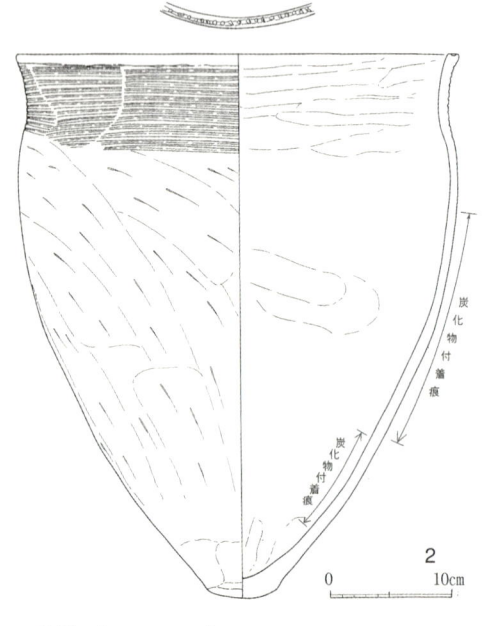

松河戸（PLD-8804）　2465 ± 25　-30.9‰
馬見塚式

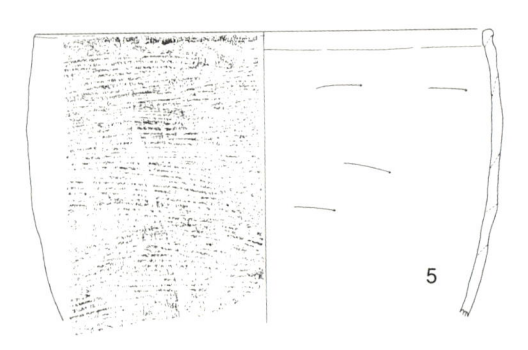

牛牧（PLD-8808）　2695 ± 25　-25.9‰
馬見塚F地点式

松河戸　内面（PLD-8805）　2430 ± 25
　-27.2‰　外面（PLD-8806）　2430 ± 25
　-24.9‰　馬見塚～樫王式

図17　愛知県内出土の縄文晩期後半～弥生前期の土器（各報告書から転載）

1は牛牧遺跡から出土した馬見塚F地点式の突帯文土器（図17-1）で口縁部に一条の刻目突帯をもつ。胴部外面に付着したススを測定したところ，炭素14年代値はPLD-8809：2660±25 ^{14}C BP（以下，^{14}C BPは省略）であった。較正年代は較正曲線が急傾斜で落ちるところにあたるため，845-795 cal BC（89.7%）とよく絞られた結果となった。夜臼Ⅱa式と併行関係にある点と炭素14年代値が2600 ^{14}C BP台であることとは矛盾がなく整合的である。今回の愛知県域の測定値のなかではもっとも古い年代を示す。

2も同じく馬見塚F地点式の深鉢で胴部外面のススを測定した（ACBM-14a）。炭素14年代値はPLD-8808：2695±25，較正年代は1と同じ理由から，895-805 cal BC（95.4%）である。夜臼Ⅱa式と併行関係にあることからすれば，きわめて整合的な値である。

4は松河戸遺跡出土の馬見塚式（ACBM-10）で，壺の胴部外面のススを，5は深鉢の胴部内面の焦げと口縁部外面のススを測定した。炭素14年代値は，前者がPLD-8804：2465±25，後者の内面がPLD-8805：2430±25，外面がPLD-8806：2430±25を得た。3は山中遺跡出土の馬見塚～樫王式（ACBM-12）で深鉢の胴部外面のススを測定した。炭素14年代値はPLD-8807：2580±25であった。3と5は第Ⅰ様式中段階に併行する土器で炭素14年代の2400年問題の中にあたるため，較正年代は前8～前5世紀の300年にもわたってしまい統計的に絞り込むことはできない。

図はないが馬見塚遺跡出土の馬見塚式の深鉢胴部内面の炭化物も測定した（ACIU-005）。炭素14年代値はPLD-8879：2515±20である。第Ⅰ様式古段階に併行するもので，やはり2400年問題にかかる試料なので較正年代は，前8世紀から前6世紀までの200年にわたってしまい統計的に絞り込むことはできない。確率密度は650～545 cal BCが54.8%でもっとも高いが近畿との併行関係でみるとやや古い年代である。特筆すべきはδ^{13}Cの値である。-12.1‰はC_4植物に起因する焦げだったことを意味する。発掘担当者である設楽博己によれば土器が埋蔵されていた土壌中よりキビ属とイネ科のプラント・オパールが確認されているとのことで，これらのことを考え合わせれば現状ではこの地域でもっとも古いC_4植物の存在を示す証拠である。

（3）愛知県内の弥生土器の年代学的調査に関する諸問題
① 水田稲作の開始時期

伊勢湾沿岸地域の水田稲作は，第Ⅰ様式中段階に併行する樫王式から始まると考えられている。松河戸遺跡や山中遺跡から出土した馬見塚式～樫王式（2580，2430±25 ^{14}C BP）から判断するとIntCal04では前555～405 cal BCの確率が72.0%ともっとも高い。近畿との併行関係でみるときわめて整合的である。また山本直人も樫王式の較正年代を500～400 cal BCと考えていることから妥当な年代と考えられる〔山本2007〕。

ただ山中遺跡の2580±25 ^{14}C BPだけは，第Ⅰ様式古段階併行の年代が出ていて，考古学的な併行関係とはあわないため，今後，日本産樹木の炭素14年代値との関連も調べたうえで考えたい。

② 縄文晩期後半，晩期末，弥生前期中ごろの実年代

夜臼Ⅱa式に併行する馬見塚F地点式（PLD-8809：2660±25，PLD-8808：2695±25）は前9世紀後半，第Ⅰ様式古段階に併行する馬見塚式（PLD-8804：2465±25）は前600年前後で，九州北部や近畿の土器との併行関係とも整合的な結果を示した。

③ C_4植物

今回測定した東海地方のデータにはC_4植物の特徴を示すものが顕著であった。仮に^{12}Cと^{13}Cの比率が10‰台のデータについてみてみると，馬見塚式の内面に付着した炭化物（⑥AICU005：2515±20）が最古であった。古段階までC_4植物がさかのぼることは滋賀県竜ヶ崎A遺跡出土の長原式の甕の内面に遺っていたキビからみても妥当である。現状での最古の例といえよう。

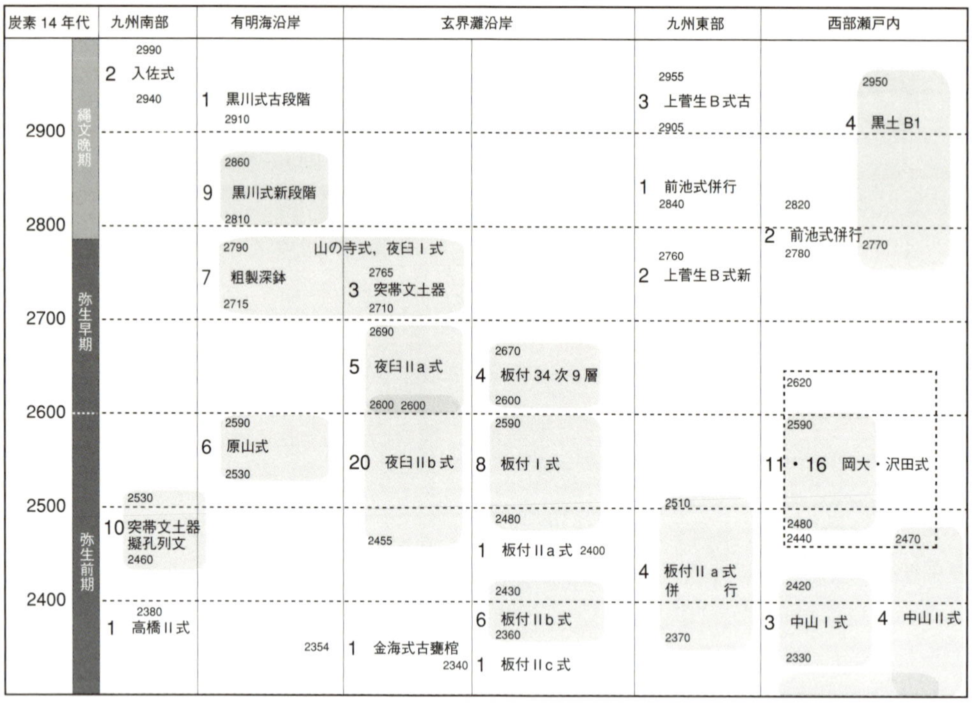

図18 土器型式別の炭素14年代値

表2 九州北部における弥生土器型式の炭素14年代と実年代一覧表

相対年代	型式名	炭素14年代	実年代(紀元前)
早期前半	山の寺・夜臼Ⅰ式	2700年代	10世紀後半～9世紀中ごろ
早期後半	夜臼Ⅱa式	2600年代	9世紀中ごろ～8世紀初
前期初頭	夜臼Ⅱb・板付Ⅰ式共伴期	2500年代	8世紀初～7世紀初
前期中ごろ	板付Ⅱa式	2400～2300年代	7世紀初～6世紀
前期後半	板付Ⅱb式	2400～2300年代	6世紀～4世紀前葉
前期末	板付Ⅱc式	2300年代	4世紀前葉～中ごろ
中期初頭	城ノ越式	2300～2200年代	4世紀中ごろ～末
中期前半	須玖Ⅰ式	2300～2200年代	3世紀
中期後半	須玖Ⅱ式	2100～2200年代	2～1世紀末

6 較正年代の算出——弥生早期から弥生前期中頃——

　九州北部の縄文晩期から弥生前期後半までの土器型式ごとの炭素14年代は表2のようになる。さらに型式ごとにまとめた炭素14年代は図18のようになる。この結果，以下の3点を指摘することができた。

　①　これまで夜臼Ⅰ式まで存続すると考えられてきた縄文系の粗製深鉢や組織痕文土器は，福岡平野では夜臼Ⅱa式まで，唐津平野や九州南部では板付Ⅱa式まで，島原半島では板付Ⅰ式に併行する原山式まで器種構成の一角に安定して存在することが明らかになった。

②　原山式は夜臼Ⅱb式や板付Ⅰ式と併行する，弥生化していない島原半島の突帯文土器であることがわかった。

③　板付Ⅱa式，東部瀬戸内や西部瀬戸内最古の遠賀川系土器は，炭素14年代値が2400 ^{14}C BP台の後半の値を示すため，IntCal04と照合すると前期後半～末の確率密度がもっとも高くなり，考古学的な知見と大きくずれる結果となった。しかし日本産樹木で補正した較正曲線と照合すると，前700～前650 cal BCのあたりにも同じ2400 ^{14}C BP台後半の炭素14年代値がみられることがわかった。このことから前7世紀の前半には大分平野や西部瀬戸内で水田稲作が始まっていた可能性の高いことが明らかとなった。

④　板付Ⅱa式と板付Ⅱb式の出現年代を統計的に求め，日本産樹木の炭素14年代値で補正した較正曲線とを照合した結果，それぞれ前7世紀前半，前6世紀中ごろという結果を得た。

7　韓国無文土器時代の実年代

（1）韓国の炭素14年代測定試料の問題点

年代測定研究グループは2001年から韓国南部地域を中心に，縄文晩期～弥生前期に併行する早期，前期，中期無文土器を中心に炭素14年代測定を行なってきたので，その成果を報告する。図19は韓国南部と九州北部の併行関係をもとに韓国無文土器時代の年代について考えたものである。韓国無文土器の炭素14年代と実年代を土器型式ごとにどのようにして求めていくのか，その方法だが，韓国でも大量の炭素14年代測定が行なわれており，土器型式ごとの測定値も多数公表されている。ところが韓国では住居跡出土の木炭試料を対象とした測定が圧倒的に多いので，質のよい測定値とはいえない。なぜならば住居跡から見つかる炭化物には煮炊き用土器の甕に付着したもののほかに，住居の柱材や屋根材などの建築材，さらに後世の混じり込みなど，さまざまな由来をもつ炭化物があるからである。

住居跡の年代は，住居内から見つかった土器型式をもとに求めるので，土器付着炭化物を測定して得られた炭素14年代値は住居跡の年代とみなすことができる。一方，年輪が多い木材を使った主柱や，廃材を利用した主柱は，住居が廃棄された年代よりは古い時期に伐採された木を使っている可能性があるので，主柱が炭化した試料を測定しても住居の廃棄年代とはずれた古い測定値を示す可能性がある。

したがって歴博では土器型式との同時性が確実な土器付着炭化物の測定値を基本に土器型式ごとの炭素14年代を測定しているので，九州北部弥生土器と韓国南部無文土器の併行関係を利用することで，韓国無文土器の型式ごとに炭素14年代値を絞り込んだ。導き出されたこの方法によって韓国無文土器時代の実年代について報告する。

（2）韓国南部の無文土器の炭素14年代値

早～後期無文土器の型式別炭素14年代値を確定する作業から行なう。まず，2006年12月現在で知りうる無文土器の炭素14年代値，約86点から海洋リザーバー効果の影響が疑われる測定値をあらかじめ除いておく。図20は今回使用した試料が出土した遺跡の分布図である。京畿道，忠清南道，慶尚北道，慶尚南道から出土した早期突帯文土器から後期勒島式に伴う試料である。圧倒的に木炭試料が多い。表3は，遺跡ごとに測定した土器型式，測定機関，炭素14年代値を表わしたものである。

このうち歴博が測定した試料の種類は土器付着炭化物，土器塗布漆，炭化米，木炭などである。炭素14年代値は報告書の記載通り，型式ごとの炭素14年代値の上限値と下限値を載せている。表4は土器型式別の試料の種類と数を一覧表にしたものである。

2006年12月時点で調べきれなかった後期水石里式だが2点の測定値が1960年代に報告されていることが明らかになった。李昌熙によれば2340±120，2230±280 ^{14}C BPというβ法による測定値が，水石里式土器と一緒に出たとされる木炭の測定値として報告されている〔金元龍 1969〕。他にも近

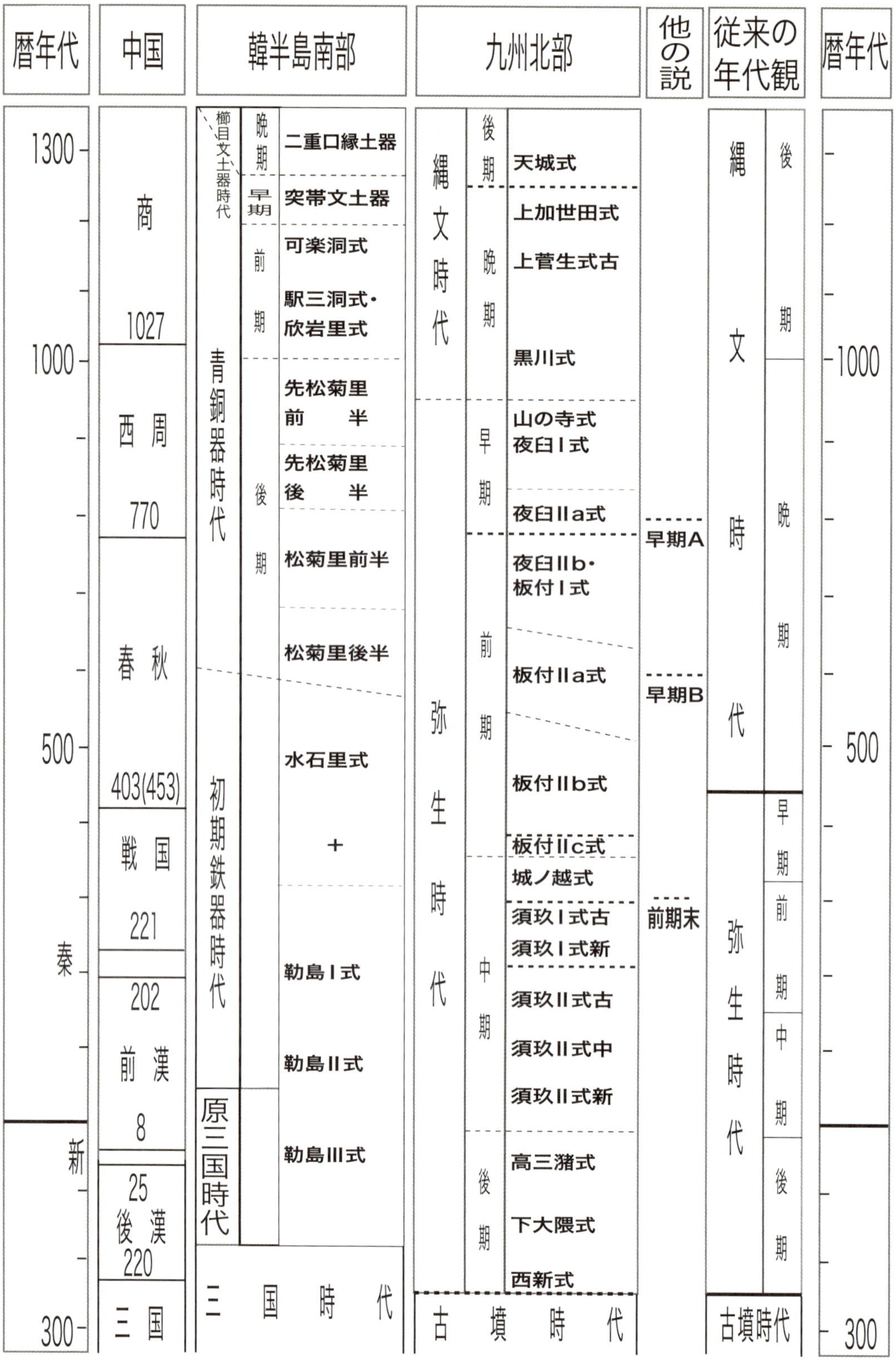

暦年代	中国	韓半島南部		九州北部		他の説	従来の年代観		暦年代
1300	商	櫛目文土器時代	晩期 二重口縁土器	縄文時代	後期 天城式		縄文時代	後期	
			早期 突帯文土器		晩期 上加世田式				
		青銅器時代	前期 可楽洞式		上菅生式古				
	1027		駅三洞式・欣岩里式						1000
1000	西周		先松菊里前半		黒川式				
			先松菊里後半		早期 山の寺式 夜臼Ⅰ式			晩期	
	770				夜臼Ⅱa式	早期A			
		後期	松菊里前半		夜臼Ⅱb・板付Ⅰ式				
	春秋		松菊里後半	弥生時代	前期 板付Ⅱa式	早期B			
500			水石里式		板付Ⅱb式				500
	403(453)	初期鉄器時代			板付Ⅱc式 城ノ越式		弥生時代	早期 前期	
	戦国		+		須玖Ⅰ式古 須玖Ⅰ式新	前期末		中期	
	221		勒島Ⅰ式	中期	須玖Ⅱ式古 須玖Ⅱ式中				
秦	202		勒島Ⅱ式		須玖Ⅱ式新			後期	
	前漢 8	原三国時代	勒島Ⅲ式	後期	高三潴式 下大隈式				
	新 25 後漢 220				西新式				
300	三国	三国時代		古墳時代			古墳時代		300

図19　中国・韓国南部・九州北部の編年表

※早期Aは宮本一夫，甲元眞之の説，早期Bは武末純一の説，前期末は宮本一夫の説，韓半島南部の土器編年は，安在晧，李昌熙の説に基づいている。波線の太い，細いは，測定値の数が多い，少ないを反映している。

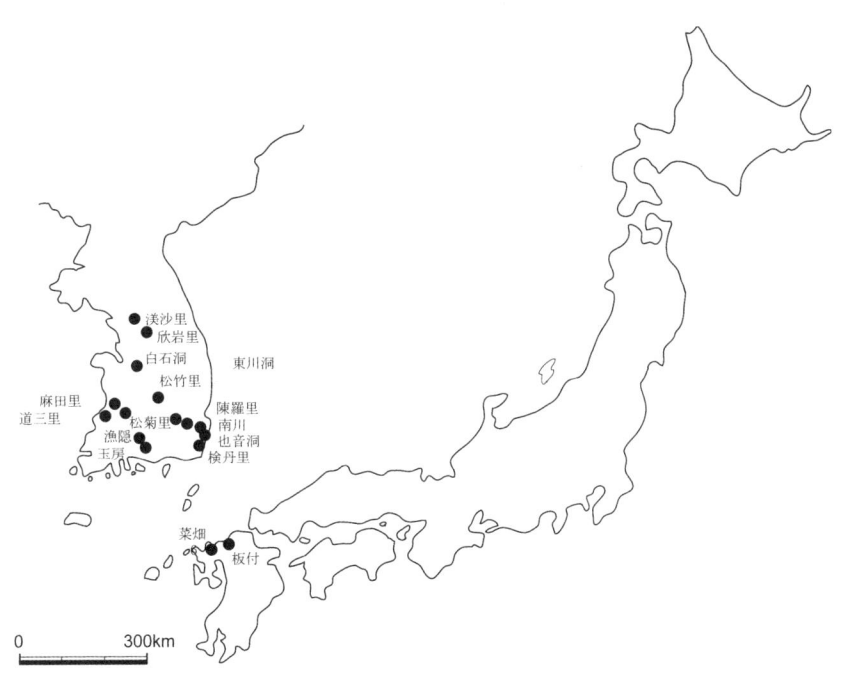

図 20　韓国の測定遺跡分布図

表 3　韓国の遺跡ごと，土器型式ごとの炭素 14 年代値

遺跡名	所在地	型式名	測定機関	炭素 14 年代の上限と下限(^{14}C BP)
渼沙里	京畿道	突帯文土器	加速器分析研究所	3360
		松菊里式		2070
龍亭洞	忠清北道	可楽里式		3030 〜 2490
		可楽里式		2860 〜 2820
玉房	慶尚南道	突帯文土器	ベータ社	3230 〜 3160
		休岩里式	ソウル大	2850 〜 2370
松竹里	慶尚北道	突帯文土器	加速器分析研究所	3000 〜 2910
漁隠	慶尚南道	突帯文土器	ソウル大，トロント大，ベータ社，加速器分析研究所	2940 〜 2830
欣岩里	京畿道	欣岩里式	日本理化学研究所，韓国原子力研究所	3210 〜 2089
サルレ	慶尚南道	欣岩里式	ベータ社，加速器分析研究所	3080 〜 2940
		松菊里式	加速器分析研究所	2630 〜 2560
南川	慶尚南道	欣岩里式	加速器分析研究所	3060 〜 2900
陳羅里	慶尚北道	欣岩里式	ソウル大	3040 〜 2700
比來洞	忠清南道	欣岩里式		2860 〜 2820
白石洞	忠清南道	欣岩里式		2840 〜 2550
東川洞	慶尚北道	休岩里式	ベータ社，ソウル大	2920 〜 2570
検丹里	慶尚南道	休岩里式	学習院大学	2880 〜 2650
也音洞	慶尚南道	休岩里式	ベータ社，ソウル大	2730 〜 2450
松菊里	忠清南道	松菊里式		2665 〜 2565
道三洞	忠清南道	松菊里Ⅰ式	加速器分析研究所	2665 〜 2565
麻田里	忠清南道	松菊里Ⅰ式	加速器分析研究所，ベータ社	2540 〜 2480
勒島	慶尚南道	勒島式	ベータ社	2190・2150

表4　韓国の土器型式別測定試料

試料の種類	突帯文土器	可楽里式	欣岩里式	休岩里式	松菊里式	松菊里I・II式	勒島
木炭	5	6	31	9	8	5	0
種子，炭化米	3	0	0	1	0	0	0
土器付着炭化物	2	0	1	4	1	9	ウルシ2

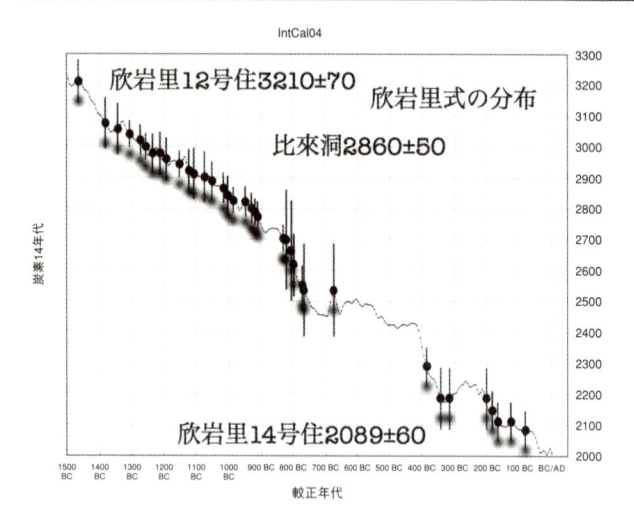

図21　欣岩里式の炭素14年代値のバラツキ

図22　九州北部と韓国南部の土器の併行関係と考古学的根拠〔武末2004をもとに作成〕
図中の矢印は交差年代であることを示す。

年の調査で40点あまりの測定値が報告されており，2500 ¹⁴C BP台が多いようである〔李昌熙 2008〕。
　測定値が圧倒的に多いのは欣岩里式だが，歴博が測定した土器付着物1点を除いてすべて木炭試料である。測定例こそ多いが，先述した非常に多くの問題点を含んでいる。欣岩里式として報告されている32点の測定値は，3210±70 ¹⁴C BP～2089±60 ¹⁴C BPの幅をもち，炭素年代値で実に1200年あまりにも及んでいるため，欣岩里式の測定値と真にいえる可能性のあるものはかなり範囲が絞られることがわかる（図21）。欣岩里式は九州北部の縄文晩期後半黒川式に併行するにもかかわらず，欣岩里式として報告されている炭素14年代値の上限は縄文後期，下限は弥生中期末に及んでい

— 44 —

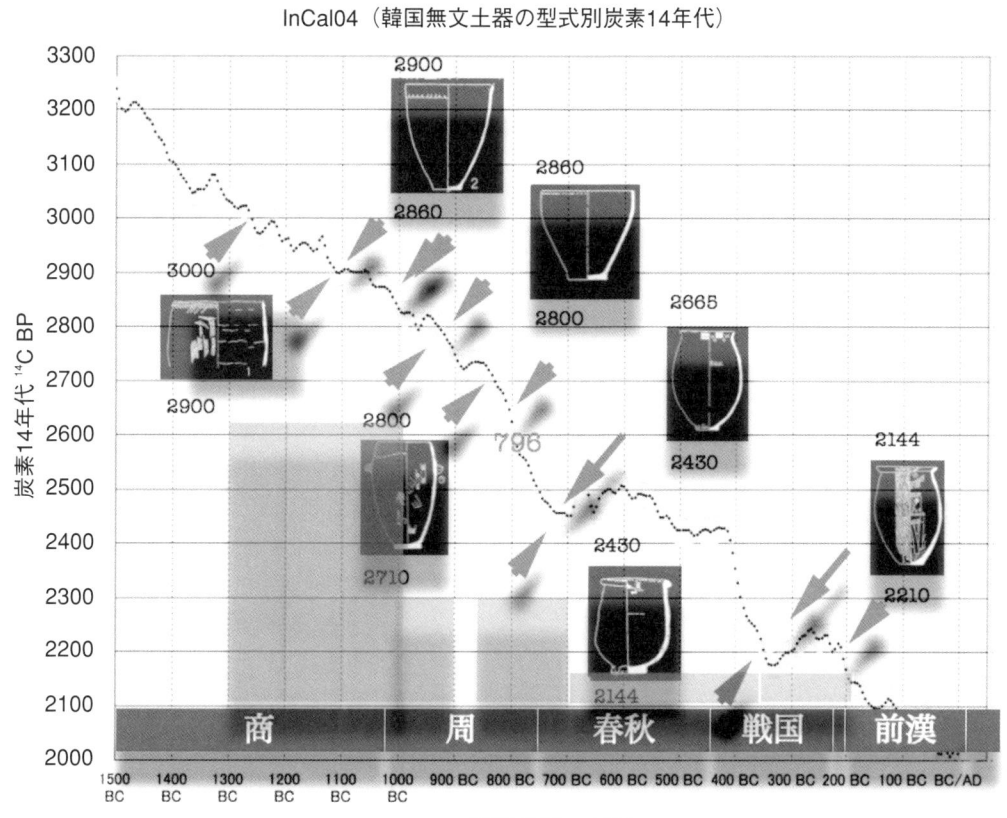

図23　韓国の土器型式別炭素14年代値分布図

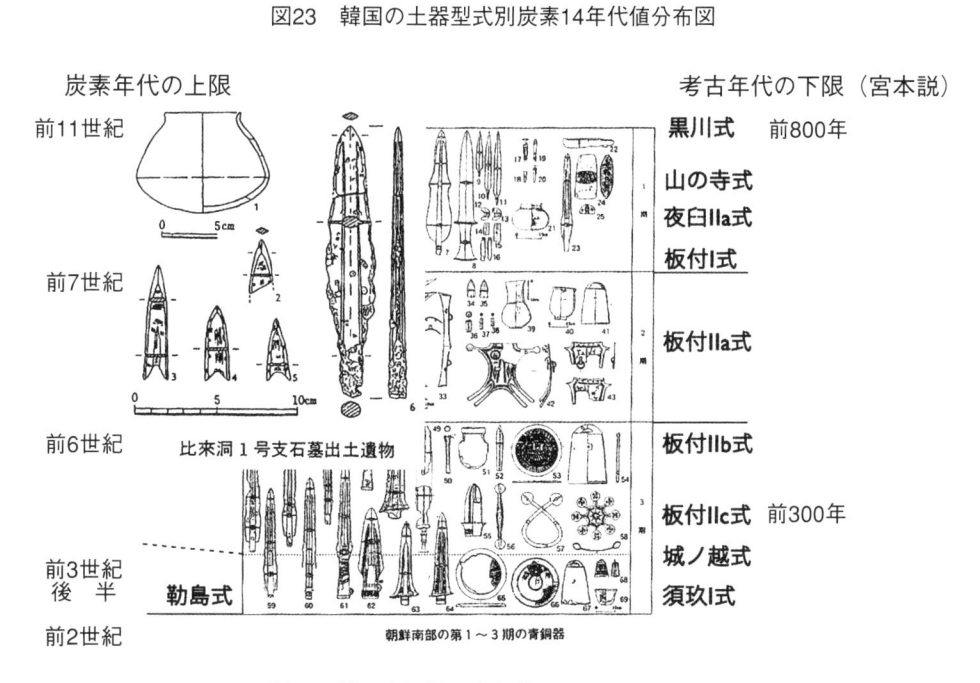

図24　韓国青銅器の実年代〔武末2004をもとに作成〕

ることになる。したがって，欣岩里式として適正な炭素14年代の範囲を求めておく必要がある。
　このように韓国の炭素14年代値にばらつきが大きく出る理由は3つある。
　①　AMS以前のβ法で測られている場合には誤差が±120年もつくものがある。今村峯雄によればこれだけ誤差がつくと炭素14年代値の中心値も70〜80年動く可能性があるという。
　②　木炭試料のほとんどが住居の柱材や構造材に起因するため，樹齢の大きな柱材であったり，古い住居の柱（廃材）を再利用したりした場合は，100年ぐらい古い年代は簡単に出る可能性がある。これらを古木効果という。
　③　真に共伴関係にないものの取り違えである。極端に古い測定値や逆に新しい測定値は，こうした試料を測定した可能性がある。
　以上のような理由から，木炭試料の多い韓国の炭素14年代値をそのまま土器型式ごとの炭素14年代値として用いることはできない。
　そこで，九州北部の土器との併行関係を利用して炭素14年代値を絞り込む必要がある。

（3）　九州北部と韓国南部の土器型式の併行関係

　図22は，両地域の併行関係を示したものである（勒島式以前は武末純一の，以後は李昌熙の併行関係を用いた）。両地域の併行関係を規定する根拠を列記してみる。
　①　欣岩里式（孔列文土器）　北九州市貫川遺跡5　黒川式の包含層から欣岩里式に伴う舟形石庖丁が出土。現状では本例しかない。
　②　休岩里式（刻目文土器）　板付祖型甕の存在から上限は山の寺式よりも古く，下限は弥生前期初頭の上限より古いと予想される。
　③　松菊里式　九州北部の突帯文土器（夜臼Ⅱa式）から板付Ⅱa式の土器に伴って出土する。
　④　水石里式（粘土帯土器）　福岡県曲り田遺跡で板付Ⅱa式に伴って出土。ただし包含層から1点出土しただけである。したがって上限を板付Ⅰ式〜板付Ⅱa式とするが暫定的な扱いとする。下限は城ノ越式とする。
　⑤　勒島式（粘土紐土器）長崎県原の辻遺跡B区6号土坑内から，須玖Ⅰ式中〜新段階の土器と共伴。また勒島遺跡で粘土帯土器と粘土紐土器が城ノ越式〜高三潴式と共伴。ただし，粘土帯土器の下限と粘土紐土器の上限がよくわからない。
　⑥　原の辻遺跡で須玖Ⅱ式と勒島式の折衷土器が出土し，付着炭化物による炭素14年代値（2060±40 ¹⁴C BP）を測定ずみ。勒島式の下限は，折衷土器よりも古くなることはない。
　以上の共伴関係をもとに，韓国の土器型式の炭素14年代値を絞り込んでいく。

（4）　韓国無文土器の炭素14年代値

　検討の結果，無文土器の型式ごとの炭素14年代値は次のようになる（図23）。土器の図面の上の数字は炭素14年代値の上限，下の数字は下限を表わす。たとえば突帯文土器なら3000〜2900 ¹⁴C BPであることを示す。可楽里式は黒川式古の上限の炭素14年代値である2860 ¹⁴C BP以前，欣岩里式は黒川式に併行することを重視して2800 ¹⁴C BP以前，休岩里式は山の寺式の下限である2710 ¹⁴C BP以前，松菊里式は板付Ⅱa式のどこかで水石里式との境界をもつので，玉房1地区の木炭の測定値である2430 ¹⁴C BPを下限と考える。水石里式と勒島式の境界は，城ノ越式のどこかであるから，仮にV字の底である2144 ¹⁴C BPとしておく。なお勒島式の下限は高三潴式との共伴例を参考に1900 ¹⁴C BP以前ということになる。

（5）　較正年代

　無文土器の実年代を推定する。先述したように前796年以前の年輪の炭素14年代値は2600 ¹⁴C BPより新しくはならないことが知られている。2600 ¹⁴C BP台といえば夜臼Ⅱa式なので夜臼Ⅱa式と

併行関係にある松菊里式の上限は前796年以前にくることになる。

　ここを起点に無文土器の実年代を推定すると，松菊里の上限は前796年以前，欣岩里の下限も前796年以前となる。欣岩里式の上限は不明だが，黒川式新と山の寺・夜臼Ⅰ式の型式間境界をベイズ統計によって求めた結果は前10世紀後半だったので，黒川式に併行する欣岩里式は前10世紀後半以前となることは確実で，存続幅をある程度見積もると欣岩里式の上限は前11世紀まで上がると考えている。可楽里式以前については推定の域を出ない。韓国南部における突帯文土器の上限は3000 ^{14}C BPで縄文晩期初頭と併行する時期の土器と同じ炭素14年代値を示すので，紀元前13世紀まで上がると考えている。

　新しいところでは，板付Ⅱa式の途中から後期無文土器が始まるという併行関係を利用すれば，後期無文土器の上限は前7世紀前半ということになるが先述したように曲り田遺跡の1例しか根拠はない。一方，勒島式の上限は城ノ越式の途中にくると考えると，前4世紀後半のどこかということになり，下限は高三潴式のどこかに位置するので後1～2世紀のどこかとなる。以上の併行関係をもとにした実年代を年表にしたのが図22である。

（6）青銅器文化の実年代

　武末純一の韓国青銅器編年図に，較正年代（左列）と従来の考古年代（右列）を示したものである（図24）。

　武末は，韓国の青銅器文化を1～3期に分けている。1期は遼寧式銅剣の段階で，欣岩里式～松菊里式に相当，日本の黒川式～板付Ⅱa式に併行する。較正年代では，前11～前7世紀に比定される。2期は古式細形銅剣の段階，水石里式に相当，日本の板付Ⅱa式に併行する。較正年代では，前7～前6世紀に比定される。3期は型式未設定～勒島式に相当，日本の板付Ⅱb式～須玖Ⅰ式に併行する。較正年代では前5世紀～前3世紀に比定される。

　（5）でみたように年輪年代がわかっている日本産樹木の炭素14年代から夜臼Ⅱa式が前796年以前に上がることが間違いないことからもみても，黒川式が前9世紀まで下がることはなくなったので，韓国南部の遼寧式銅剣の段階が前11～前10世紀には始まっていたことが明らかになったといえよう。

　松菊里1号石棺出土の遼寧式銅剣の年代も，夜臼Ⅱa式の年代から前9世紀後半～前7世紀前半と考えられる。そして朝鮮式青銅器の出現年代は，忠清南道・大田塊亭洞遺跡出土の青銅器に伴う水石里式の年代から推定することになる。歴博でも水石里式の炭素14年代測定値を持っていないので，九州北部の弥生土器との併行関係だけしか手がかりがない。板付Ⅱa式のどこかを上限とする水石里式の年代は，前7世紀以前に遡ることはありえないが，どの水石里式と大田塊亭洞の青銅器が伴うのかがよくわからないため，朝鮮式青銅器の出現年代を絞り込むことはできない。したがって現状では朝鮮式青銅器の上限年代は板付Ⅱa式の年代である前7世紀～前6世紀のどこかにくる，に留めておきたい。なお九州北部でこれらの青銅器が甕棺に副葬される城ノ越式の時期は前4世紀中ごろ～末である。

（7）小　結

　韓国の青銅器文化の年代は，考古学的に製作年代のわかる遼西出土の中原系青銅器を起点に，遼東における遼寧式銅剣の副葬年代を傾斜編年によってもともと新しく位置づけ，かつ副葬年代と製作年代とを明確に峻別しないまま，九州北部の弥生土器の併行関係をもとに決められてきたという経緯がある。今回は韓国出土の無文土器に付着する炭化物を直接炭素14年代測定することによって，年代を推定した結果，韓国南部の遼寧式銅剣は，前11世紀には出現し，前7～前6世紀には朝鮮式青銅器という韓国南部独自の青銅器文化を生み出す可能性を示した。そしてこの文化が前4世紀には九州北部地方に拡散する。従来の年代観である遼寧式銅剣の出現年代前5～前4世紀，朝鮮式青

銅器の成立期である前3世紀に比べると，600年～200年さかのぼる可能性がある。

8　古墳の築造年代

　近年，奈良県桜井市の古墳から出土した遺物を対象に行なっている年代学的調査について報告する。小林謙一・春成秀爾・坂本稔が，桜井市東田大塚古墳，矢塚古墳，箸墓古墳から出土した土器や自然遺物の炭素14年代を測定し，箸墓古墳を除いてその結果はすでに報告書が刊行されている〔小林・春成・坂本 2008〕。

　測定したのは土器付着炭化物を中心に，庄内3式，布留0式，布留1式およそ30点である。型式ごとに報告する。

（1）　庄内3式

　矢塚古墳第1次調査において，周溝の下層堆積層にあたる黒色粘土層から出土した甕（図25-3：NRSK-6）の外面に付着したススの炭素14年代値は1820±30 ^{14}C BP，土器に伴ったモモ核などの測定値は1790 ^{14}C BP，1800 ^{14}C BPであった。この土器は古墳完成後に東側から周溝に投棄されたものと考えられているので，築造時期の下限を示す庄内3式の1点が1820±30 ^{14}C BPにあることを意味している。較正年代はAD130～260 calのなかに92％の確率で収まる。

　これらの他にも自然遺物が2点測定されているが，炭素14年代値は1900±30 ^{14}C BPや2100±30 ^{14}C BPで，第Ⅴ様式の土器（図25-1・2）と同じ測定値を示し，図25-3の年代とはかけ離れており，出土状況から考えても確実な庄内3式の炭素14年代値とはいえないためはずしておく。よって現状における庄内3式の確実な炭素14年代値は，1820±30 ^{14}C BP，1800±30 ^{14}C BP，1790±30 ^{14}C BPである。

（2）　布留0式

　東田大塚3次SE2001上層から出土した布留0式古相の甕（図25-5）の内外面の炭化物の炭素14年代値は1820±30と1780±300 ^{14}C BPであった。この甕は墳丘盛土の下から見つかった遺構より出土しているので，古墳築造の上限，つまりこれ以上はさかのぼらないことを示す。つまり布留0式古相に位置づけられる東田大塚の墳丘が造られた年代は，この年代よりさかのぼらないことを意味している。

　さらにこの甕が見つかった遺構がまだ機能している時期に流れ込んだと考えられているのがウリ種子（NRSK-C1）とモモ核（NRSK-C2），小枝（NRSK-C3）である。小枝は測定値（620±30 ^{14}C BP）からみて中世の混じり込みということになるので外すと，ウリは1850±30 ^{14}C BP，モモ核は1730±30 ^{14}C BPという測定値である。すると布留0式期は1850～1730 ^{14}C BPの間のどこかに収まることになるが，1830～1790 ^{14}C BPの部分は庄内3式と炭素14年代値が重なっているので切り離せば，布留0式古相の炭素14年代値は，1790～1730±30 ^{14}C BPのどこかに収まることになる。

　布留0式新相に比定された土器（図25-4：NRSK-1）は，東田大塚4次周濠下層から出土したもので，東田大塚が築造されたあとの年代を示すことになる。1710±30 ^{14}C BPという炭素14年代値は布留0式古相よりも新しい値である。この土器に伴って出土したのがNRSK-C4～C6の木材や自然木などで，土器と同時期か下ると考えられている資料である。1650，1670，1760±30 ^{14}C BPという炭素14年代値は，伴った土器（図25-4）よりもさらに新しい炭素14年代値である。この1600 ^{14}C BP台の炭素14年代値は，図26の較正曲線を見る限りAD270年ごろとAD4世紀中ごろ以降しかみられないが，布留0式新相の考古年代から考える限り4世紀中ごろと考えることはできないので，前者のAD270年ごろと考える方が合理的である。一方，1600 ^{14}C BP台で底をうった較正曲線はその後，紀元後300年前後にかけて1700 ^{14}C BP台まで戻したあと，再び低下し始めることが較正曲線からわかる。すると1760±30 ^{14}C BPという炭素14年代値も，紀元後270年から300年にかけ

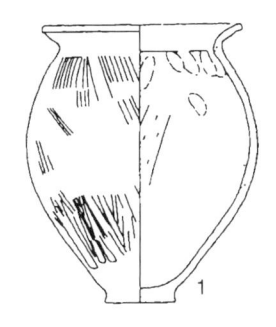

池島・福万寺 (IAAA-40558) 2060 ± 40
-26.0‰ 河内Ⅴ-0期

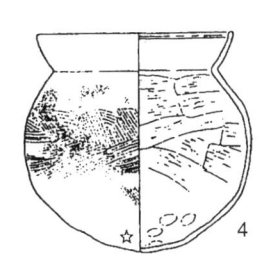

東田大塚4次 (IAAA-71886) 1710 ± 30
-19.2‰ 布留0～1式期

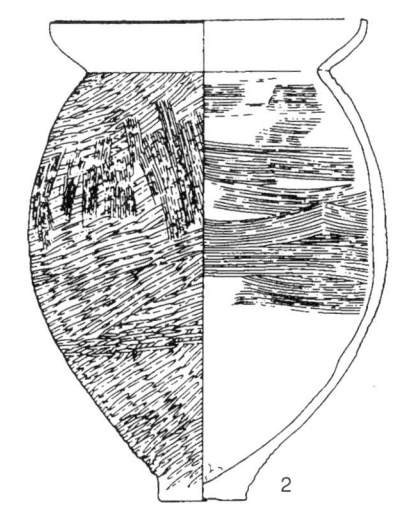

瓜生堂99-5区 (Beta-184560) 1950 ± 40
-18.2‰ 河内Ⅴ-3期

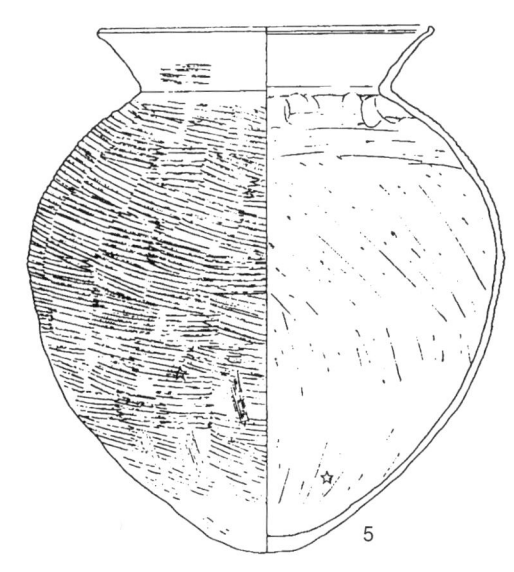

東田大塚3次 (IAAA-71890) 1820 ± 30
-26.7‰ 布留0式古相

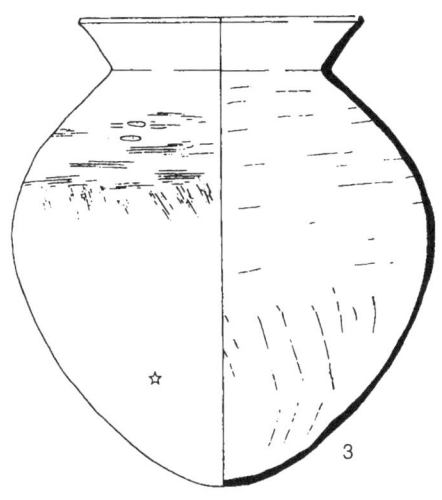

矢塚1次周溝下層 (IAAA-71897) 1820 ± 30 (-29.0‰) 庄内3式期

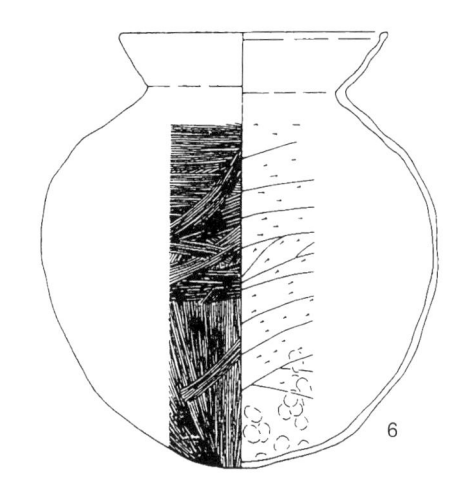

瓜生堂99-1区 (Beta-184562) 1790 ± 40
-19.4‰ 布留2式期

図25 弥生終末～古墳前期初頭の土器

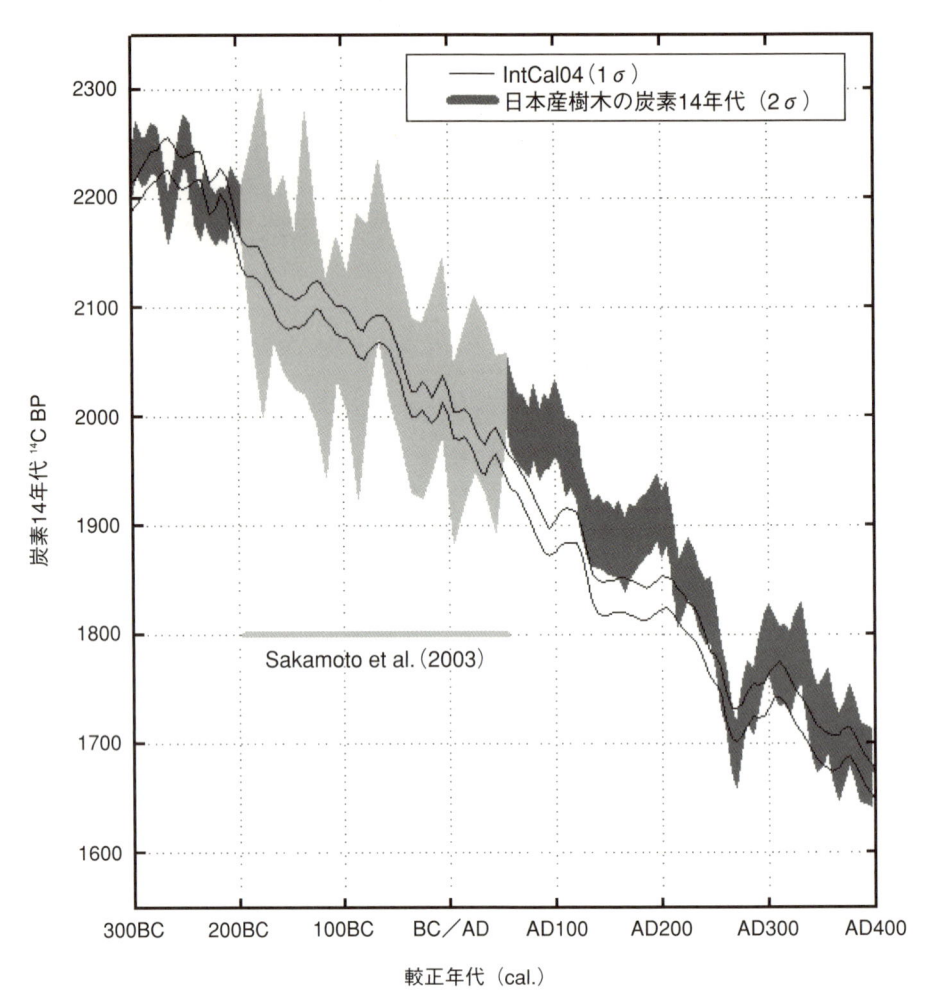

図26　Intcal04と日本産樹木の炭素14年代（2σ）BC300〜AD400

ての布留0式新式の炭素14年代値と考えても矛盾はない。
　したがって布留0式新相の炭素14年代は，1710〜1650〜1760 ^{14}C BPという分布をみせると考えられる。
　なお，箸墓古墳の周溝などから出土した木材や布留0式古相土器の付着炭化物10数点の測定も行なっているが報告書がまだ刊行されていないのでここに測定値を示すことはできないが，結果は庄内3式から布留0式古相にかけての炭素14年代値が出ている。これらを含めて総合的に判断すると，箸墓古墳が成立すると考えられている布留0式古相の年代の1点が3世紀中ごろに来る可能性は高いと考えている。

（3）まとめ

　以上，まとめてみると，庄内3式は1820〜1790 ^{14}C BP，布留0式古相は1820〜1730 ^{14}C BP，0式新相は1710〜1650〜1760 ^{14}C BP，布留1式の1点が1700 ^{14}C BP台前半にあることがわかった。まだ測定数が少ないので統計的に較正年代を絞り込むことはできないが，先述したように布留0式新相の1600 ^{14}C BP台の測定値がAD270年ごろの1点にはまるとすれば，布留0式古相とされている箸墓古墳の造られた年代は確実にAD270年以前ということになり，また庄内3式の炭素14年代値から考えると3世紀中ごろまではさかのぼると考えられる。

おわりに

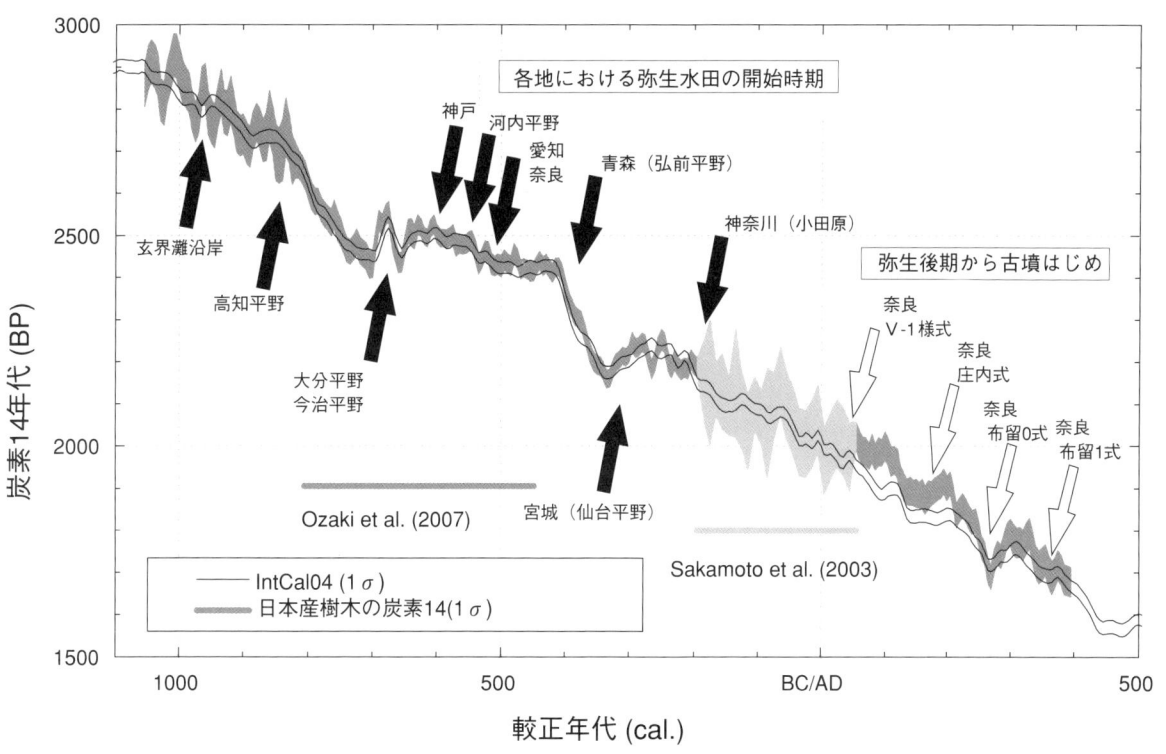

図27 日本列島各地の弥生水田稲作の拡散と奈良盆地（田原本町・桜井市）における弥生後期以降の年代較正
（曲線の黒線はIntCal04（1σ），灰色の帯は日本産樹木の炭素14年（2σ），測定の矢印はおおよその炭素14年代値を示す）

　年代測定研究グループは炭素14年代較正曲線の日本版作成を目指した日本産樹木年輪試料の炭素14年代測定も進めている。そのうち，東広島市黄幡1号遺跡出土の加工木材を用いた前9～前5世紀にわたる結果はすでにRadiocarbon誌に報告ずみである〔Ozaki et al. 2007〕。さらに，前11～後4世紀までにわたる年輪試料の分析を進めており，この年代範囲ではIntCal04と比較して暦年較正結果に大きな違いはほとんどみられないが，坂本稔や中村俊夫により別々に測定された箱根芦ノ湖出土スギ埋没樹などの年輪試料の炭素14濃度の測定結果をみると，IntCal04に比べ，日本列島では1世紀終末から2世紀においてやや炭素14濃度が薄く，結果的に数十年程度，炭素14年代が実際より古く測定されることが判明している〔Sakamoto et al. 2003，中村ほか 2004〕。この結果は上述した弥生終末期～古墳時代開始期の実年代を決める上で重要なものと考えられる。

　以上，弥生後期から古墳前期までの炭素14年代についてまとめてみると次のようになる。
　① IntCal04と日本産樹木の炭素14年代値は完全に分かれることはない。
　② 紀元後1～2世紀（炭素14年代値では2000～1750 ^{14}C BP）では，日本産樹木の暦年較正結果はIntCal04と重なりながら，少し新しい方向にずれる。
　③ 1720 ^{14}C BPから以降は，ほとんど変わらない。
　④ したがって紀元後1～2世紀の日本産樹木の炭素14年代値は，IntCal04より，何十年か新しい方向にずれることで，考古年代と整合性をもつ。

　これまで日本産の樹木を炭素14年代測定することによって，IntCal04では解決できなかったことを明らかにすることができたので，列挙して終わりとしたい。
　① 板付IIa式や西日本の遠賀川系土器など，2400 ^{14}C BP前後の測定値をIntCal04と照合すると，前期末の較正年代である前4世紀前半の確率密度がもっとも高い値を示すことが多かったが，日本産樹木と照合すると，紀元前7世紀前半頃の確率密度分布の値が高まるので，この時期が西部瀬戸内の水田稲作開始年代と関係している可能性が高いと考えている。ベイズ統計による型式間境界を求めた結果は，この見直しの正しさを裏づけるものであった。

②　紀元後1～2世紀におけるIntCal04と日本産樹木の暦年較正結果のズレが，弥生後期から古墳出現年代の炭素14年代値を古く出すことに関係していることがわかった。

　本稿は，平成16～20年度学術創成研究「弥生農耕の起源と東アジア─炭素年代測定による高精度編年体系の構築─」（研究代表西本豊弘）の成果をまとめなおして，新稿を加えたものである。試料提供者・関係機関および年代測定研究グループのスタッフ・研究分担者・協力者の力によるところが大きいことを明記し，謝意を表します。

(註1)　2006年12月に大分で行なった現地検討会の席上，上菅生B式を設定した高橋徹は，歴博の年代測定結果をふまえて，上菅生B式を古と新に分けることを提唱し，2900 ^{14}C BP年代の土器群を古，2700 ^{14}C BP年代の土器群を新とした。これは豊後における無刻目突帯文土器を2細分したことを意味する。

参考文献

李　昌熙 2008「水石里式土器の再検討」『考古広場』3号，釜山考古学研究会
今村峯雄 2003「高精度年代測定による総合的歴史研究─現状と課題─」『国立歴史民俗博物館研究報告』108，243-256
大貫静夫 2007「上馬石上層文化の土器編年」『遼寧を中心とする東北アジア古代史の再構成』平成16年度～平成18年度科学研究費補助金基盤研究（B）研究成果報告書
九州大学考古学研究室 1966「北部九州（唐津市）先史聚落遺跡の合同調査─昭和40年度日仏合同調査概報─」『九州考古学』29・30，1-16
金元龍 1966「水石里先史時代聚落住居址調査報告」『美術資料』第11号，1-16，国立博物館
─── 1969「韓国考古学における放射性炭素年代」『考古学』第2輯，1-7
小林謙一 2006「東日本における年代測定の成果」『弥生時代の新年代』新弥生時代のはじまり第1巻，97-100
─── 2008「東日本の縄文晩期～弥生移行期の実年代」『学術創成　弥生農耕の起源と東アジア─炭素14年代測定法による高精度編年体系の構築』平成19年度研究報告会資料集，25-46
───・春成秀爾・秋山浩三 2008「河内地域における弥生前期の炭素14年代測定研究」『国立歴史民俗博物館研究報告』139，17-50
───・───・坂本　稔 2008「桜井市東田大塚・矢塚出土試料の^{14}C年代測定」『桜井市平成18年度国庫補助による発掘調査報告書』桜井市立埋蔵文化財センター発掘調査報告書30集，93-102
高橋　徹 1980「大分県考古学の諸問題Ⅰ─刻目突帯文土器とその展開について─」『大分県地方誌』98
武末純一 2002『弥生の村』日本史リブレット3，山川出版社
─── 2004「弥生時代前半期の暦年代」『福岡大学考古学論叢』131-156
田中良之・溝口孝司・岩永省三・T.Higham 2004「弥生人骨を用いたAMS年代測定（予察）」『九州考古学会・嶺南考古学会合同研究会』レジメ
中村俊夫・福本浩士・光谷拓実・丹生越子・小田寛貴・池田晃子・太田友子・藤根　久 2004「年輪年代と^{14}C年代の比較」『名古屋大学加速器質量分析計業績報告集XV』206-214
橋本輝彦 2008「^{14}C年代測定資料の解説と測定結果について」『桜井市平成18年度国庫補助による発掘調査報告書』桜井市立埋蔵文化財センター発掘調査報告書30集，103-108
春成秀爾 1990『弥生時代の始まり』東京大学出版会
───・今村峯雄・藤尾慎一郎・坂本　稔 2003「弥生時代の開始年代─^{14}C年代の測定結果について

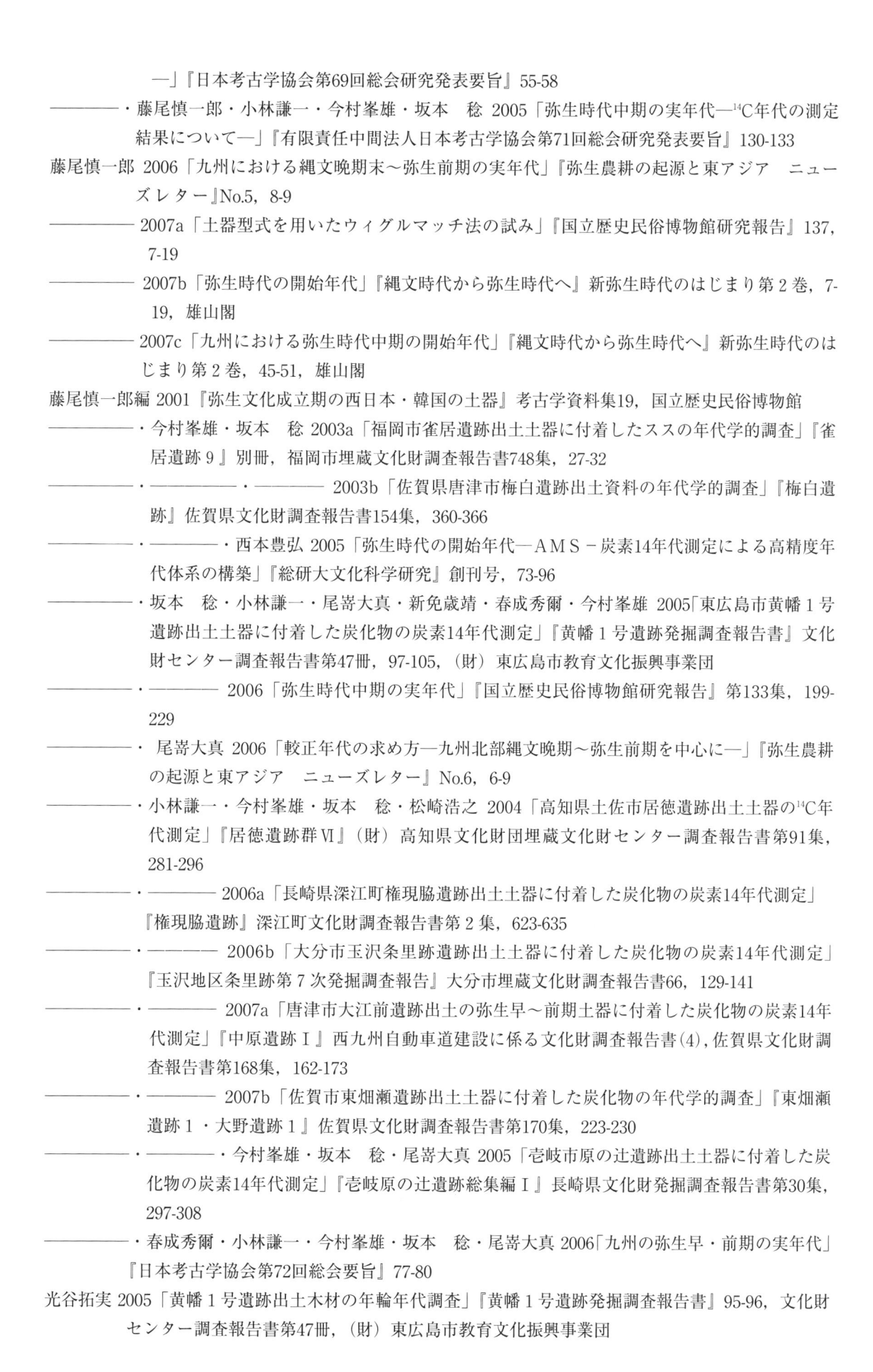

―」『日本考古学協会第69回総会研究発表要旨』55-58
──────・藤尾慎一郎・小林謙一・今村峯雄・坂本 稔 2005「弥生時代中期の実年代―^{14}C年代の測定結果について―」『有限責任中間法人日本考古学協会第71回総会研究発表要旨』130-133
藤尾慎一郎 2006「九州における縄文晩期末～弥生前期の実年代」『弥生農耕の起源と東アジア ニューズレター』No.5, 8-9
────── 2007a「土器型式を用いたウィグルマッチ法の試み」『国立歴史民俗博物館研究報告』137, 7-19
────── 2007b「弥生時代の開始年代」『縄文時代から弥生時代へ』新弥生時代のはじまり第2巻, 7-19, 雄山閣
────── 2007c「九州における弥生時代中期の開始年代」『縄文時代から弥生時代へ』新弥生時代のはじまり第2巻, 45-51, 雄山閣
藤尾慎一郎編 2001『弥生文化成立期の西日本・韓国の土器』考古学資料集19, 国立歴史民俗博物館
──────・今村峯雄・坂本 稔 2003a「福岡市雀居遺跡出土土器に付着したススの年代学的調査」『雀居遺跡9』別冊, 福岡市埋蔵文化財調査報告書748集, 27-32
──────・──────・────── 2003b「佐賀県唐津市梅白遺跡出土資料の年代学的調査」『梅白遺跡』佐賀県文化財調査報告書154集, 360-366
──────・──────・西本豊弘 2005「弥生時代の開始年代―ＡＭＳ－炭素14年代測定による高精度年代体系の構築」『総研大文化科学研究』創刊号, 73-96
──────・坂本 稔・小林謙一・尾嵜大真・新免歳靖・春成秀爾・今村峯雄 2005「東広島市黄幡1号遺跡出土土器に付着した炭化物の炭素14年代測定」『黄幡1号遺跡発掘調査報告書』文化財センター調査報告書第47冊, 97-105, （財）東広島市教育文化振興事業団
──────・────── 2006「弥生時代中期の実年代」『国立歴史民俗博物館研究報告』第133集, 199-229
──────・尾嵜大真 2006「較正年代の求め方―九州北部縄文晩期～弥生前期を中心に―」『弥生農耕の起源と東アジア ニューズレター』No.6, 6-9
──────・小林謙一・今村峯雄・坂本 稔・松崎浩之 2004「高知県土佐市居徳遺跡出土土器の^{14}C年代測定」『居徳遺跡群Ⅵ』（財）高知県文化財団埋蔵文化財センター調査報告書第91集, 281-296
──────・────── 2006a「長崎県深江町権現脇遺跡出土土器に付着した炭化物の炭素14年代測定」『権現脇遺跡』深江町文化財調査報告書第2集, 623-635
──────・────── 2006b「大分市玉沢条里跡遺跡出土土器に付着した炭化物の炭素14年代測定」『玉沢地区条里跡第7次発掘調査報告』大分市埋蔵文化財調査報告書66, 129-141
──────・────── 2007a「唐津市大江前遺跡出土の弥生早～前期土器に付着した炭化物の炭素14年代測定」『中原遺跡Ⅰ』西九州自動車道建設に係る文化財調査報告書(4), 佐賀県文化財調査報告書第168集, 162-173
──────・────── 2007b「佐賀市東畑瀬遺跡出土土器に付着した炭化物の年代学的調査」『東畑瀬遺跡1・大野遺跡1』佐賀県文化財調査報告書第170集, 223-230
──────・──────・今村峯雄・坂本 稔・尾嵜大真 2005「壱岐市原の辻遺跡出土土器に付着した炭化物の炭素14年代測定」『壱岐原の辻遺跡総集編Ⅰ』長崎県文化財発掘調査報告書第30集, 297-308
──────・春成秀爾・小林謙一・今村峯雄・坂本 稔・尾嵜大真 2006「九州の弥生早・前期の実年代」『日本考古学協会第72回総会要旨』77-80
光谷拓実 2005「黄幡1号遺跡出土木材の年輪年代調査」『黄幡1号遺跡発掘調査報告書』95-96, 文化財センター調査報告書第47冊, （財）東広島市教育文化振興事業団

水ノ江和同 1997「北部九州の縄紋後・晩期土器―三万田式から刻目突帯文土器の直前まで―」『縄文時代』第8号，73-110

山本直人 2007「東海・北陸における弥生時代の開始年代」『縄文時代から弥生時代へ』新弥生時代のはじまり第2巻，35-44，雄山閣

山崎純男 1980「弥生文化成立期における土器の編年的研究―板付遺跡を中心としてみた福岡・早良平野の場合―」『鏡山猛先生古稀記念古文化論攷』117-192

――――・島津義昭 1985「縄文晩期の土器」『縄文文化の研究』4，雄山閣出版

森貞次郎 1960「島原半島（原山・山ノ寺・礫石原）及び唐津市（女山）の考古学的調査―おわりに―」『九州考古学』10，6-10

H. Ozaki et al. 2007 Radiocarbon in 9th to 5th Century BC tree-ring samples from the Ouban 1 Archaeological site, Hiroshima, Japan. *Radiocarbon*, Vol.49 (2), 473-479

H. Ozaki, M. Imamura, H. Matsuzaki, T. Mitsutani 2006 ^{14}C contents in 9 to 5c BC tree-ring samples from Oban 1 site, Hiroshima, Japan. *Radiocarbon* (submitted).

Sakamoto et al. 2003 Radiocarbon calibration for Japanese wood samples. *Radiocarbon*, vol.45 (1), 81-89

近畿地方以東の地域への拡散

小林 謙一

はじめに

国立歴史民俗博物館を中心とした学術創成研究「弥生農耕の起源と東アジア」年代測定研究グループでは，2001年度から2008年度前半（2008年10月集計）までの時点で，北海道から近畿地方の縄文時代後期～古墳時代中期の年代測定を，1,839測定例行なっている（なかには同一試料の再測定や，ウイグルマッチング，内外付着物など同一考古資料の複数測定を含む。日本産樹木年輪は除く）。過半を土器付着物が占め，4割程度が炭化材である。他は炭化米などの種実類，漆，低湿地遺跡などで出土した木材が測定対象試料である。

学術創成研究以前の2001年度より，歴博年代測定研究グループとともに，近畿・北陸・中部・関東・東北の縄文・弥生・古墳時代の年代測定研究を重ねてきた。年代測定研究では，九州以外の地域担当として，春成秀爾，西本豊弘ほか各氏のメンバー・協力者と相談しながら各調査研究機関の協力・試料提供を得て，近畿地方の河内の遺跡群（秋山浩三氏らの協力）と奈良盆地の唐古・鍵遺跡（藤田三郎氏らの協力），東北地方の北上川流域の遺跡群（稲野裕介氏および北上市埋蔵文化財センター，岩手県埋蔵文化財センターの協力）と八戸市（八戸市教育委員会の協力）および青森・秋田両県（青森県埋蔵文化財センター，秋田県埋蔵文化財センター・小林克氏の協力），山形県（山形県埋蔵文化財センター・小林圭一氏の協力）の縄文晩期～弥生中期の年代測定を重点的に行なってきた。

近畿地方の長原式・弥生土器，東北地方の大洞諸型式・砂沢式の年代について整理した後，中間地域である関東地方，東海地方（朝日貝塚などについて藤尾慎一郎氏らが現在整理中），北陸地方（石川県八日市地方遺跡，新潟県青田遺跡など），中部地方（馬場伸一郎氏らと長野県吹上遺跡など測定），関東地方（工藤雄一郎氏らと東京都下宅部遺跡など測定）など地域ごとの様相を明らかにしてきた。

表1に示したように，北海道，岩手県（大橋遺跡など北上市内の縄文晩期遺跡），石川県（御経塚遺跡，中屋サワ遺跡，八日市地方遺跡），千葉県（西根遺跡），東京都（下宅部遺跡），滋賀県（竜ヶ崎A遺跡などでの繰り返し実験や，下之郷遺跡，二ノ畦・横枕遺跡のウイグルマッチングなど），大阪府（瓜生堂遺跡のウイグルマッチングなど），奈良県（唐古・鍵遺跡）での測定数が多い。この他にも，関東地方では寺野東遺跡，東海地方では朝日貝塚，豊田市内の遺跡群など，近畿地方では奈良県纒向遺跡群，北陸地方では福井県府中石田遺跡について，現時点において測定および検討を進めている最中であり，最終的な年代決定にはとうてい至らないが，おおよそ全体的な傾向をつかむことが可能となっている。地域・時期によって測定が不十分な部分が多いことはあらかじめお断りしておく必要があるものの，学術創成研究の終了という大きな節目を迎え研究の進行状況の概要紹介を兼ねて，弥生文化の波及時期という視点を中心に現時点での年代研究の総括を行なっておきたい。

なお，東北地方〔小林 2004a〕や近畿地方の弥生移行期〔小林・春成ほか 2008〕，関東地方の縄文時代後期〔小林 2006〕および晩期～弥生移行期〔小林 2007〕については以前に報告してきたが，その後も測定数を増やしている。本稿では，あらためて近畿以東の年代研究についてまとめる。ただし，弥生移行期を中心とするため，ここでは特に縄文晩期～弥生中期前半を中心とすることを断っておく。

なお，以下では歴博が付した測定No.（県別および所蔵機関別のアルファベットおよび通しNo.）で資

表1 近畿以東の縄文後期から古墳時代までの測定数
(2001～2008年10月まで)

	縄文後期	縄文晩期	弥生	古墳	小計
北海道	68	41	続縄文23	擦文51	183
青森	17	32	21・続6	9	85
秋田	14	40	1	0	55
山形	4	10	6	0	20
岩手	3	101	30	0	134
宮城	0	0	23	0	23
福島	3	7	7	0	17
新潟	18	24	21	1	64
石川	13	73	41	2	129
長野	0	4	19	0	23
山梨	0	1	5	5	11
群馬	2	3	1	16	22
栃木	3	0	0	0	3
茨城	1	0	0	0	1
千葉	100	12	19	3	134
埼玉	3	0	2	4	9
東京	79	27	22	5	133
神奈川	55	1	34	0	90
静岡	23	0	4	0	27
岐阜	0	0	1	0	1
愛知	0	11	44	6	61
滋賀	49	82	89	0	220
福井	0	0	14	8	22
京都	4	5	0	18	27
兵庫	1	4	70	5	80
大阪	1	20	87	4	112
奈良	0	0	100	53	153
	461	498	690	190	1839

註：日本産樹木年輪測定関係は含まない（長野県）。三重県、和歌山県、富山県は当該時期については測定なし。

料を記述する。これらの資料の詳細は，各報告レポートおよび成果報告〔今村編 2004，西本編 2005〕を参照されたい。

本稿では，炭素14（^{14}C）年代測定結果は^{14}CBP（1950年起点で換算），暦年較正年代はIntCal04を用いて2σの範囲で計算した結果（計算方法については今村峯雄論文〔今村 2007〕などを参照）については，前何―何年と，紀元前（cal BC）で，それぞれの確率密度分布％とともに表記する（註1）。土器付着物の内容を考える上で用いる$δ^{13}$C値（^{13}Cと^{12}Cの比を基準化した値）は，‰（パーミル，1/1000）で表記する。また，実年代を検討する上では，土器型式比定に問題がある試料（東京都下宅部遺跡の水場遺構構成材や土器付着物でも粗製土器など土器型式が不明確な試料，千葉県三輪野山貝塚や井野長割遺跡の層位的に出土した木炭など）や，土器付着物でも$δ^{13}$C値が－24‰より重く（－20～－23‰程度），海洋リザーバー効果の影響を受けている可能性がある試料は除く。

1 地域ごとの弥生移行期の年代研究成果

本稿では，水田稲作の存在を持って弥生文化とするが，水田稲作の痕跡が見いだせていない地域もある。そのため，水田が認められる地域・遺跡ではその痕跡（杭や堰の構築材，水田出土の植物遺体や水田面出土土器付着物など）に係わる年代測定を優先し，そうでない場合には炭化米や遠賀川系土器共伴資料など弥生系文物の年代測定を進めてきた。その成果を基に，各地における弥生文化の波及年代を較正年代から位置づけていくことを目標とする。併せて，西日本弥生時代の並行期である東日本縄文晩期の実年代について大洞式土器諸型式を基軸としながら整理しておきたい。弥生文化の始まりを探るということは，同時に，特に東日本にとっては縄文時代の終わりをあきらかにすることに他ならない。

（1）瀬戸内東部

岡山県では弥生前期の津島岡大遺跡などで出土している遠賀川系土器付着物の年代測定結果〔山本 2006〕は，前700～650年頃（cal BC以下略）である。水田自体の年代は測定していないが、南方遺跡〔小林ほか 2004b〕などの岡山市付近の地域では前8～6世紀に水田稲作が始まっていると考えられる。

瀬戸内を挟んだ香川県地域では，直接水田に関わる遺構での測定を得ていないが，東中筋遺跡ほかの沢田新式に比定された突帯文土器の測定例などは，土器の併行関係から見る限り，岡山付近とほぼ整合的な年代が得られており〔小林ほか 2006a〕，弥生文化が始まる年代としては一型式遅れた前7世紀の中のある時点に弥生文化が達していたと考えられる。

図1 弥生移行期に関する年代測定対象主要遺跡の位置（近畿以東の縄文晩期〜弥生中期末までを中心に）

（2） 神戸市付近

　兵庫県伊丹市口酒井遺跡の突帯文土器，船橋式（口酒井式）の3点の年代は，前835〜755年，前825〜540年，前795〜535年である。これらについては前9〜6世紀の間とおさえておきたい〔小林ほか 2006a〕。

　神戸市周辺では，本山遺跡の水田に伴う水路の関連木材や出土した突帯文土器付着物の測定結果は，「2400年問題」（前750〜400年の間は^{14}C濃度が異常であり，較正曲線が横に寝てしまい較正年代が絞り込めない）の前半，すなわち前8世紀後半から前6世紀前半の中に含まれる年代である。本山遺跡などの測定結果の中間的な数値から，仮に前650〜600年頃（cal BC）に水田稲作が始まったと捉えておく。弥生Ⅰ期後葉とされる伊丹市岩屋遺跡の堰の木材では，ウイグルマッチングにより前410年代の年代が推定されている〔坂本ほか 2006〕。長方形の小区画水田が検出されている神戸市戎町遺跡の弥生Ⅰ期新の土器付着物は2395±40 ^{14}CBPである。前期末の前400年頃（cal BC）にはかなり水田は一般化したとみることができるだろう。

（3） 大阪付近（河内地方）

　これまでに，東大阪市および大阪府文化財センターの協力を得て，河内潟東部の遺跡群に対する炭素14年代測定研究を重ねてきた〔歴博2007a・b・c, 小林ほか2008〕。

　東大阪市鬼塚遺跡の晩期初めと推定される浅鉢例は，前13世紀～11世紀，宮ノ下遺跡の船橋式の可能性がある深鉢例は前800年頃（cal BC以下略），水走遺跡の2例，宮ノ下遺跡例の長原式土器は前800～550年頃までに中心がある。奈良県唐古・鍵遺跡の長原式例は，2400年問題の中で絞りにくいが，これらより新しく前550年より後の年代であろう。

　大阪の河内潟東部では，河内地方最古の集落の一つとして〔秋山2002〕，前600～550年頃には若江北遺跡の住居が営まれていると考えられる。さらに若江北・水走よりも1段階古い可能性がある讃良郡条里遺跡〔中尾ほか2007〕（今回遠賀川系土器そのものの測定は不可能であったが共伴試料や東日本系土器付着漆について測定している）の遠賀川系土器の存在を考えると前600年を少し遡る頃には弥生文化が到達していた可能性が考えられる。

　弥生前期については，大阪府私部南遺跡の弥生前期住居柱材や出土土器付着物〔歴博2007a〕，大阪府八尾市木の本遺跡の2例の弥生I期古の土器，東大阪市瓜生堂遺跡〔秋山ほか2004, 小林ほか2004a〕のI期中の土器はすべて2400年問題の後半，すなわち前550～400年の年代に含まれる可能性がある。唐古・鍵遺跡の大和I期の土器も同様の年代幅に含まれる〔小林ほか2006b〕。東大阪市水走遺跡のI期古とされる甕1例のみが，2400年問題の前半，すなわち前550年よりも古い可能性を示している。

　河内地方の縄文晩期～弥生前・中期の実年代は，以下のように整理できる〔小林ほか2008〕。

　縄文晩期　（滋賀里II式～口酒井式・長原式古）　前13世紀～前7世紀
　弥生前期　（河内I期）　前7世紀（前600年代後半か）～前4世紀（前380～350年頃）
　弥生中期　（河内II～IV期）　前4世紀（前350年頃）～紀元前後頃

　すなわち，瀬戸内中部から河内平野では弥生前期の始まりは，前750年（cal BC以下略）よりは新しく前550年よりは古い時期の中に求められ，河内地域は前600年ころに若江北遺跡や水走遺跡の遠賀川系土器が出現と考えられ，讃良郡条里遺跡の遠賀川系土器はそれよりもやや古いとすれば前600年代末の可能性が考えられよう。

　縄文晩期土器とされる長原式・水走式土器は前8世紀から前5世紀にかけて存続していた可能性があり，河内地域では少なくとも弥生前期中葉までは長原式・水走式土器が弥生前期土器に共伴していた可能性が高いことも指摘できる。

（4） 奈良盆地（大和地方）

　奈良盆地の唐古・鍵遺跡（清水風遺跡を含む）の弥生～古墳時代前期において，90測定以上の集中的な年代測定を行なった〔小林ほか2006b〕。唐古・鍵遺跡の大和I-1-a様式の土器も「2400年問題」後半の年代幅に含まれる。唐古・鍵遺跡の大和I様式は，すべて「2400年問題」の後半，すなわち前380年（cal BC以下略）より古い。突帯文土器最後の型式である長原式の年代は，奈良県唐古・鍵遺跡の1点は，前780～470年の間にある。この土器は突帯上に刻み目をもっていない新しい様相を示しており，弥生I様式中段階の土器と伴出している。下限は前5世紀とみておきたい。大和II様式の初め（II-1-b様式）はそれを抜けて前380～350年に相当する可能性が高い。兵庫県の東武庫遺跡，玉津田中遺跡，香川県の鴨部川田遺跡の測定結果でも同様の傾向が認められる。なお，土器編年上では大和のII-1-a・b様式は，大阪・岡山のI期新段階末に併行するとされている。寺沢薫氏によれば，大和II-1-b様式が河内II-1期に対比されるだろう〔寺沢ほか1989〕。

　唐古・鍵遺跡の最古段階の突帯文土器と弥生前期土器（大和I-1-a様式）は，「2400年問題」の後半にあたり，もっとも古くみても前550年よりも新しい〔小林ほか2006b〕。琵琶湖南岸についてみても，滋賀県竜ヶ崎A遺跡，赤野井浜遺跡などで出土している突帯文土器（長原式）は，「2400年

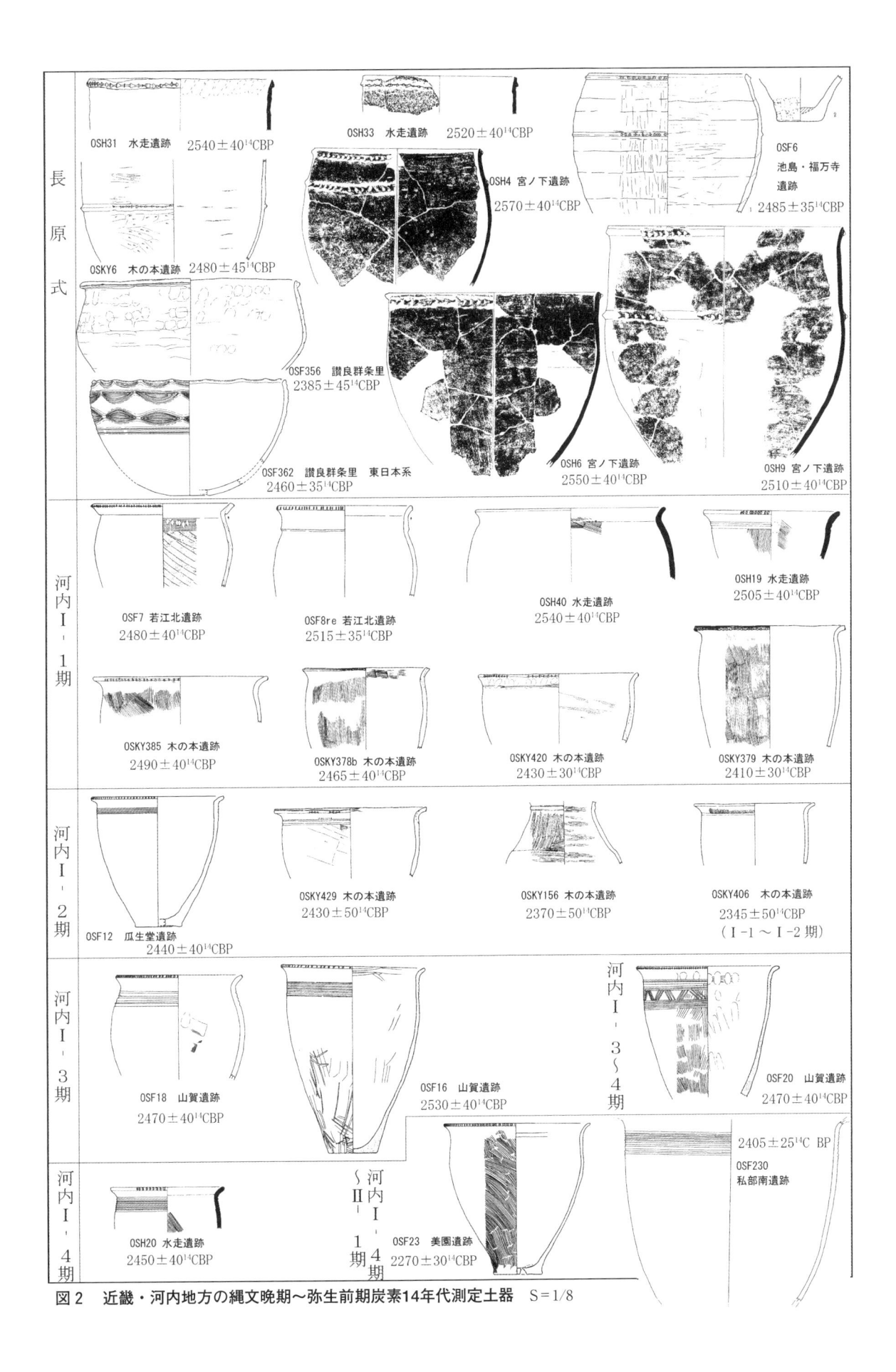

図2 近畿・河内地方の縄文晩期～弥生前期炭素14年代測定土器　S=1/8

問題」後半に確実に残っており，前6世紀後半以降前5世紀のなかの一時点まで，突帯文土器が存続していた可能性が高いと考える。

（5） 東海地方

東海地方では，愛知県玉ノ井遺跡の本刈谷式などの縄文晩期前半の測定や，岐阜県桐山遺跡稲荷山式甕棺などの縄文晩期後半，愛知県馬見塚遺跡など弥生前期併行の土器，弥生中期の愛知県朝日貝塚の試料，静岡県浜松市瓜郷遺跡の瓜郷2式土器などでの測定があるが，まだ十分な測定数に達していない。赤塚次郎氏，山本直人氏〔山本 2007〕らによっても測定が進められており，おおよそ矛盾ない結果が認められそうである。

（6） 中部地方

中部地方の測定例は多くはないが，長野県刈谷原遺跡，新田原遺跡の弥生前期条痕文系土器，松本市女鳥羽川遺跡，石行遺跡，千曲市力石条里遺跡の弥生前期条痕文系土器（2440～2300±40^{14}CBP），弥生中期沖2式土器（2380±45^{14}CBPなど），山梨県塚越遺跡出土弥生前期条痕文土器などの結果があり，おおよそ土器編年と整合的である。弥生中期についても新潟県上越市吹上遺跡，長野県長野市松原遺跡，篠ノ井遺跡群などで土器付着物の測定を進めている。

（7） 北陸地方

北陸地方では，青田遺跡において，掘立柱建物の柱材である年輪50年未満のクリ樹幹から10年ごとの年輪を切り出して試料としたウイグルマッチングを行なった〔尾嵜ほか 2007〕。その結果，「2400年問題」の後半に含まれる結果を得ている。青田遺跡出土縄文晩期土器付着物は，S5層とされる下層出土の鳥屋2a式古期の土器から最上層のS1層出土の鳥屋2b式・大洞A′式相当の土器まで，10点の測定結果を得ている。このうち，土器胎土または混入した土壌からと思われるミネラルが多く混入していたために，古い年代が測定されたと考えられる2点を除いて検討する。青田遺跡の直前段階である大洞A1式が前780～700年頃（cal BC）とした上で，青田遺跡の土器型式および層位的な順序を考慮すれば，最古であるS5層の鳥屋2a式古期は，紀元前700年頃以降のある時期で550年よりは以前まで，その次のS3～4層の鳥屋2a式新期は前550年頃を含みそれよりは古い年代の可能性が高く，もっとも新しいS1層の鳥屋2b式・大洞A′式は前550～520cal年頃を含む年代，さらに確率は低いが前480～410年を含むと捉えることができる。

以前に中村俊夫・木村勝彦氏によって以前に測定されたP923とP879・884のウイグルマッチング検討結果〔木村ほか 2002〕を合わせ検討すると下記のようになる。

柱材	建物	層位	土器型式	較正年代cal BC	ベストフィット
P879-P884	SB5	S4層	鳥屋2a式古	BC561～525(68%)	543cal BC
P923	SB4	S3層	鳥屋2a式	BC464～408(68%)	411cal BC
P972-P1832	SB9・23	S1層	鳥屋2b式	BC480～400ころ	415cal BC

名古屋大での中村・木村測定柱材を含めウイグルマッチの結果と土器付着物を対比させると，S4層期の柱材と鳥屋2a式古期土器付着物とは前550年より古い頃という土器付着物と，前543年と最もよく合致する柱材であり，やや土器付着物が古いものの近い結果といえる。一方，S3層期の柱材は前5世紀に較正年代が当たり，同一層出土の鳥屋2a式土器付着物とはやや差がある。歴博で測定したP972・P1832が，前500～400年（cal BC以下略）のいずれかの年代と考えれば，同一層であるS1層出土の鳥屋2b式・大洞A2～A′併行の土器付着物の較正年代である前550～410年とは，前500～410年頃において重なっている。ただし，上述のように，土器付着物ではより古い前550～520年の範囲がもっとも確率密度が高いので，必ずしも合致しているといえず，さらに検討が必要である〔尾嵜ほか 2007〕。

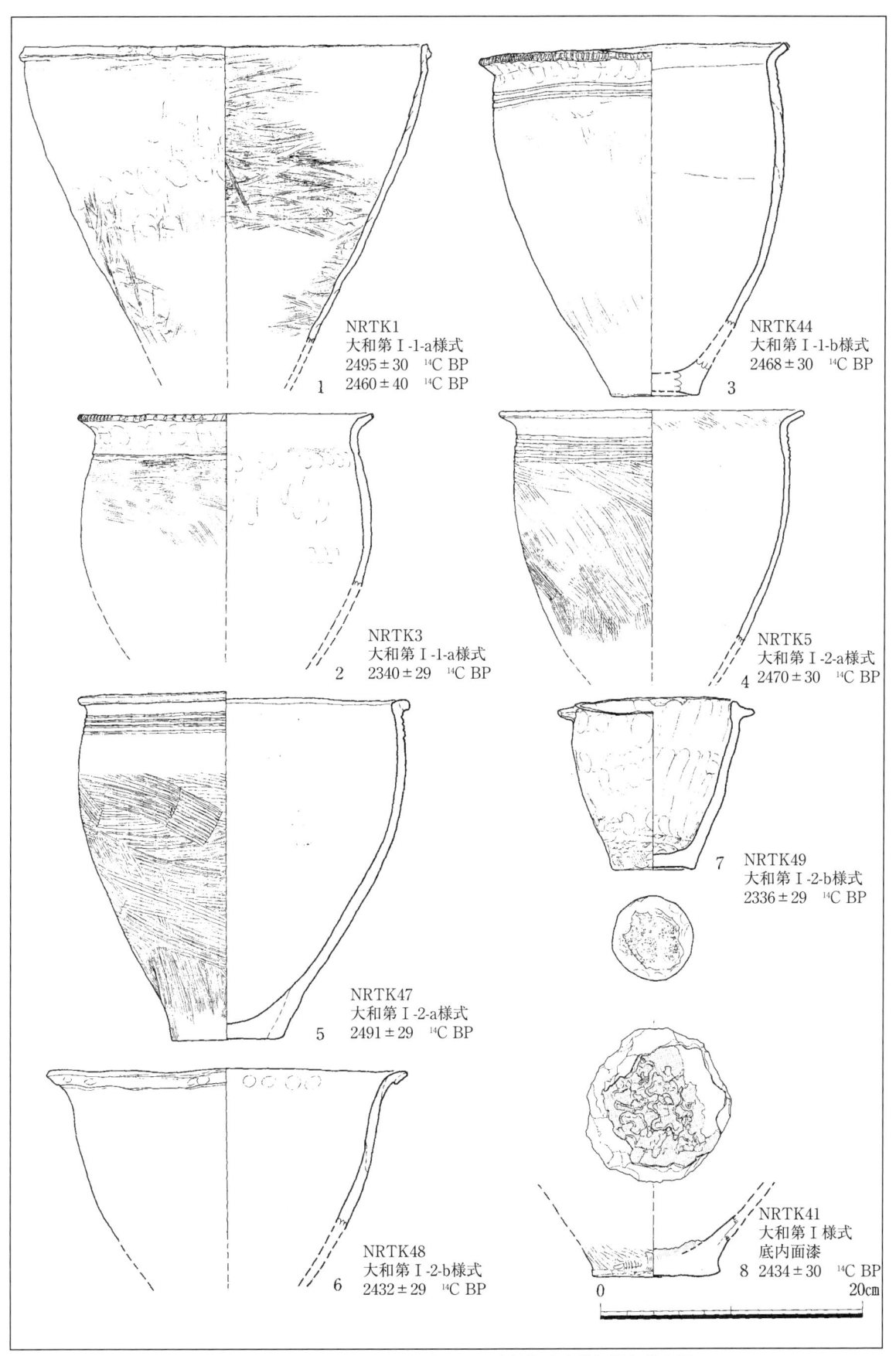

1 NRTK1
大和第Ⅰ-1-a様式
2495±30 ¹⁴C BP
2460±40 ¹⁴C BP

2 NRTK3
大和第Ⅰ-1-a様式
2340±29 ¹⁴C BP

3 NRTK44
大和第Ⅰ-1-b様式
2468±30 ¹⁴C BP

4 NRTK5
大和第Ⅰ-2-a様式
2470±30 ¹⁴C BP

5 NRTK47
大和第Ⅰ-2-a様式
2491±29 ¹⁴C BP

6 NRTK48
大和第Ⅰ-2-b様式
2432±29 ¹⁴C BP

7 NRTK49
大和第Ⅰ-2-b様式
2336±29 ¹⁴C BP

8 NRTK41
大和第Ⅰ様式
底内面漆
2434±30 ¹⁴C BP

0　　　　　　　20cm

図3　近畿・奈良県唐古・鍵遺跡の測定対象弥生移行期年代土器

北陸地方縄文後期から晩期については，石川県中屋サワ遺跡の結果に，御経塚遺跡の測定結果を加味して推定する。なお，山本直人氏らによる御経塚遺跡ほかの測定結果も参照する〔山本2007〕。

　後期末～晩期初頭に関して，八日市新保式と御経塚式の境は，前1300～1250年頃（cal BC以下略）おそらくは1280年頃ではないかと推定するが，このあたりの較正曲線はやや平らに波行し，御経塚式以降の土器付着物でも古く測定されるものがあるので年代を絞りにくい。おおよそ東北地方大洞B1式の成立期と矛盾はないであろう。

　晩期前葉に関して，大洞B式併行の御経塚1・2式は前1300年以降前1100年頃まで，大洞BC式併行の御経塚3・4式は前1100年頃から前1020年よりは古い頃と考える。東北地方大洞B式前1250～1170年頃，大洞BC式前1170～1100年頃と大きな矛盾はない。

　晩期中葉に関して，中屋式・大洞C1式は前1000～940年前後頃と考える。中屋サワ遺跡のISKM-47,48,49,53は東北地方大洞C2式に比べ，やや古い結果が見られたが，これらは中屋サワ遺跡の調査を担当した谷口宗治氏による出土状況の再検討や，吉田淳氏による型式学的検討によって，列点状の刺突などのあり方から中屋式に含まれる可能性が高いことが判明したため，年代的には他の中屋式の土器付着物と合致することが矛盾しないとの判断に至った。御経塚遺跡の下野式・大洞C2式とされた試料測定結果などを合わせ見ると2800^{14}CBPの炭素14年代で，前9世紀代を中心とみれば，東北地方の結果と矛盾がない。

　晩期後葉に関して，乾A遺跡および工藤雄一郎氏による御経塚遺跡の結果〔工藤ほか2008〕を見ると，長竹式は前800～750年頃の年代を含む可能性が高い。東北地方大洞C2式末～大洞A1式の境が前780年頃であり，調和的である。

　石川県小松市八日市地方遺跡は，小松市日の出町・八日市町地方地内に所在する弥生時代中期を主体とする大規模環濠集落遺跡である。多量な遺物が出土した埋積浅谷（旧河道）の層位別の出土土器付着物を測定している（小林ほかにより論文投稿中）。

　八日市地方遺跡での層位および福海貴子氏による型式学的な編年作業に基づく相対的な序列を利用して，それらの相対時期毎の年代測定結果から，各時期の年代を推定する。八日市地方1期は前550年頃（cal BC以下略）を上限とする可能性があり，前400年頃を含む前6～前5世紀，八日市地方2期は前4世紀前半であろう。八日市地方4期は前4世紀中頃から後半，八日市地方5期は測定数が少なく大まかな推定の域を出ないが，前3世紀前半かと推定する。八日市地方6期は前3世紀中頃の較正曲線の波高部分に相当する可能性がある。八日市地方7期は測定数が少ないが前後の時期に挟み込まれる前3世紀後半であろう。八日市地方8期は前200年頃を含む前3世紀後半から前2世紀初めか，八日市地方9期は前2世紀前半，八日市地方10期は前2世紀後半で前100年頃が上限と思われる。

　以上について，大まかに近畿地方弥生土器様式編年と対比させると，下記のようになる。

　Ⅰ期　八日市地方遺跡1・2期が相当する。前6～前4世紀前半。
　Ⅱ期　八日市地方遺跡4・5期が相当する。前4世紀後半から前3世紀はじめ。
　Ⅲ期　八日市地方遺跡6～8期が相当する。前3世紀から前2世紀はじめ。
　Ⅳ期　八日市地方遺跡9・10期が相当する。前2世紀。

（8）弘前平野・青森・岩手の弥生移行期

　青森県弘前市砂沢遺跡，青森県田舎館村垂柳遺跡の水田面出土土器付着物や，共伴種実類などを測定した。砂沢遺跡では，前7～5世紀の較正年代である砂沢式期の台付鉢形土器付着物（AOHR1, 2535±20^{14}C BP）と，弥生中期初頭五所式と考えられる甕形土器の付着物（AOHR2, 2275±25^{14}C BP）が前4～3世紀と測定され，砂沢水田が以前に指定されたように数十年間の短期的使用というよりも（断続の有無は不明だが）100年近くの使用期間があった可能性も示す。垂柳遺跡・高樋(3)遺跡の弥生中期田舎館式期の水田面出土のモモ核などには，明らかに新しい年代の試料も含

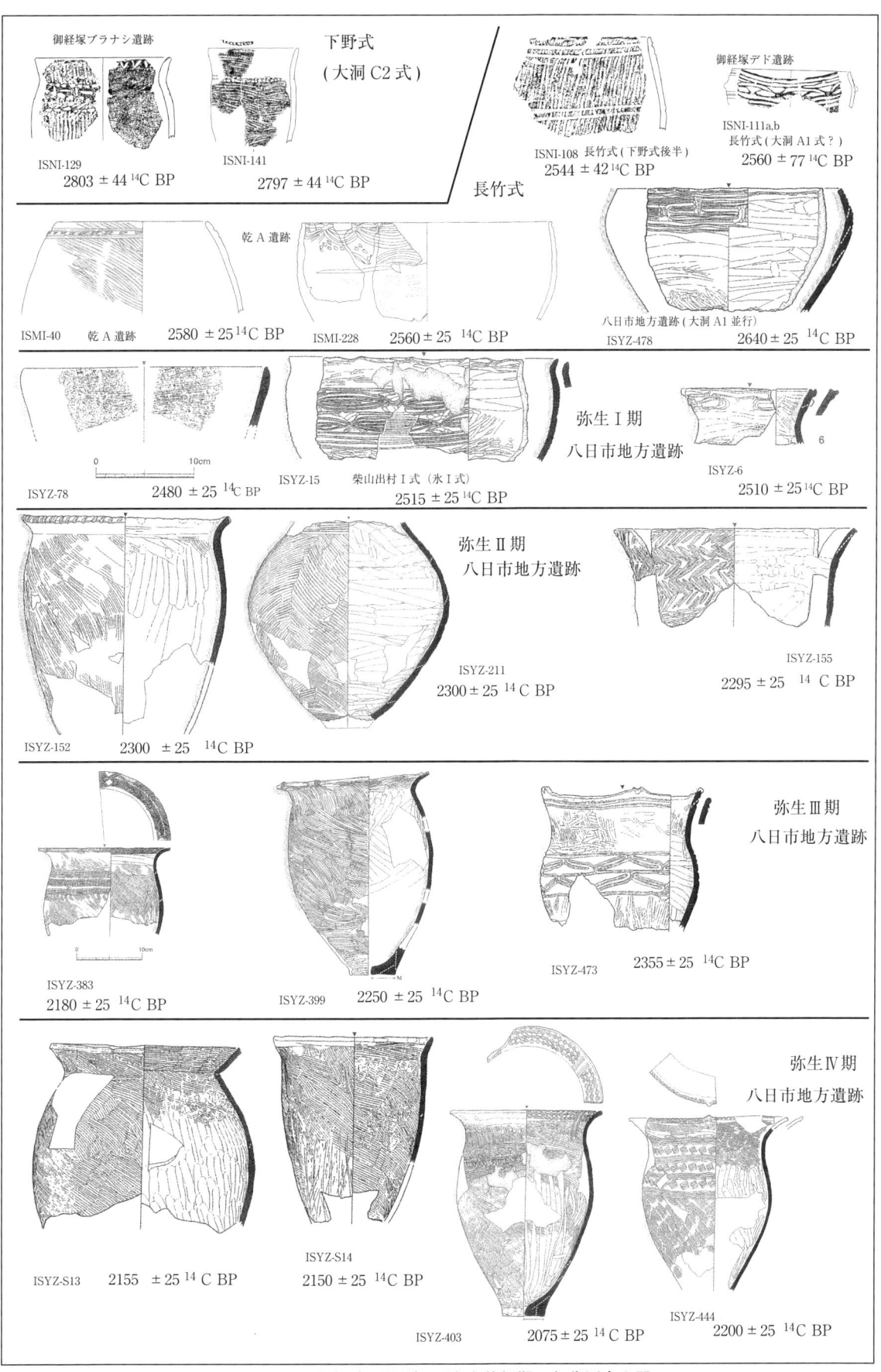

図4 北陸地方（石川県）の弥生移行期の年代測定土器

まれていたが，土器付着物と合致する資料があり，較正年代をみると，紀元前4世紀中頃から紀元前2世紀初め頃の中の一時期と考えられる。

岩手県滝沢村湯舟沢遺跡〔桐生 1986〕では，弥生中期（山王Ⅲ層式期）集落の竪穴住居出土土器付着物について複数の測定結果を得ており，前4～3世紀の較正年代が中心で，編年的順序と矛盾はない。北東北の弥生中期の年代は，八戸市風張(1)遺跡の二枚畑式期の火災住居の炭化材〔歴博 2006b〕，秋田県内の地蔵池式土器付着物などでの測定例も重ねている〔小林ほか 2006e〕。

なお，青森県八戸市風張(1)遺跡には，縄文後期住居覆土から水洗選別で得られた炭化米の出土が知られている。以前に八戸市がこの炭化米をトロント大に委託し測定している（A.C, D'andrea 1995）が，結果は炭素年代で2540±240, 2810±270^{14}C BPで，この古い方の測定値を暦年較正すれば今から3000年前（Cal BP）になる。国立歴史民俗博物館での実年代研究に併せると，縄文後期（3250年前より以前が後期）ではなく縄文晩期前葉となろう。しかし新しい方を見れば，2800～2400年前のどこかであり，縄文晩期か，最も新しく見れば弥生前期砂沢式期に併行する可能性が考えられる。風張(1)遺跡の別の炭化米について，八戸市教育委員会の提供を受け別に測定したが，1/3粒ほどの微量の試料であり，明らかに新しい年代値が測定されたものの，測定として正確とは言えない。トロント大で測定した資料を再測定する必要が大きいと考えている。その上で検討しなくては，風張(1)遺跡のコメの位置づけについては検討が難しい。

他にも，八戸市是川遺跡・風張(1)遺跡の縄文晩期・弥生前期・中期の土器付着物・炭化材〔歴博 2006b〕や，生石2遺跡など山形県内の遺跡群の測定〔小林ほか 2006d〕を重ねており，おおよそ整合的な結果を得ている。

（9）仙台平野

名取市の十三塚遺跡は，遠賀川系土器を出土した弥生前期に属する遺跡である。土器付着物で，2390±20^{14}C BP, 前520～395年（cal BC以下略）（MGNY2），2260±20^{14}C BP, 前390～350および前290～230年（MGNY6）の較正年代である。

名取市原遺跡〔大友 2000〕は，弥生中期Ⅱ期（原式は品川欣也氏によれば谷起島式Ⅲ期に併行）に属し，石包丁・蛤刃石斧などが多量に出土するとともに，プラントオパールの結果からみて水田の存在した可能性が指摘されている遺跡である。土器付着物で2265±20^{14}C BP, 前395～350（cal BC以下略）および前290～230年（MGNY18），2245±20^{14}C BP, 前390～350および前300～225年（MGNY21），2205±20^{14}C BP, 前360～200年（MGNY16）の較正年代である。

仙台市高田B遺跡〔須田ほか 1994, 荒井ほか 1995〕は，弥生中期Ⅲ期古に属し，水田遺構が見つかっている。土器付着物で，2280±35^{14}C BP, 前400～205年（cal BC以下略）（MGSY11），2255±25^{14}C BP, 前390～350および前305～205年（MGSY14），2220±25^{14}C BP, 前325～200年（MGSY16）（MGSY14～17はSR1-13層出土で原式も多く出土する）など，自然流路出土の木材で，2170±30^{14}C BP, 前360～155年（MGSYC5）などの較正年代である。

仙台市中在家南遺跡〔工藤ほか 1996〕は，弥生中期Ⅲ期新に属し，水田は未確認だが多量の木製農具が出土する。土器外面付着物で，2295±35^{14}C BP, 前405～350（cal BC以下略）および295～210年（MGSY5），2235±25^{14}C BP, 前310～205年（MGSY7），2190±25^{14}C BP, 前265～180年（MGSY9）などの較正年代，水自然流路出土の木材で，2220±50^{14}C BP, 前390～175年（MGSYC1）の較正年代である。

この前4～1世紀頃は，較正曲線が前200年（cal BC以下略）をピークに大きく波行する時期であり，「2400年問題」のあとの，いわば「2200年問題」にあたりおおよそ年代がかぶってしまう。が，土器編年順序を優先して推定すれば，十三塚は前400～350年頃，原は，前350～250年頃，高田Bは前250～200年頃，中在家南は前200年頃を推定しておきたい。むろん，較正年代からはここまで絞りきれず，十三塚は前5～4世紀前半ころ，原は前4～3世紀，高田Bと中在家南はともに前3～

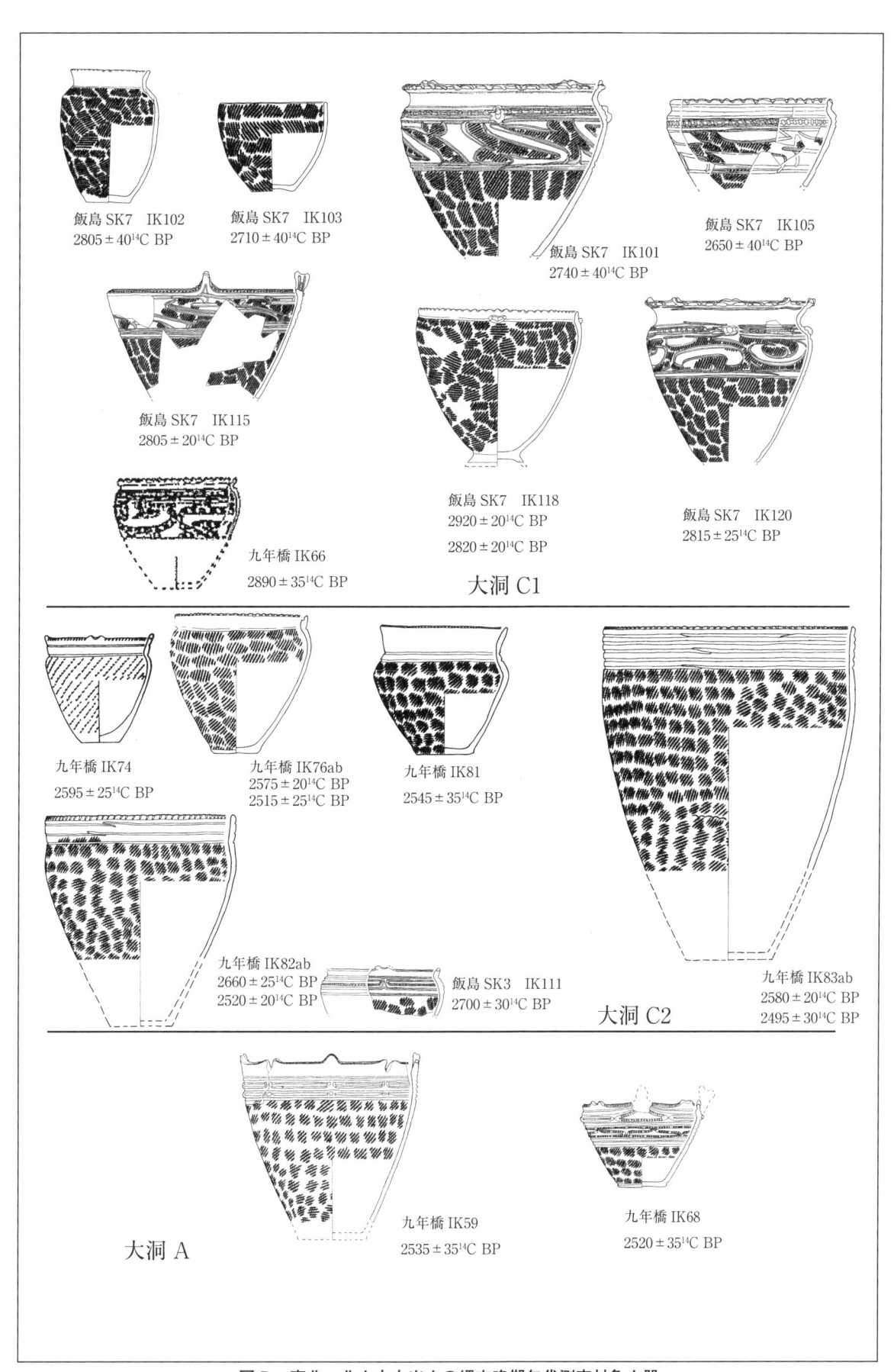

図5　東北・北上市内出土の縄文晩期年代測定対象土器

1世紀頃である。なお，名取市北台遺跡の弥生後期天王山式土器外面付着物で，1820±90 ^{14}C BPの測定値を得ている。

(10) 北上川中流域

東北地方では，縄文時代晩期の年代測定を，岩手県北上市内の遺跡群の九年橋・飯島遺跡（北上市埋蔵文化財センター所蔵），大橋遺跡（岩手県埋蔵文化財センター所蔵）で集中的に年代測定している〔小林ほか 2004c・2005c・2006f・2006g・2007，遠部ほか 2006〕。

九年橋遺跡で，大洞諸型式の大まかな年代を確認する。まず，後期最終末（IK41）は，3055±40 ^{14}CBP（1410～1210calBC：93.1%）で，同じく九年橋遺跡で大洞BC2式（IK70）は3000±35 ^{14}CBP（1320～1185calBC：65.5%がもっとも確率が高い）である。

大洞C1式（IK66）は2890±35 ^{14}CBP（1210～1195calBC），大洞C2式（IK58・69）は3040±40 ^{14}CBP，2905±40 ^{14}CBP，大洞A1式（IK68）は2520±35 ^{14}CBPである。

北上市大橋遺跡では大洞C1，C2，A式の極めて良好な資料の年代測定を行なうことができた〔遠部・小林ほか 2006〕。大橋遺跡は環状盛土遺構を有し，層位的に多量の土器などを出土している。その中から，型式的にも検討（八木勝枝氏による）できる完形の土器付着物，共伴する炭化材試料を多数測定した〔遠部ほか 2006〕。

大橋遺跡での地区・層位別の出土状況に照らして年代測定結果を整理してみると，B③区で炭層（5層）から出土した大洞C2式のIWM-544（2610±40 ^{14}CBP，2585±40 ^{14}CBP）と，27層から出土した大洞C2式に該当するIWM-820（2785±30 ^{14}CBP），大洞C1式IWM-531（2900±40 ^{14}CBP，2820±40 ^{14}CBP）は， ^{14}C測定値でも年代差を有する。27層の中からともに出土しているIWM-820，IWM-531もまた年代差を有している。

大橋遺跡B④区では6層付近を鍵層としてとらえると，大洞A式のIWM-927（2585±35 ^{14}CBP，2540±40 ^{14}CBP）と7層以下の試料〔IWM-683（2815±30 ^{14}CBP），IWM-869（2780±40 ^{14}CBP），IWM-880b（2750±40 ^{14}CBP）〕は明らかな年代差をもつ。また，IWM-193b（2560±40 ^{14}CBP，2590±45 ^{14}CBP）については大洞A式まではいかないものの，IWM-39（2535±30 ^{14}CBP）同様，九年橋2b期以降に位置づけられる資料と考えられる。

B⑩区では上層（5層）から出土した大洞C2式IWM-777（3190±40 ^{14}CBP，3055±30 ^{14}CBP）の方が下層（8層）から出土した大洞C2式IWM-877（2865±40 ^{14}CBP）よりも古い年代値を示している。ただし，先に述べた通り，IWM-777については δ^{13} 値が－22.0‰と低く，検討が必要である。総じてみた場合，各地点での上層は新しく，下層のものは古い年代値が測定されている。

また，飯島遺跡でも，大洞C1式～C2式にあたる7号土坑の資料（IK-101,105,118bなど）は2650±40 ^{14}CBP，2740±40 ^{14}CBP，2820±20 ^{14}CBP，大洞C2式期（大洞C2式新段階から大洞A式古段階の土器も見られる）の3号土坑の資料（IK-111ab）では2690±40 ^{14}CBP，2700±30 ^{14}CBPという測定値が得られている。

以上の結果をもとにまとめると，大洞C1式とC2式の境は紀元前900代～880年頃で，大洞C2式は，古段階（大橋B③区27層など）と，新段階（九年橋Ⅱb期，飯島遺跡7号土坑）の境は前800年ころに求められる。大洞C2式とA1式の境とは，前780年ころであろう。大洞A式・A′式の存続時期は前8～5世紀となる。

岩手県金附遺跡上層（2層）より出土した弥生中期初頭山王Ⅲ層式・谷起島式相当期の炭化材・土器付着物は，前400～200年（cal BC）のなかの一時点である可能性が高いという結果であった。下層（3層）出土の大洞A′式土器は，すべて「2400年問題」の中に含まれる2400 ^{14}C BP年代の測定値であり，縄文晩期終末期～弥生前期の境が前400年～330年（cal BC）の間に含まれる可能性が高まった〔小林ほか 2006f〕。

福島県内の大洞A～A′式～弥生前期土器付着物についても，会津美里町下谷ケ地平C遺跡（大洞

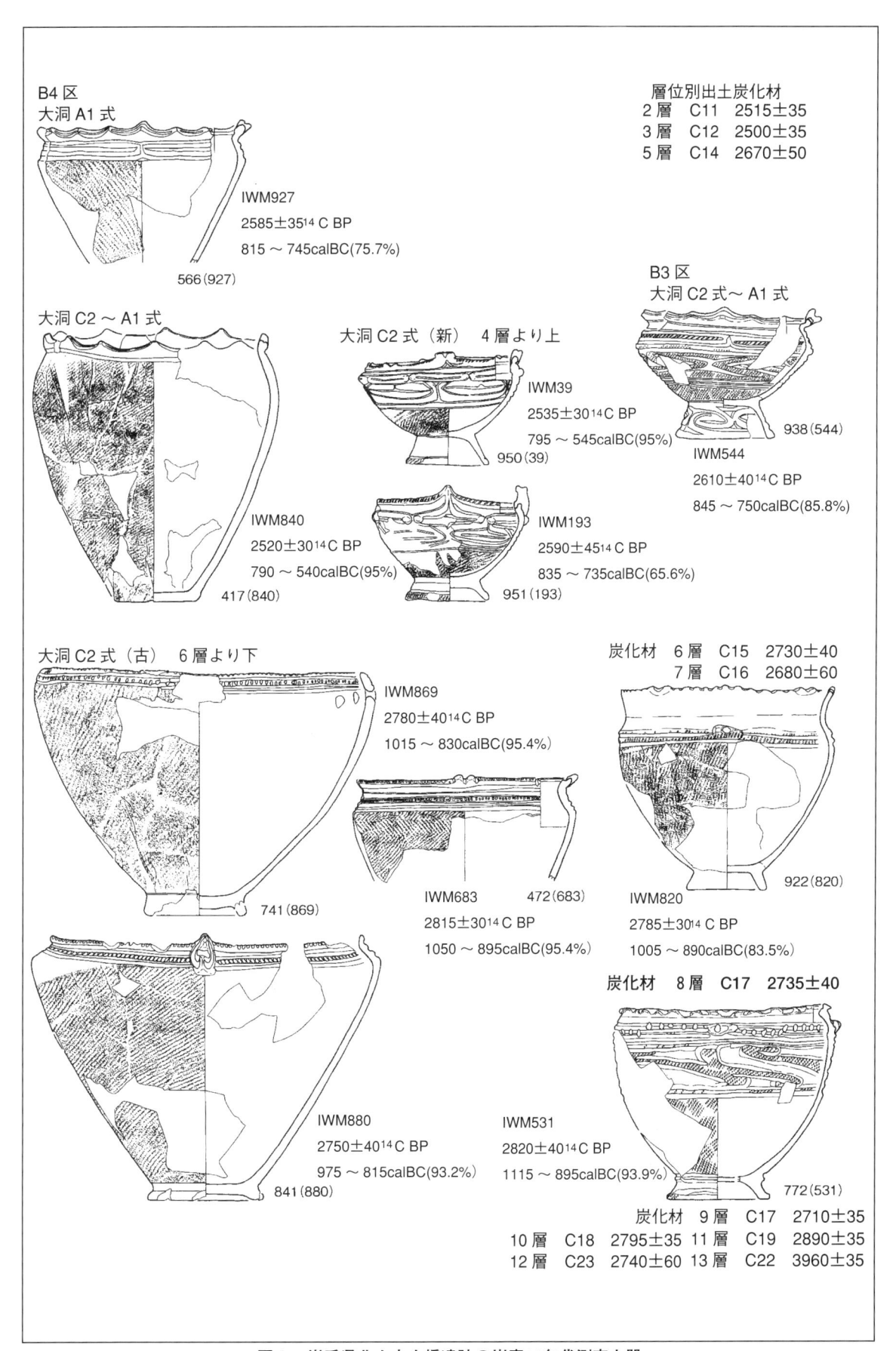

図6 岩手県北上市大橋遺跡の炭素14年代測定土器

B4区
大洞A1式
IWM927
2585±35 14C BP
815〜745calBC(75.7%)
566(927)

層位別出土炭化材
2層 C11 2515±35
3層 C12 2500±35
5層 C14 2670±50

大洞C2〜A1式
IWM840
2520±30 14C BP
790〜540calBC(95%)
417(840)

大洞C2式（新） 4層より上
IWM39
2535±30 14C BP
795〜545calBC(95%)
950(39)

IWM193
2590±45 14C BP
835〜735calBC(65.6%)
951(193)

B3区
大洞C2式〜A1式
IWM544
2610±40 14C BP
845〜750calBC(85.8%)
938(544)

大洞C2式（古） 6層より下
IWM869
2780±40 14C BP
1015〜830calBC(95.4%)
741(869)

IWM683
2815±30 14C BP
1050〜895calBC(95.4%)
472(683)

IWM820
2785±30 14C BP
1005〜890calBC(83.5%)
922(820)

炭化材 6層 C15 2730±40
7層 C16 2680±60

IWM880
2750±40 14C BP
975〜815calBC(93.2%)
841(880)

IWM531
2820±40 14C BP
1115〜895calBC(93.9%)
772(531)

炭化材 8層 C17 2735±40

炭化材 9層 C17 2710±35
10層 C18 2795±35　11層 C19 2890±35
12層 C23 2740±60　13層 C22 3960±35

A式，2505〜2555±40^{14}CBP），飯舘村羽白C遺跡１次調査（大洞A式，2625±35^{14}CBP），飯舘村岩下遺跡A1次調査（大洞A´式，2305〜2365±40^{14}CBP），塙町上台遺跡（弥生前期）で測定結果を得ており，おおよそ矛盾ない結果が得られている。

　東北地方の弥生中期についても，いくつかの遺跡で測定しており，弥生中期が前4〜前1世紀にあたることが確認されている。福島県北東部の岩下A遺跡では，弥生中期の鱸沼式期の水田が検出されており，弥生中期土器の同一土器内外面付着物の年代測定で2255±45，2260±45^{14}CBPの結果を得ており，仙台湾の弥生水田の時期に近い時期である。

　以上より，大洞諸型式を年代的に区切るならば，大洞B1式が前1280〜1250年（cal BC以下略）ころに始まり，大洞B2式が前1170年頃以降，大洞BC式が前1130〜1100年頃以降，大洞C1式が前1060〜1000年頃以降，大洞C2式が前940〜900年頃以降，大洞C2式新段階（北上市大橋遺跡B10区8層以上）が前840〜800年頃以降，大洞A1式は前790〜780年頃以降，大洞A2式は2400年問題の中であるが，大洞A´式がおおよそ前550〜500年頃以降と考えられ，弥生前期砂沢式は前400年代中頃から前350年までの間，東北地方の弥生中期は前350年頃以降と考えられる〔小林 2007・2008〕。

（11）　関東地方

　関東地方については，旧稿〔小林 2007〕で示したように，東京都下宅部遺跡土器付着物の測定〔歴博 2006c，工藤ほか 2007〕や町田市田端遺跡の土器付着物〔小林ほか 2003b〕などにより，晩期安行式期の年代が，おおよそ大洞諸型式の並行関係と合致すると考えられる。晩期終末氷式並行の土器付着物は日野市南広間地遺跡土器付着物で測定〔小林ほか 2003a〕し，2670±40^{14}CBPの結果を得ている。

　弥生文化の到達は，列島の中で最も遅い地域となる。弥生前期末段階と考えられる土器を伴う神奈川県中屋敷遺跡において，土器付着物，貯蔵穴出土炭化米，貯蔵穴出土アワ種子の3種類の試料を年代測定し，2430，2410±40^{14}CBPとほぼ同一の年代値を得ているが，いわゆる2400年問題の終わり頃にかかる年代であり，前400年頃（cal BC）を含む年代の所産と捉えたい。ただし中屋敷遺跡は山間部に位置し，水田は営んでいないと考える。陸稲の栽培の可能性を考えておきたい。弥生前期条痕系土器の付着物については，長野県力石条里遺跡，山梨県塚越遺跡（2330±30^{14}CBP）や千葉県志摩城遺跡の甕棺付着物の測定（2320±40^{14}CBP）〔小林ほか 2006c〕を行ない，2400年問題後半頃から抜けたところ，すなわち前400〜350年（cal BC）の中に含まれる可能性が高い年代が得られている。

　関東平野で最も早い水田は，神奈川県小田原市中里遺跡と考えられる。中里遺跡には，弥生中期Ⅲ初頭ころの近畿地方および東海地方の土器を含む集落が存在する。ここでは，土器付着物および炭化米を年代測定した。底部内面のお焦げでは，安定同位対比が−17‰と重く，海洋リザーバー効果を疑わせる結果であったが，中里式の甕底面内お焦げ，Ⅲ期の甕口縁外の煤付着物は，紀元前300〜前200年頃，炭化米の測定結果はやや古く，前400〜前230年頃に含まれる結果であったので，これらの測定値が重なる前290〜前230年頃の年代が含まれると考える。すなわち，中里遺跡に水田を伴う集落が存在した年代は前3世紀のいずれかは含んでいると考える。

　その後三浦半島の赤坂遺跡〔歴博 2006a〕，千葉県の太田長作遺跡〔小林ほか 2005b〕の宮ノ台式期の土器付着物で前2〜前1世紀の年代が得られている〔小林 2007〕ので，関東地方全域に前100年すぎには水田稲作が広まったと捉えておきたい。

2　年代測定による弥生文化の東への波及年代

（1）　地域・時期別の年代推定

　前節までの地域ごとの成果から，地域・時期ごとに較正年代から前後の関係や較正曲線との関係（疑似ウイグルマッチング）をもとに，推定した実年代をまとめておく。表2に，縄文後期，縄文晩

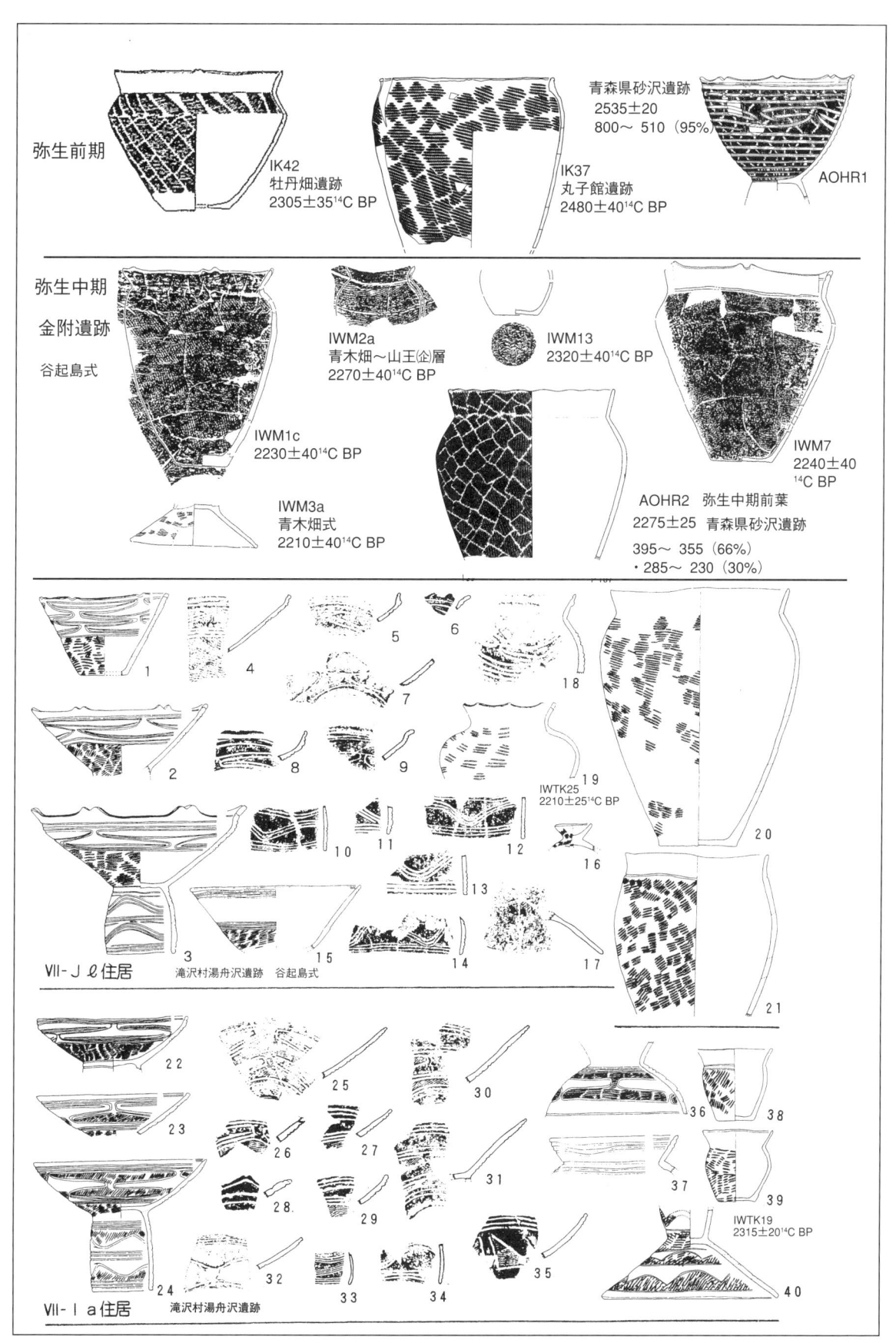

近畿地方以東の地域への拡散（小林謙一）

図7　東北北部の年代測定対象弥生土器
数値上段は炭素14年代、下段は較正年代

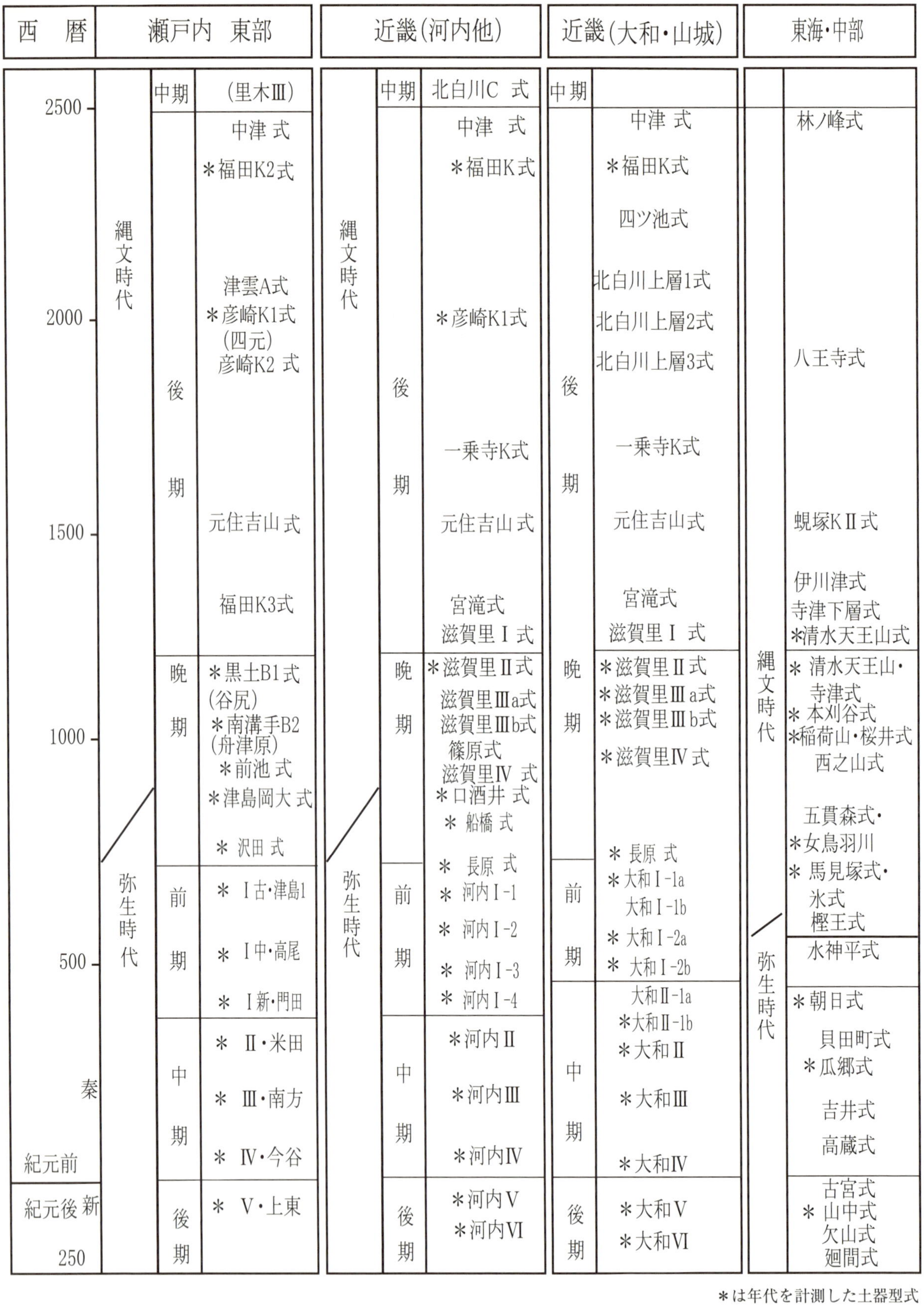

西暦	瀬戸内 東部			近畿(河内他)		近畿(大和・山城)		東海・中部
2500	縄文時代	中期	(里木Ⅲ)	縄文時代	中期 北白川C式	縄文時代	中期	林ノ峰式
			中津式		中津式		中津式	
			*福田K2式		*福田K式		*福田K式	
							四ツ池式	
2000			津雲A式				北白川上層1式	
			*彦崎K1式 (四元)		*彦崎K1式		北白川上層2式	
		後期	彦崎K2式			後期	北白川上層3式	八王寺式
				後期				
					一乗寺K式		一乗寺K式	
1500			元住吉山式		元住吉山式		元住吉山式	蜆塚KⅡ式
								伊川津式
			福田K3式		宮滝式		宮滝式	寺津下層式
					滋賀里Ⅰ式		滋賀里Ⅰ式	*清水天王山式
		晩期	*黒土B1式 (谷尻)		*滋賀里Ⅱ式		*滋賀里Ⅱ式	*清水天王山・寺津式
			*南溝手B2 (舟津原)		滋賀里Ⅲa式	晩期	*滋賀里Ⅲa式	*本刈谷式
1000			*前池式	晩期	滋賀里Ⅲb式		*滋賀里Ⅲb式	*稲荷山・桜井式
			*津島岡大式		篠原式			西之山式
					滋賀里Ⅳ式		*滋賀里Ⅳ式	
					*口酒井式			五貫森式・
			*沢田式		*船橋式			*女鳥羽川
	弥生時代				*長原式		*長原式	*馬見塚式・
		前期	*Ⅰ古・津島1		*河内Ⅰ-1		*大和Ⅰ-1a	氷式
					*河内Ⅰ-2	前期	大和Ⅰ-1b	樫王式
500			*Ⅰ中・高尾	弥生時代	*河内Ⅰ-3		*大和Ⅰ-2a	水神平式
			*Ⅰ新・門田	前期	*河内Ⅰ-4		*大和Ⅰ-2b	
							大和Ⅱ-1a	*朝日式
			*Ⅱ・米田		*河内Ⅱ		*大和Ⅱ-1b	貝田町式
		中期		中期		中期	*大和Ⅱ	*瓜郷式
			*Ⅲ・南方		*河内Ⅲ		*大和Ⅲ	
秦			*Ⅳ・今谷		*河内Ⅳ		*大和Ⅳ	吉井式
紀元前								高蔵式
紀元後 新		後期	*Ⅴ・上東	後期	*河内Ⅴ	後期	*大和Ⅴ	古宮式
250					*河内Ⅵ		*大和Ⅵ	*山中式
								欠山式
								廻間式

*は年代を計測した土器型式

図8 地域間の並行関係と炭素14年代測定の較正年代(西日本)

西暦	北陸(石川)		東北(宮城～岩手)		東北(岩手北部～青森)	関東		西暦
2500	中期	串田新・*沖ノ原	中期	*大木10a		中期	*加曽利E4式	2500
		*三十稲場・前田 式		南境式	*沖附・門前式		*称名寺1式 *称名寺2式	
							*堀之内1式	
		*南三十稲場・気屋 式		*宮戸Ib				
2000					*十腰内1式		*堀之内2 式	2000
	後期	三仏生式	後期	(宮戸IIa)		後期	*加曽利B1式	
		* 酒見式		宝ケ峰式(宮戸IIb)	*十腰内2式		*加曽利B2式	
1500		*井口式			*十腰内3式		*加曽利B3式	1500
					*十腰内4式		*曽谷式	
		*八日市新保 式		金剛寺式	*十腰内5式		*安行1式	
					*(風張)		*安行2式	
		*御経塚1式 *御経塚2式 *御経塚3・4式		*大洞B1 *大洞B2 *大洞BC	*大洞B1式 *大洞B2式 *大洞BC式		*安行3a式 *安行3b・*姥山式 *安行3c・*前浦式	
1000	晩期	*中屋式	晩期	*大洞C1	*大洞C1式	晩期		1000
		*下野式		*大洞C2式	*大洞C2式		*安行3d式	
		*長竹式 *鳥屋1式 *鳥屋2式		*大洞A1 *大洞A2	*大洞A1式 *大洞A2式		千網式	
500		*柴山出村・緒立 *八日市地方1 *八日市地方23		* 大洞A'	*大洞A'式		* 荒海式	500
	前期		前期	* 十三塚東D * 青木畑 式	*砂沢式		*(中屋敷)	
	中期	*八日市地方4 *八日市地方5 *八日市地方6 *八日市地方7 *八日市地方8 *八日市地方9 *八日市地方10	中期	*原・谷起島・地蔵池(山王III) *高田B *中在家南 富沢 * 湯舟沢	*二枚橋・ *五所 *田舎館	中期	* 須和田式 *(中里) *宮ノ台 式	
秦 紀元前								紀元前
紀元後新 250	後期	猫橋 法仏 * 月影2		*天王山	*後北C(続縄文)	後期	*久ケ原式 *弥生町式	紀元後 250

*は年代を計測した土器型式

図9　地域間の並行関係と炭素14年代測定の較正年代（東日本）

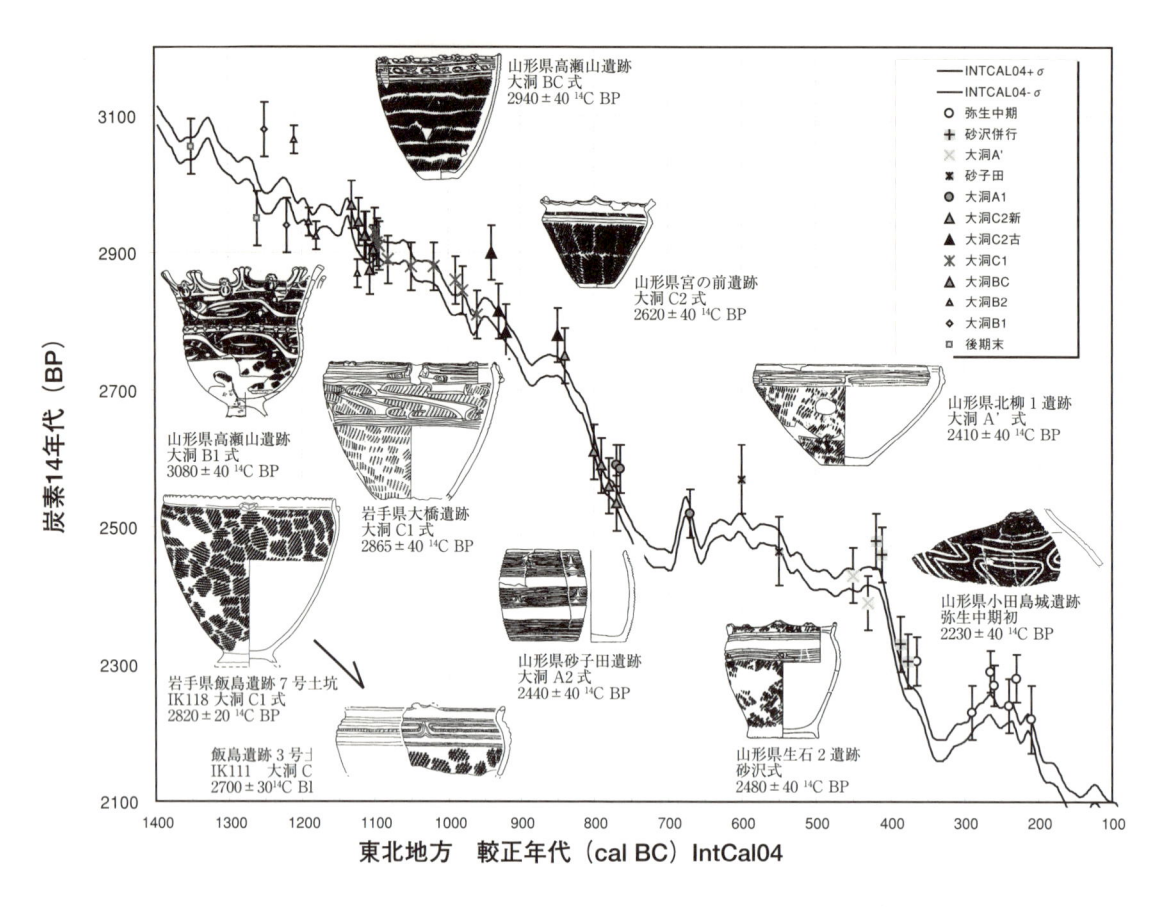

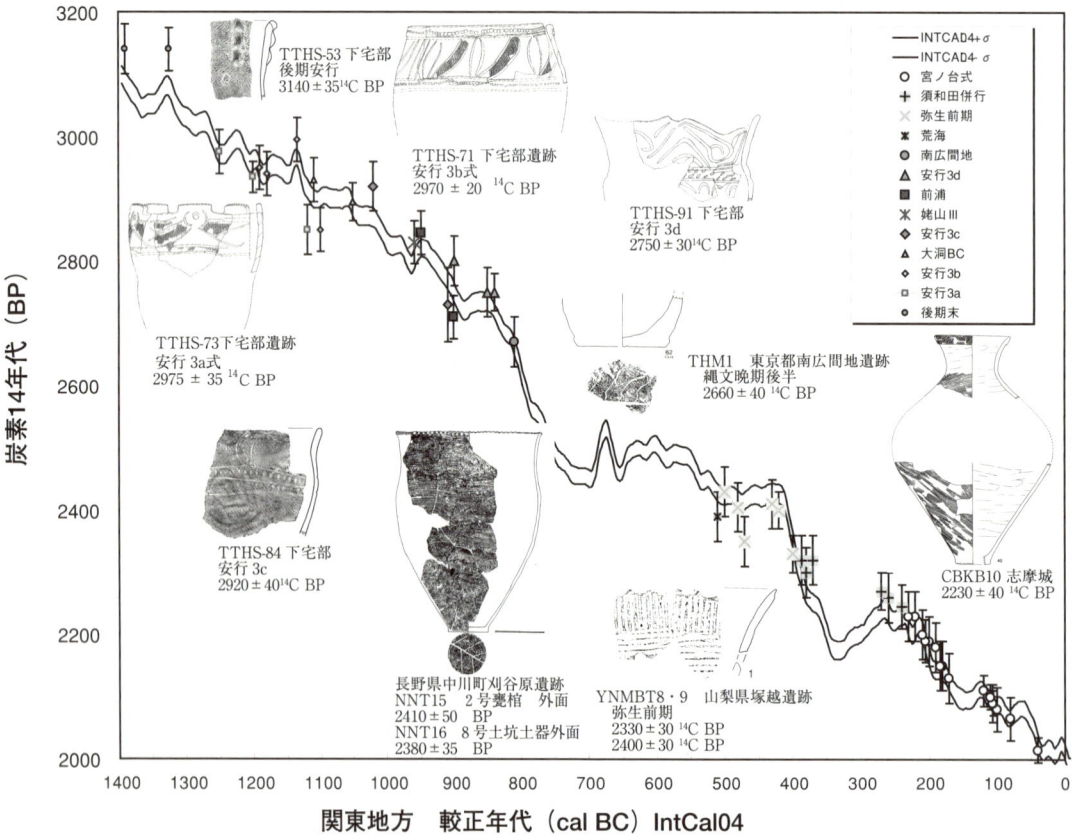

図10　東北地方・関東地方の炭素14年代測定値と較正曲線（IntCal04）の関係（疑似ウイグルマッチング）

表2 時期別推定年代

縄文後期	関東		
土器型式	細別時期	推定暦年代cal BC	
称名寺1		2470 ～ 2350	
称名寺2		2350 ～ 2300	
堀之内1	古	2290 ～ 2250	
	中-前半	2240 ～ 2130	
	中-後半	2130 ～ 2080	
	新	2080 ～ 2030	
堀之内2	古	2030 ～ 1970	
	中	1970 ～ 1920	
	新	1920 ～ 1870	
加曽利B1	前半	1870 ～ 1780	
	後半	1780 ～ 1730	
加曽利B2	前半	1730 ～ 1660	
	後半	1660 ～ 1580	
加曽利B3		1580 ～ 1520	
曽谷・高井東		1520 ～ 1450	
安行1		1450 ～ 1350	
安行2		1350 ～ 1270	

(小林2006)

縄文晩期東北	推定暦年代cal BC	関東	推定暦年代cal BC	晩期北陸	推定暦年代cal BC	晩期東海	推定暦年代cal BC
大洞B1	1270 ～ 1170	安行3a	1300 ～ 1100 ?	御経塚式	1300 ～ 1200	伊川津Ⅱ式	1270 ～ 1170
大洞B2	1170 ～ 1100					寺津式	1170 ～ 1100
大洞BC	1100 ～ 1000	安行3b	1100 ? ～ 1000 ?	中屋式	1200 ～ 900	保美Ⅱ式	1100 ～ 1000
大洞C1	1000 ～ 900	安行3c	1000 ? ～ 900 ?			稲荷山式	1000 ～ 900
大洞C2 古	900 ～ 800	安行3d	900 ? ～ 780 ?	下野式	900 ～ 800	西之山式	900 ～ 780
大洞C2 新	800 ～ 780	千網	780				
大洞A1	780 ～ 600 ?	荒海	780 ? ～ 500 ?	長竹式	800 ～ 500 ?	五貫森式	780 ～ 500 ?
大洞A2	600 ? ～ 500 ?		700 ? ～ 400 ?			馬見塚式	780 ～ 500 ?
大洞A'	500 ? ～ 400 ?			柴山出村	500? ～ 400?	樫王	

(小林2008)　(山本2008)

弥生東北	推定暦年代cal BC	弥生関東	推定暦年代cal BC	弥生北陸	推定暦年代cal BC	弥生大和	推定暦年代cal BC	弥生河内	推定暦年代cal BC	様式
大洞A'	500 ? ～ 400 ?	荒海 新		柴山出村		Ⅰ-1	550 ? ～ 500 ?	Ⅰ-1	600 ? ～ 500 ?	一 古
砂沢	450 ? ～ 350 ?	中屋敷	400	八日市地方1	500 ? ～ 400 ?	Ⅰ-2	500 ? ～ 400 ?	Ⅰ-2	500 ? ～ 400 ?	一 中
				八日市地方2	400 ? ～ 350 ?	Ⅱ-1	400 ? ～ 350 ?	Ⅰ-3	400 ? ～ 350 ?	一 新
原	300 ? ～ 250 ?	須和田	350 ? ～ 300 ?	八日市地方3	350 ?	Ⅱ-2	350	Ⅰ-4	350 ?	二
				八日市地方4		Ⅱ-3	～ 300	Ⅱ-1		
				八日市地方5				Ⅱ-2	～ 300	
高田B	250 ? ～ 200 ?	中里 古	250 ? ～ 150 ?	八日市地方6	300 ?	Ⅲ-1	300	Ⅱ-3	300	三 古
		宮ノ台	200 ? ～ 100 ?	八日市地方7		Ⅲ-2	～ 200	Ⅲ-1		
中在家南	200 ? ～ 100 ?			八日市地方8	200 ?	Ⅲ-3	200	Ⅲ-2	200	三 新
				八日市地方9		Ⅲ-4		Ⅳ-1		
富ノ沢・天神原	100 ? ～ AD1	宮ノ台 新	100 ? ～ AD1	八日市地方10	100 ? ～ AD1?	Ⅳ	100 ～ AD1	Ⅳ-2	100	四
								Ⅳ-3		
								Ⅳ-4	～ AD1	

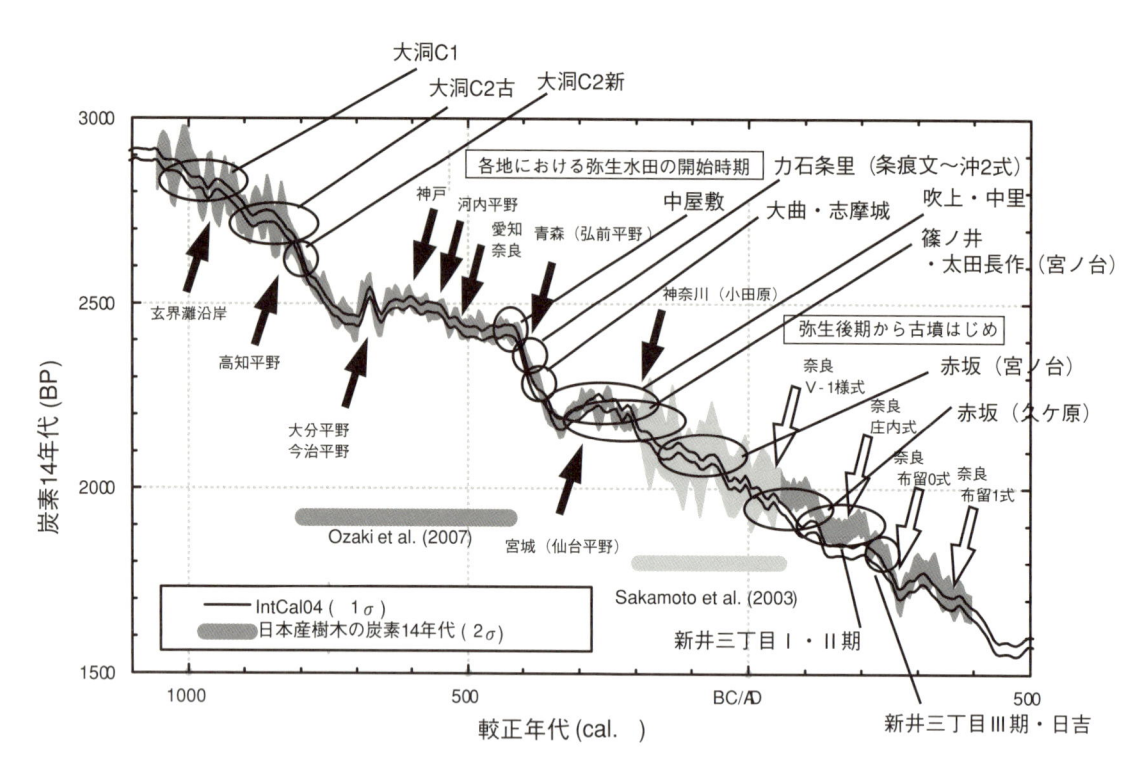

図11 日本産樹木年輪の炭素14と日本列島各地の弥生水田稲作の拡散

較正曲線の黒線はIntCal04（1σ），灰色の帯は日本産樹木の炭素14年代（2σ），測定値の矢印はおおよその炭素14年代値を示す
（藤尾・小林・尾嵜ほか 2008日本考古学協会総会に追記）

期，弥生時代について，関東地方，東北地方，北陸地方，東海地方，近畿地方について記す。ただし，縄文後期については，多数の測定結果と，稲荷山貝塚や西根遺跡などの層位的データを得ている関東地方を中心とし，分谷地A遺跡や御経塚遺跡での成果を得ている北陸地方を山本直人氏による測定研究〔山本2008ほか〕を参照しつつ対比させておく。

縄文晩期については，北上市大橋遺跡の層位的データと，山形県内の単純遺跡ごとの測定結果〔小林ほか 2005a・2006d〕を中心に，東北地方大洞諸型式の時期別（小林圭一氏の編年に主に従う）の実年代推定を行ない，東京都下宅部遺跡などの成果から関東地方の実年代推定を対比させるが，関東地方では晩期後半は不明確である。また東海地方について，近年山本直人氏によって示された実年代観を示しておく〔山本2008〕。

弥生時代については，河内地方の遺跡群〔小林ほか 2008〕，大和盆地の唐古・鍵遺跡での土器付着物〔小林ほか 2006b〕の集中的測定について，寺沢薫・森岡秀人氏らによる編年対比により近畿地方の年代観とし，北陸地方の八日市地方遺跡などの測定結果や山本直人氏らによる測定成果などを対比させ，東北地方・関東地方の広域編年〔設楽ほか 2004〕によって，縄文晩期・弥生前期を中心に，広域編年での年代対比を仮設しておく（表2）。もとより，現段階における仮説的な提示であることを了承願いたい。

（2）水田稲作の東進と東日本の弥生化

上述のように，日本列島での土器広域編年での併行関係，地域ごとの土器型式の相対序列と，土器付着物・層位別炭化材試料などの年代測定結果とは，ほぼ整合していることが示し得る。同時に，各地域の弥生系文物の出現順序，とくに水田稲作の東進については，その年代測定結果とその較正年代から整理できる。

水田稲作の伝播は地域ごとに，小林青樹氏のいう「縄文の壁」〔小林青 2007〕にあたり停滞をし

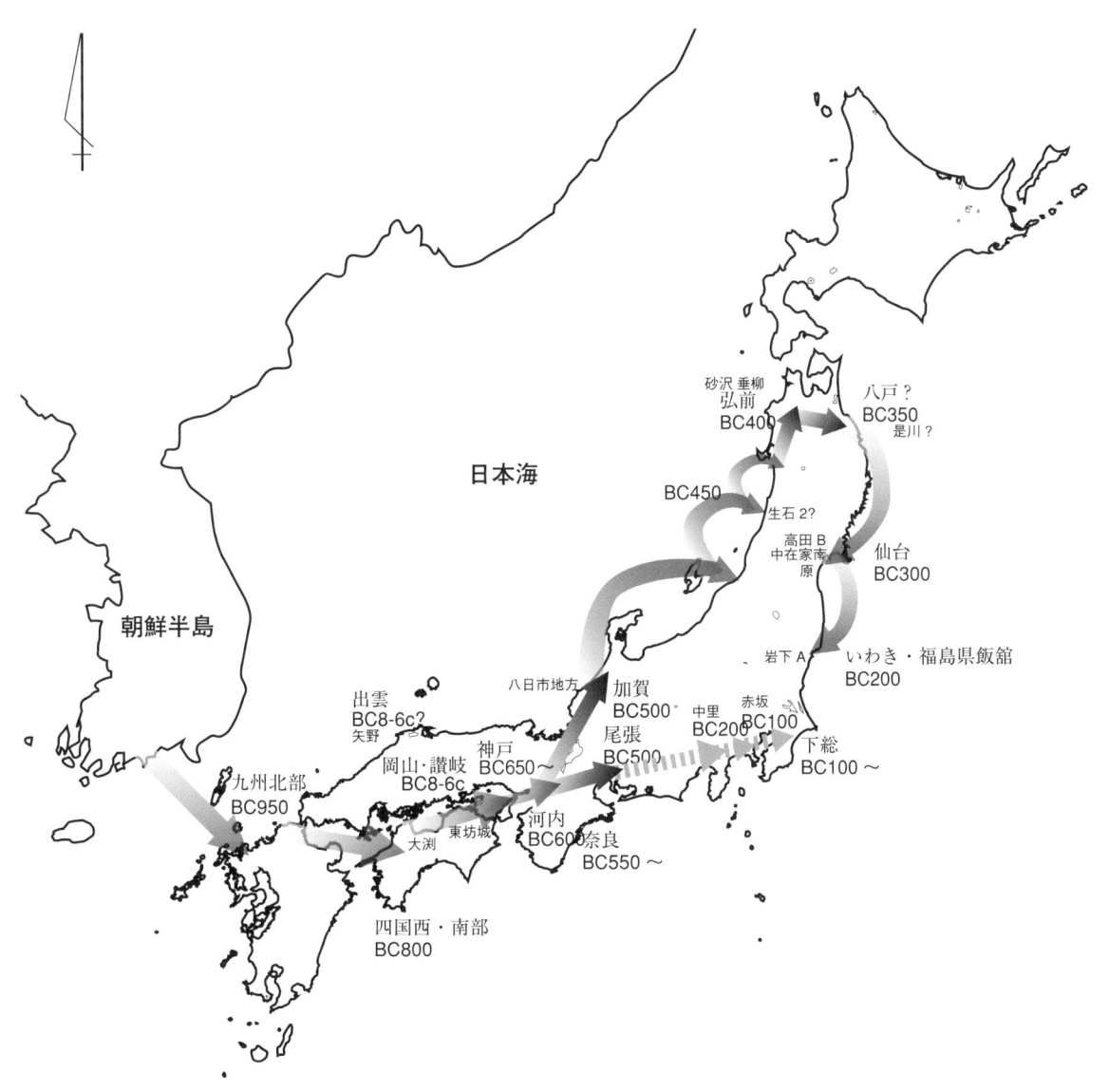

図12 日本列島における水田稲作を伴う弥生文化の東進年代（近畿以東の状況を中心に）

ながら東進していくことが確認されている。前10世紀後半に佐賀・福岡の玄界灘沿岸付近に伝播後，前8世紀中ごろまで九州北部の範囲内に留まっていたと考えられる。その後，大分県から四国西北部（愛媛県），南部（高知県）に伝播し，さらに日本海側の出雲・松江付近，広島付近，愛媛付近から，前7世紀前半には岡山県・香川県付近に突帯文土器と遠賀川系土器が共伴しつつ水田稲作が営まれたと考える。神戸市付近には前650～前600年頃に水田が作られ，河内潟付近では前600年頃に水田が作られたと考えている。この間の東進が連続的なのか，断続的なものかは，より詳しく地域ごとの動態を検討していかなくてはならず，今後の検討課題であろう。しかしながら，岡山，香川，神戸市付近，河内，奈良盆地，滋賀県付近の各地で，突帯文土器と遠賀川系土器とが共伴しつつ，次第に水田稲作が東進してきたと整理できる。近畿地域全体で前7世紀から5世紀の最大限にみて300年，おそらくは150年間ほど，地域ごとには100年間程度の，縄文系文化と弥生系文化の共存が考えられる。

　東日本への弥生文化の伝播は，滋賀県から石川県へ向かい日本海側に東進するルートと，名古屋市付近へと向かうルートに2分されるものと考えられる。日本海側から弘前平野へ伝わったと想定できるが，それよりも北へ伝播した形跡はない。可能性としては，青森平野を東進したのち八戸付近を経て，仙台湾付近へと太平洋沿いに伝わった後，いわき付近（戸田条里遺跡，番匠地遺跡で弥生

中期の水田面が確認され，作B遺跡でも遠賀川系土器ほかが確認）〔いわき市 1991・1993・2004〕，福島県飯舘村岩下A遺跡〔松本ほか 1985〕（土器付着物の測定結果より前3～2世紀ごろ）へ水田稲作が伝わったと考える。

一方，東海地方では前400年ごろも，三河地方以東には水田はもたらされず，静岡・長野・山梨（宮ノ前遺跡〔櫛原ほか 1992〕の水田面からみつかった条痕文土器例について年代測定は試みたものの試料不足のため測定できなかった）から北関東地方など条痕文土器の分布域ではおもに陸稲や雑穀などの畑作が行なわれたと考えたい。神奈川県中屋敷遺跡のコメ貯蔵は前400年ころであるが，水田稲作は行なわれていなかったと考える。中部山地の長野県千曲市力石条里遺跡でも，墓坑から前期末条痕文系土器とともに出土したコメについて，前400～350年と推定できる年代値を得ている。しかし水田の存在は明らかではない。中部地方の畑作地帯の形成が，水田稲作の東進をブロックした可能性があろう。前200年頃に，関東地方平野部西端部の神奈川県中里遺跡に近畿系土器の搬入とともに水田稲作が行なわれたことが想定され，西からの植民として水田稲作の弥生系文化が関東にもたらされたのではないか。その後の前1世紀には神奈川県，東京都，千葉県北部には水田稲作が広がっていることが確認でき，弥生後期には，朝光寺原式土器分布圏など一部の山間部の畑作地帯が存在する可能性を持ちつつ，東京低地部など関東平野低地部を含めて水田稲作地帯が広がったことが予想できよう。

以上のように，九州北部に水田が作られてから，最北端の水田として本州島北端部に近い砂沢遺跡に水田が作られるまでに約500年，ほぼ同じ頃，東海地方で一旦停滞した後に，関東地方西南部に水田が伝わるのは約700年後，関東地方全域に水田が広まるのは約800年がすぎた後と考えることができる。この間，弥生文化と縄文文化は共存し，相互に交流をもっていたことが明らかになりつつある〔設楽・小林青 2007〕。

3　今後の課題——弥生と縄文，弥生から古墳へ——

今後の課題として，測定例をさらに重ねて地域ごとの実年代検討を深めていくとともに，較正曲線自体の検証および，日本産樹木年輪の測定結果に基づく，より日本列島に即した実年代推定を可能としていく努力がなされている。

年代測定研究グループは，弥生開始期頃を含む長野県の埋没林および広島県黄幡1号遺跡の木製品の年輪試料の^{14}C年代測定を重ね，紀元前800年頃から紀元前後まではIntCal04と日本産樹木年輪の測定結果とは，一部において細かな違い（紀元前750年頃や紀元前400年頃に大きく変動する部分がある，紀元350年頃の変動がスムーズである，紀元200年頃の変動が細かく異なるなど）は認められるものの，総じてほぼ一致することが確認された〔尾嵜ほか 2007ほか〕。

ただし，紀元後80年頃から200年代にかけては，INTCALと日本産樹林とでは若干異なることが以前より指摘されていた。弥生後期に相当する紀元後80年頃から200年については，坂本稔氏と中村俊夫氏によって別々に測定された箱根芦ノ湖出土スギ埋没樹などの年輪試料の炭素14濃度の測定から，IntCal04に比べ，日本ではやや^{14}C濃度が濃く，結果的に数十年程度，炭素14年代が実際より古く測定されることが判明している〔Sakamoto *et al*. 2003, 中村ほか 2004〕。すなわち，現段階では弥生時代後期の試料の較正年代は，真の暦年代と最大で数十年程度古めに示されている可能性が高いと考えている。したがって，弥生後期の年代について述べる際には，日本産樹木年輪での測定結果を参考とした実年代推定を考えて行かなくてはならない。

大阪府瓜生堂遺跡や奈良県唐古・鍵遺跡の弥生後期から布留Ⅰ式土器の付着物の測定結果では，紀元前後から紀元3世紀頃までについて，連続的な年代的変遷が追えそうである。さらに桜井市纒向遺跡群，東田大塚墳丘墓（古墳），矢塚墳丘墓（古墳），箸墓古墳の出土土器，木材，種子，漆について測定を重ねつつあり，古墳時代の始まりについても年代測定の上から検討を加えつつある。

関東地方の弥生後期についても概略すると，東京都新井三丁目遺跡，神奈川県赤坂遺跡，千葉県

太田長作遺跡など，代表的な弥生時代後期集落遺跡の年代測定を重ねてきた。

例えば，弥生後期中頃の弥生集落である東京都新井三丁目遺跡のⅠ期は2世紀初頭以降の2世紀のある時期，すなわち2世紀のいずれかの年代であり，Ⅱ期は2世紀後半のいずれかの年代，弥生後期末頃から古墳時代移行期に相当する新井三丁目遺跡Ⅲ期は，3世紀初頭～中頃のいずれかの年代である可能性が高い。

今後，さらに縄文時代後期以前の日本産樹木の年輪資料の測定結果の蓄積や，弥生後期から古墳時代のはじまりなど，前後の時代に検討の手を伸ばしていきたいと希望している。

もう一つ，検討して行かなくてはならない問題として，縄文時代と弥生時代の時代区分の問題を，改めて考古学的に議論する必要が生じている。藤尾慎一郎氏は，九州北部に水田稲作が始まった時点において，九州・四国・本州島の後に弥生文化が広がる地域については弥生時代早期とし，地域ごとに縄文文化が残存しているとする意見を提示している〔藤尾2007〕。しかし，日本としてのアイデンティティも政治的まとまりも生じていない縄文・弥生時代において，列島全体を同一の地域として時代区分を統一する必要はないとも考えられる。考古学的文化と時代区分を一致させる立場からは，九州地方，西日本地方，東日本地方（北陸から東北と，中部・関東地方を区分するべきかもしれない）とは区分し，それぞれ水田稲作の波及をもって弥生時代と縄文時代の区分をするべきかと考える。さらに東北北部については，一度水田稲作を受け入れた後，弥生中期の前200～100年頃には水田稲作を放棄する。その後の東北地方北部は，続縄文文化と考えるべきであり，上記の考えからすれば，弥生時代から前100年～8世紀頃までは続縄文時代に転化したと考える。

もう一つ，今後に期待される研究として，土器付着物の安定同位体比および炭素・窒素量による内容解明が挙げられる〔坂本2007ほか〕。食糧残滓が動物性か植物性か，また海洋性か否か（海洋リザーバー効果の影響が認められるか），陸生の植物質の場合，C_3植物かC_4植物かの検討が，次第に進められつつある。食生活の復元に大きく資することが期待できる。同時に，植物遺存体，特に炭化米やその他の種子・穀物類について，直接炭素14年代測定を重ね，その年代的位置付けを明らかにしていくことも重要である。考古学的な出土状況の認定は万全ではなく，水田面で出土したから，遺構内で共伴したから，縄文・弥生時代の植物遺体であると結論づけるのは安易である場合も認められている。特に，層位的に出土した例や水洗選別による事例では，遺跡の遺存状況によるものと思われるが，新しい時代の試料が混在してきたものであることが，年代測定の結果判明した場合が少なからず存在する。年代測定を行なった上で年代づけを行なうことを強く勧めたい。

いずれにせよ，まずは列島の先史時代について，正しく年代的再編成を整え，東アジアの中での位置づけと，列島内での文化的再構成を果たす努力を行なうべきである。そのために，年代測定研究と較正年代の検討は，必要不可欠のものであることはいうまでもない。

本稿の成果は，平成13～15年度科研費基盤（A）「縄文弥生時代の高精度年代体系の構築」（代表今村峯雄），歴博平成16・17年度基盤研究「高精度年代測定法の活用による歴史資料の総合的研究」（代表今村峯雄），平成16～20年度学術創成研究「弥生農耕の起源と東アジア—炭素年代測定による高精度編年体系の構築—」（代表西本豊弘），平成17・18年度科研費基盤（C）「AMS炭素14年代を利用した東日本縄紋時代前半期の実年代の研究」（代表小林謙一），平成19・20年度科研費基盤（C）「炭素14年代を利用した縄紋時代の居住期間の研究」（代表小林謙一）の成果を用いている。試料の前処理には，歴博年代測定実験室の坂本稔をはじめ，遠部慎，尾嵜大真，宮田佳樹，新免歳靖および今村峯雄，村本周三，松崎浩之，中村俊夫の諸氏の協力を得ている。また，西本豊弘，藤尾慎一郎，設楽博己，小林青樹，山本直人，工藤雄一郎，比田井克仁，馬場伸一郎の諸氏に多くの教示をいただいている。

大阪府文化財センターの資料については，秋山浩三・三好孝一・市村慎太郎・山田浩史・岡本智子・丸吉繁一・広瀬時習・後川恵太郎（（財）大阪府文化財センター），木の本遺跡については竹原伸次（大阪府教育委員会），高槻市安満遺跡については森田克行（高槻市教育委員会），牟礼遺跡につい

ては宮脇薫（茨木市教育委員会），東大阪市の資料については勝田邦夫・下山晴文（東大阪市埋蔵文化財センター），神戸市の遺跡については丸山潔・安田滋・中村大介（神戸市教育委員会），兵庫県の遺跡については山本三郎・上田健太郎（兵庫県教育委員会），口酒井遺跡については浅岡俊夫（六甲山麓遺跡調査会），奈良県唐古・鍵遺跡については藤田三郎・豆谷和之（田原本町教育委員会），愛知県玉ノ井遺跡については纐纈茂（名古屋市教育委員会），石川県八日市地方遺跡については福海貴子（小松市教育委員会），御経塚遺跡については吉田淳（野々市町教育委員会），山本直人（名古屋大学），中屋サワ遺跡については谷口宗治（金沢市埋蔵文化財センター），長野県力石条里遺跡については西香子（長野県埋蔵文化財センター），神奈川県中屋敷遺跡については山本暉久・小泉玲子（昭和女子大学），下宅部遺跡については千葉敏朗（東村山市教育委員会），寺野東遺跡については江原英（栃木県教育委員会），青田遺跡については荒川隆史（新潟県歴史博物館），山形県内の遺跡については小林圭一（山形県埋蔵文化財センター），福島県内の試料については福島雅儀（福島県文化センター），宮城県原遺跡については大友透（名取市教育委員会），岩手県金付遺跡および大橋遺跡については金子昭彦・八木勝枝（岩手県埋蔵文化財センター），北上市内の遺跡については稲野裕介・小田島知世（北上市埋蔵文化財センター），湯舟沢遺跡については井上雅孝（滝沢村教育委員会），秋田県内の遺跡については小林克（秋田県文化財センター），青森県八戸市内の遺跡については村木淳（八戸市教育委員会），砂沢遺跡については岡本康嗣（弘前市教育委員会），田舎館村の遺跡については武田嘉彦（田舎館村埋蔵文化財センター）の各氏，ほか多数の関係機関に多大なご協力を頂いた。

(註1) AMS炭素14年代測定は，東京大学大学院工学研究系タンデム研究施設，（株）パレオ・ラボ社，（株）ベータアナリィティック社，質量分析計安定同位対比測定は（株）昭光通商で測定した。

試料の処理は，これまでに歴博年代測定実験室で行なっている方法に従って行なっている〔小林2004b・c〕。まず純水での洗浄後，遠心分離器によりミネラルを分離し，土器付着物についてはアセトン洗浄を行なう。その後酸，アルカリ，酸でAAA処理を行なった。AMS測定は，東京大学（機関番号MTC），（株）パレオ・ラボ（PLT），（株）加速器分析研究所（IAAA）に委託し測定している。測定結果は^{14}CBPで表記し，暦年較正結果はcal BC（紀元前表記），またはCal BP（1950年を起点）で表記する。

文　　献

秋山浩三 2002「河内湖における初期弥生水田をめぐって」『志紀遺跡（その2・3・5・6）』（財）大阪府文化財調査研究センター調査報告書第73集，651-663

秋山浩三ほか 2004『瓜生堂遺跡』Ⅰ，（財）大阪府文化財センター調査報告書第106集

秋山浩三ほか 2004『史跡池上曽根99』和泉市教育委員会

荒井　格ほか 1995『仙台市史』特別編2，仙台市

荒井　格・脇本博康・川又里枝 2004『富沢遺跡　第131次発掘調査報告書』仙台市文化財調査報告第276集

石川日出志 2000「突帯文期・遠賀川期の東日本系土器」「突帯文と遠賀川」土器持寄会論文集刊行会，1221-1238

今村峯雄編 2004『課題番号13308009基盤研究（A・1）（一般）縄文弥生時代の高精度年代体系の構築』（代表今村峯雄）

今村峯雄 2007「炭素14年代較正ソフトRH3.2について」『国立歴史民俗博物館研究報告』第137集，国立歴史民俗博物館，79-88

いわき市教育文化事業団 1991『戸田条里遺跡』いわき市埋蔵文化財調査報告書第29冊

いわき市教育文化事業団 1993『久世原館・番匠地遺跡』いわき市埋蔵文化財調査報告書第33冊

いわき市教育文化事業団 2004『作B遺跡』いわき市埋蔵文化財調査報告書第105冊

恵美昌之 1979『十三塚遺跡―昭和53年度遺構確認調査報告―』名取市文化財調査報告書第6集，名取市教育委員会
遠藤正夫ほか 1985『垂柳遺跡発掘調査報告書』青森県埋蔵文化財調査報告第88集，青森県教育委員会
大友 透 2000『原遺跡』名取市文化財調査報告書第44集，名取市教育委員会・(株)カインズ
尾嵜大真 2007「日本産樹木年輪試料の炭素14年代による暦年較正」西本豊弘編『縄文時代から弥生時代へ』新弥生時代のはじまり第2巻，雄山閣，108-114
尾嵜大真・小林謙一・坂本 稔・中村俊夫・木村勝彦・荒川隆史 2007「炭素14年代法による新潟県青田遺跡の年代研究」『名古屋大学加速器質量分析計業績報告書（XVIII）』名古屋大学年代測定総合研究センター
小田寛貴・山本直人 2003「御経塚遺跡の自然科学的分析（二）土器付着炭化物の放射性炭素年代」『野々市町史』資料編1 考古・古代・中世，石川県野々市町，103-114
遠部 慎・小林謙一・坂本 稔・尾嵜大真・宮田佳樹・新免歳靖・松崎浩之 2006「岩手県北上市大橋遺跡出土試料の^{14}C年代測定」『大橋遺跡』埋蔵文化財調査報告書第481集，岩手県文化振興事業団埋蔵文化財センター
木村勝彦・村越健一・中村俊夫 2002「青田遺跡の柱痕を用いた年輪年代学的研究」『川辺の縄文集落』財団法人新潟県埋蔵文化財調査事業団設立10周年記念公開シンポジウム「よみがえる青田遺跡」資料集，財団法人新潟県埋蔵文化財調査事業団，78-85
桐生正一ほか 1986『湯舟沢遺跡』滝沢村文化財調査報告書第2集
櫛原功一・高橋 学・外山秀一・中山誠二・平野 修・山下孝司 1992『宮ノ前遺跡』韮崎市遺跡調査会
工藤哲司ほか 1996『中在家南遺跡』仙台市文化財調査報告第216集
工藤雄一郎・小林謙一・坂本 稔・松崎浩之 2007「東京都下宅部遺跡における^{14}C年代研究―縄文時代後期から晩期の土器付着炭化物と漆を例として―」『考古学研究』第53巻第4号，考古学研究会，51-72
工藤雄一郎・小林謙一・山本直人・吉田 淳・中村俊夫 2008「石川県御経塚遺跡から出土した縄文時代後・晩期土器の年代学的研究」『第四紀研究』47-6，第四紀学会，409-423
国立歴史民俗博物館・年代測定研究グループ 2006a「第2節 神奈川県三浦市赤坂遺跡出土試料の^{14}C年代測定」『赤坂遺跡―天地返しに伴う第11次調査地点の調査報告―』三浦市埋蔵文化財調査報告書 第17集
国立歴史民俗博物館・年代測定研究グループ 2006b「是川遺跡出土試料の^{14}C年代測定」『是川中居遺跡』5，八戸市埋蔵文化財調査報告書第111集，青森県八戸市教育委員会
国立歴史民俗博物館年代測定研究グループ・工藤雄一郎 2006c「下宅部遺跡出土土器付着物及び土器付着漆の^{14}C年代測定」下宅部遺跡調査団編『下宅部遺跡I』下宅部遺跡調査会，301-311
国立歴史民俗博物館・年代測定研究グループ（小林謙一） 2007a「大阪府私部南遺跡出土試料の^{14}C年代測定」『私部南遺跡』I，(財)大阪府文化財センター調査報告書第154集，大阪府文化財センター，181-191
国立歴史民俗博物館・年代測定研究グループ（小林謙一） 2007b「大阪府上の山遺跡出土試料の^{14}C年代測定」『上の山遺跡』II，(財)大阪府文化財センター調査報告書第155集，大阪府文化財センター，317-319
国立歴史民俗博物館・年代測定研究グループ（小林謙一） 2007c「大阪府池島・福万寺遺跡出土試料の^{14}C年代測定」『池島・福万寺遺跡』3，大阪府文化財センター，361-373
小林青樹 2007「縄文から弥生への転換」広瀬和雄・国立歴史民俗博物館編『歴博フォーラム 弥生時代はどう変わるか―炭素14年代と新しい古代像を求めて―』136-157
小林謙一 2004a「東日本」春成秀爾・今村峯雄編『弥生時代の実年代』学生社

――― 2004b「試料採取と前処理」『季刊考古学』第88号，雄山閣
――― 2004c『縄紋社会研究の新視点―炭素14年代測定の利用―』六一書房
――― 2006「関東地方縄文時代後期の実年代」『考古学と自然科学』第54号，日本文化財科学会
――― 2007「関東における弥生時代の開始年代」西本豊弘編『縄文時代から弥生時代へ』新弥生時代のはじまり第2巻，雄山閣，52-65
――― 2008「縄文時代の暦年代」小杉　康・谷口康浩・西田泰民・水ノ江和同・矢野健一編『歴史のものさし　縄文時代研究の編年体系』縄文時代の考古学2，同成社，257-269

小林謙一・今村峯雄 2003a「南広間地遺跡出土土器の炭素14年代測定」『東京都日野市南広間地遺跡』国土交通省関東地方整備局

小林謙一・今村峯雄・坂本　稔 2003b「第2節　田端遺跡出土土器の炭素年代測定」『田端遺跡―田端環状積石遺構周辺地域における詳細分布調査報告書―』町田市教育委員会

小林謙一・春成秀爾・今村峯雄・坂本　稔・陳建立・松崎浩之・秋山浩三・川瀬貴子 2004a「大阪府瓜生堂遺跡出土弥生～古墳時代土器の^{14}C年代測定」『瓜生堂遺跡』1，(財)大阪府文化財センター調査報告書第106集，715-726

小林謙一・春成秀爾・坂本　稔・今村峯雄・松崎浩之・扇崎　由 2004b「岡山市南方（済生会）遺跡出土土器付着物の^{14}C年代測定」『岡山市埋蔵文化財センター年報3』岡山市埋蔵文化財センター，54-65

小林謙一・今村峯雄・坂本　稔・陳建立 2004c「北上市内遺跡出土土器付着物の^{14}C年代測定」『北上市埋蔵文化財年報（2002年度）』北上市立埋蔵文化財センター

小林謙一・今村峯雄・坂本　稔・陳建立・小林圭一 2005a「山形県高瀬山遺跡出土土器付着物の^{14}C年代測定」『高瀬山遺跡（HO地区）発掘調査報告書』山形県埋蔵文化財センター調査報告書第145集

小林謙一・坂本　稔・尾嵜大真・新免歳靖・松崎浩之 2005b「第3節　佐倉市太田長作遺跡出土試料の^{14}C年代測定」『太田長作遺跡（第2次）特別養護老人ホームはちす苑増築に伴う埋蔵文化財調査』財団法人印旛郡市文化財センター発掘調査報告書第222集，社会福祉法人愛光・財団法人印旛郡市文化財センター

小林謙一・坂本　稔・尾嵜大真・新免歳靖・松崎浩之 2005c「北上市内遺跡出土土器付着物の^{14}C年代測定（2）」『北上市埋蔵文化財年報（2003年度）』北上市立埋蔵文化財センター

小林謙一・春成秀爾 2006a「近畿地方における年代測定の成果」西本豊弘編『弥生時代の新年代』新弥生時代のはじまり第1巻，雄山閣，96-97

小林謙一・春成秀爾・今村峯雄・坂本　稔・尾嵜大真・新免歳靖・松崎浩之・中村俊夫・藤田三郎 2006b「唐古・鍵遺跡，清水風遺跡出土試料の^{14}C年代測定」『田原本町文化財調査年報2004年度』14，田原本町教育委員会，123-138

小林謙一・坂本　稔 2006c「第3章 志摩城跡出土遺物の自然科学分析　1.千葉県多古町志摩城遺跡出土土器付着物の^{14}C年代測定」『志摩城跡・二ノ台遺跡Ⅰ―経営体育基盤整備事業島地区に伴う発掘調査報告書―』(財)香取郡市文化財センター調査報告書第99集，財団法人香取郡市文化財センター

小林謙一・小林圭一 2006d「山形県内遺跡出土試料の^{14}C年代測定と較正年代の検討」『研究紀要』第4号，財団法人山形県埋蔵文化財センター

小林謙一・小林　克 2006e「秋田県内出土試料の^{14}C年代測定結果について」『研究紀要』第20号，秋田県埋蔵文化財センター

小林謙一・坂本　稔・尾嵜大真・新免歳靖・村本周三・金子昭彦 2006f「岩手県北上市金附遺跡出土試料の^{14}C年代測定」『金附遺跡』埋蔵文化財調査報告書第482集，岩手県文化振興事業団埋蔵文化財センター

小林謙一・坂本　稔・遠部　慎・宮田佳樹・松崎浩之 2006g「岩手県北上市飯島遺跡出土試料の^{14}C年代測定」『北上市埋蔵文化財年報（2004年度）』北上市立埋蔵文化財センター

小林謙一・遠部　慎 2007「岩手県北上市内遺跡出土試料の^{14}C年代測定成果」『北上市埋蔵文化財年報』（2005年度），北上市立埋蔵文化財センター（岩手県），24-31

小林謙一・春成秀爾・坂本　稔・秋山浩三 2008「河内地域における弥生前期の炭素14年代測定研究」『国立歴史民俗博物館研究報告』第139集，国立歴史民俗博物館，17-51

坂本　稔 2007『土器研究の新視点―縄文から弥生時代を中心とした土器生産・焼成と食・調理―』考古学リーダー9，大手前大学史学研究所編，六一書房，100-111

坂本　稔・春成秀爾・小林謙一 2006「大阪府瓜生堂遺跡出土弥生中期木棺の年代」『研究報告』133集，国立歴史民俗博物館，71-84

設楽博己・小林謙一 2004「縄文晩期からの視点」『季刊考古学』第88号，雄山閣，60-66

設楽博己・小林青樹 2007「板付Ⅰ式土器成立における亀ヶ岡系土器の関与」西本豊弘編『縄文時代から弥生時代へ』新弥生時代のはじまり第2巻，雄山閣，66-107

昭和女子大学歴史文化学科中屋敷遺跡発掘調査団 2008『中屋敷遺跡発掘調査報告書』六一書房

須田良平・高橋栄一 1994『高田B遺跡―第2・3次調査―』宮城県文化財調査報告書第164集

寺沢　薫・森岡秀人 1989『弥生文化の様式と編年（近畿編Ⅰ）』木耳社

中尾智行・山根　航 2007「近畿最古の弥生土器―讃良郡条里遺跡の出土土器紹介―」『大阪文化財研究』第31号，大阪府文化財センター

中村俊夫・福本浩士・光谷拓実・丹生越子・小田寛貴・池田晃子・太田友子・藤根　久 2004「年輪年代と^{14}C年代の比較」『名古屋大学加速器質量分析計業績報告書（ⅩⅤ）』名古屋大学年代測定総合研究センター，206-214

西本豊弘編 2005『科学研究費補助金学術創成研究費（2）　弥生農耕の起源と東アジア炭素年代測定による高精度編年体系の構築―（課題番号16GS0118）平成16年度研究成果報告』

日本考古学協会 1988『日本考古学協会設立40周年記念シンポジューム　日本における稲作農耕の起源と展開（資料集）』

春成秀爾 2007「近畿における弥生時代の開始年代」西本豊弘編『縄文時代から弥生時代へ』新弥生時代のはじまり第2巻，雄山閣，20-34

春成秀爾・今村峯雄・藤尾慎一郎・小林謙一・坂本　稔・西本豊弘 2005「弥生時代中期の実年代―^{14}C年代の測定結果について―」『日本考古学協会第71回総会研究発表要旨』日本考古学協会，130-133

弘前市教育委員会 1992『弘前の文化財　砂沢遺跡』弘前の文化財シリーズ第15集

広瀬和雄 1986「弥生土器の編年と二，三の問題」『亀井（その2）』（財）大阪府文化財センター

福永信雄編 2002『瓜生堂遺跡第46・47―1・2次発掘調査報告書』東大阪市教育委員会

藤尾慎一郎 2004「韓国・九州・四国の実年代」春成秀爾・今村峯雄編『弥生時代の実年代―炭素14年代をめぐって―』学生社，6-19

藤尾慎一郎 2007「弥生時代の開始年代」西本豊弘編『縄文時代から弥生時代へ』新弥生時代のはじまり第2巻，雄山閣，7-19

松本　茂ほか 1985「岩下A遺跡」『真野ダム関連発掘調査報告書Ⅶ』福島県文化財調査報告書第150集

光谷拓実 2001『年輪年代法と文化財』日本の美術No.421，至文堂，1-98

山本悦世 2006「津島岡大遺跡の研究」『岡山大学埋蔵文化財調査研究センター紀要2004』岡山大学埋蔵文化財調査研究センター，7-15

山本直人 2007「東海・北陸地方における弥生時代の開始年代」西本豊弘編『縄文時代から弥生時代へ』新弥生時代のはじまり第2巻，雄山閣，35-45

山本直人 2008「縄文時代晩期の貝塚と社会―東海からの展開―　絶対年代」『2008年度愛知大会研究発

表資料集』日本考古学協会2008年度愛知大会実行委員会，19-24

A.Catherine, D'andrea 1995 Later Jomon Subsistence in Northeastern Japan : New Evidence from Palaeoethnobotanical Studies *ASIAN PERSPECTIVES* 34(2), University of Hawai'i Press,195-227

M.Sakamoto, M.Imamura, J.van der Plicht, T.Mitsutani, M.Sahara 2003 Radiocarbon Calibration For Japanese Wood Samples *Radiocarbon,* 45(1), 81-89

Reimer, Paula J.; Baillie, Mike G.L.; Bard, Edouard; Bayliss, Alex; Beck, J Warren; Bertrand, Chanda J.H.; Blackwell, Paul G.; Buck, Caitlin E.; Burr, George S.; Cutler, Kirsten B.; Damon, Paul E.; Edwards, R Lawrence; Fairbanks, Richard G.; Friedrich, Michael; Guilderson, Thomas P.; Hogg, Alan G.; Hughen, Konrad A.; Kromer, Bernd; McCormac, Gerry; Manning, Sturt; Ramsey, Christopher Bronk; Reimer, Ron W.; Remmele, Sabine; Southon, John R.; Stuiver, Minze; Talamo, Sahra; Taylor, F.W.; van der Plicht, Johannes; Weyhenmeyer, Constanze E. 2004 IntCal04 Terrestrial Radiocarbon Age Calibration, 0-26 Cal Kyr BP *Radiocarbon,* 46(3), 1029-1058(30).

遺物にみられる海洋リザーバー効果

宮田佳樹

はじめに

炭素年代測定は，文献資料のない旧石器時代，縄文時代，弥生時代などの研究に大きな力を発揮する研究手法である。これまで遺跡から出土した考古遺物に対して，数多くの放射性炭素年代測定が行なわれてきた。その対象は，土器付着炭化物，炭化材，炭化種実，貝，人骨や動物骨，土壌など，非常に多岐にわたる。

得られた炭素年代測定値が，考古学的に想定される年代と一致する場合はよいが，特に海洋の影響を受けた試料を測定すると同時代よりも数百年古い炭素年代を示す場合があり（海洋リザーバー効果），測定した遺物の由来や出土状況などを考慮し，得られた年代値を検討する必要がある。ここでは，特に，同じ遺跡の同じ包含層から出土した複数の遺物を炭素年代測定することにより，この海洋リザーバー効果の示す意味について詳細に考察した。

1 海洋リザーバー効果とは？

宇宙線によって生成した炭素14（^{14}C）は，速やかに二酸化炭素（$^{14}CO_2$）に変換された後，炭素循環によってよく攪拌されるため，大気中には一定濃度存在している。その二酸化炭素を取り込み光合成を行なう陸上植物，それを食べる動物という食物連鎖によって，陸上の動植物は大気と平衡で同じ炭素14濃度を示す。一方，地球表層部の炭素の95％を占める海洋も，炭素14濃度がほぼ均一な二酸化炭素のリザーバー（貯留槽）である。海面では，海流を形成し大気と絶えず炭素交換が行なわれているため，海洋表層部（100〜200m程度）では炭素14濃度はよく混合されており一定である。しかし，この海洋表層部における炭素14濃度は，大気中に比べると平均5％低い値を示す。これは，炭素14を含むCO_2が海洋表層部（大気—海洋間）でガス交換に要する時間のうちに，放射壊変によって炭素14が減少するためである。この現象を炭素14の海洋リザーバー効果（Marine reservoir effect）と言う。

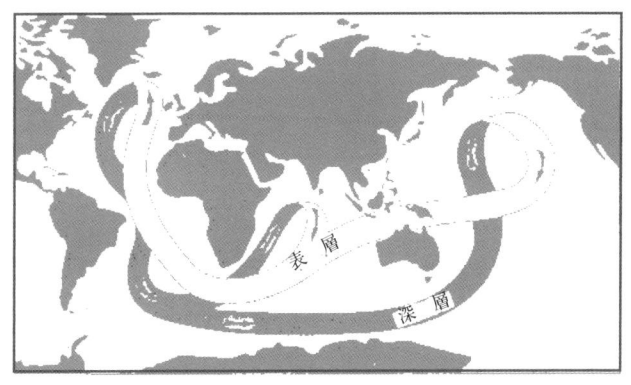

図1 海洋のベルトコンベアー循環像
〈Broecker et al., 1985; Natura 315, 21-26.〉〈野崎義行『地球温暖化と海』より引用〉

海洋リザーバー効果の大きさはR値と呼ばれ，炭素14年代の大気からの偏差（炭素年；^{14}C years）で表わされる。R値は時間の関数であり，同じ場所でも時代によって変動することが知られている。貝類は魚や海獣などとは異なり，ほぼ同じ場所から移動しないため，その海域の炭素14濃度を反映している。したがって，核実験起源の炭素14の影響がない1950年以前の貝の炭素14年代から，その海域の海洋リザーバー効果（R値）を見積もることができる。

さらに，炭化材や炭化種実の炭素14年代は，その遺跡における当時の大気と平衡にある陸上の有

機物の炭素14濃度を反映している。したがって，同時に出土した海洋の影響を受けた遺物の炭素年代から，炭化材（炭化種実）の炭素14年代を減じることにより，当時その遺物が受けていた海洋リザーバー効果の影響を推定することができる。

また，R値は，主として炭素14濃度の低い深層水循環の影響を受け，海域によって大きく変動するため，同時代の全海洋のRの平均値（〜400炭素年（^{14}C years）前後で時間変動する）との差を取り，ローカルリザーバー効果（ΔR値）として表示する。

特に，北海道周辺の海洋リザーバー効果は最大R＝1000（炭素）年（ΔR＝〜600 ^{14}C years）に達する場合があり，北海道，北東北の遺跡から出土した土器付着炭化物の炭素年代測定に大きな影響を与える。ブロッカーのコンベアーベルトと言われる深層水循環によって，北大西洋で沈み込んだ深層水が1500〜2000年かけてベーリング海で湧昇するため，北太平洋には炭素14濃度の低い海水が供給される（図1）。さらに，ベーリング海から太平洋に流れ出る北太平洋中層水の流れを補うためアリューシャン列島北部から，オホーツク海に表層海流が流れ込むことにより，東サハリン海流が形成される。その結果，北方海域を起源とする寒流である，親潮や東サハリン海流は大きなリザーバー効果（R＝700〜800（炭素）年）を示す（図2）。一方，対馬海流を起源とする津軽暖流や宗谷暖流は親潮などの寒流に比べて，やや小さいリザーバー効果（R＝〜500（炭素）年以下；ΔR＝±100 ^{14}C years）を示す。リザーバー効果は時間の関数であるから，厳密にはΔR値で表示すべきであるが，本稿ではわかりやすさを考慮してR値とΔR値を併用する（海洋リザーバー効果の詳細に関しては，学術創成研究『弥生農耕の起源と東アジア』のNews Letter vol.7，今村峯雄「海洋リザーバー効果について」を参照のこと）。

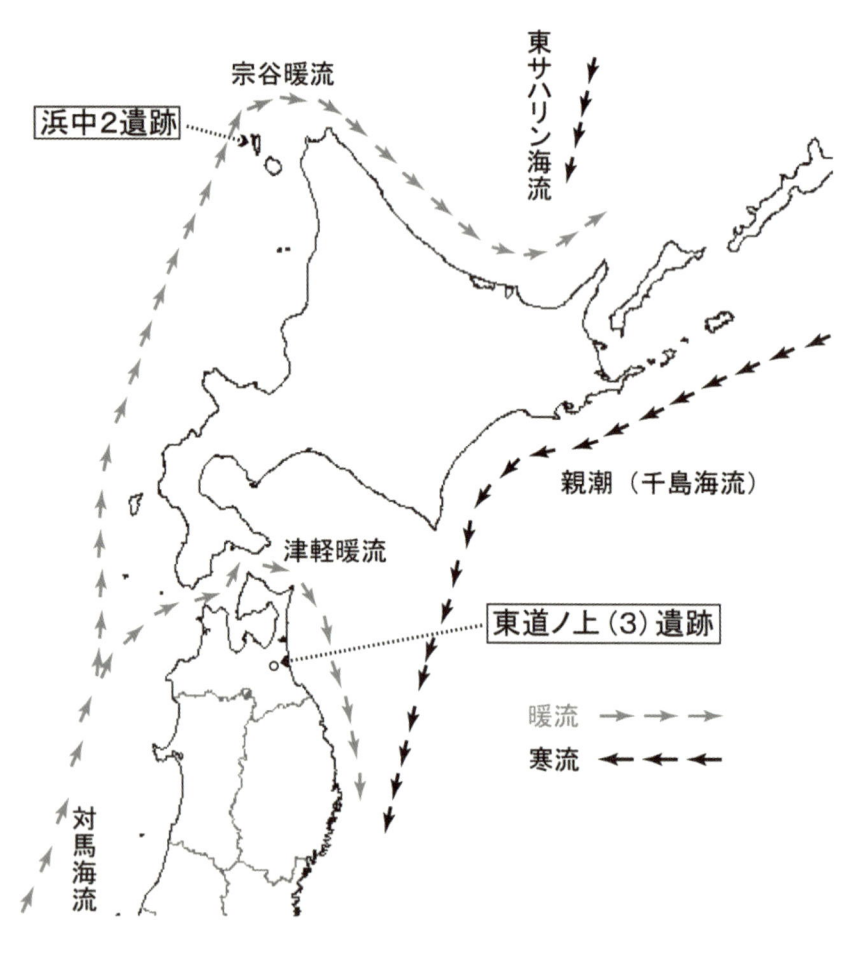

図2　遺跡周辺の海流図

2 東道ノ上(3)遺跡の場合

まず，青森県東北町にある東道ノ上(3)遺跡で行なった炭素年代測定の結果を考えてみた〔西本豊弘・年代測定研究グループ 2006〕。ⅢB貝層から出土した遺物の炭素年代を表1に示した。当時の大気と平衡にある陸上の有機物としてクリ（炭化材）を基準にして考える（図3）。陸獣であるシカは陸上の有機物を食べるため，クリとほぼ同じ年代を示している。内面土器付着炭化物である"コゲ"は海洋リザーバー効果の影響を受けたため，140年ほど古い炭素年代を示し，そのδ^{13}C値は−22‰と海洋有機物の影響を受けた可能性が高い。したがって，魚介類を含む食材を煮炊きした結果生じたコゲと考えられる。しかし，オニグルミは同じ陸上の有機物であるクリやシカに比べて，古い年代を示している。これは，何らかの理由によってやや新しい年代の地層から混入したものと考

表1 東道ノ上(3)遺跡ⅢB貝層出土遺物の炭素年代，海洋リザーバー効果（R），ローカルリザーバー効果（ΔR）

試料番号	機関番号	試料名	炭素年代 BP	R* ^{14}C years	ΔR* ^{14}C years
AOKH S9	MTC 7413	クリ	4860 ± 30	−	−
AOKH B10	PLD 6042	シカ	4850 ± 25	−10 ± 55	−410 ± 55
AOKH 4	MTC 7409	土器付着炭化物"コゲ"	5000 ± 35	140 ± 65	−260 ± 65
AOKH C6	MTC 7411	オニグルミ	5005 ± 35	−	−
AOKH K14	MTC 7440	ホタテ貝	5200 ± 50	340 ± 80	−60 ± 80
AOKH K15	MTC 7441	ホタテ貝	5280 ± 60	420 ± 90	20 ± 90
AOKH B12	PLD 6044	スズキ	5300 ± 25	440 ± 55	40 ± 55

測定値の誤差はすべて1標準偏差
*海洋リザーバー効果(R)，ローカルリザーバー効果（ΔR）はクリの炭素年代(4860±30 BP)から算出した

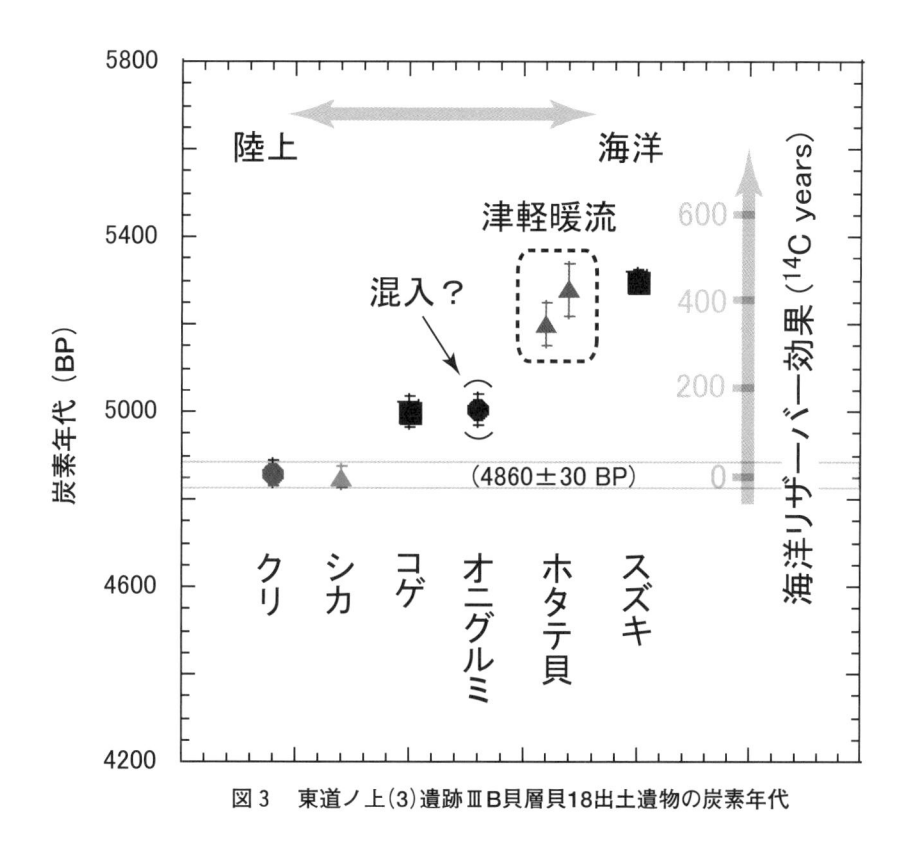

図3 東道ノ上(3)遺跡ⅢB貝層貝18出土遺物の炭素年代

えられる。

　縄文時代前期の温暖な時期，海水準は現在よりも3〜5mほど高く，遺跡のある小川原湖周辺は内湾であったと考えられている。したがって，東道ノ上(3)遺跡から出土した魚介類は，周辺を流れる津軽暖流の影響を受けていたはずである。ホタテ貝とスズキは，それぞれ平均380年，440年遺跡よりも古い年代を示している。ホタテ貝の測定値より津軽暖流のΔR値は，-60〜$+20$ ^{14}C years（4860 ± 30 BP）と推定された。

　次に，同じ東道ノ上(3)遺跡Ⅳ層貝14出土遺物の炭素年代測定結果に関して考える（表2）。この貝層は，土器型式で言うと，円筒下層a式の時期に当たる。当時の大気と平衡にある陸上の有機物としてオニグルミと炭化材の年代の平均（4960 ± 35 BP）を基準にして考える（図4）。図3と同様に，図4では，試料が陸上から海洋へと変化していくにつれて，測定した年代は古くなり，海洋リザーバー効果の影響は大きくなっていく。陸獣であるイノシシは陸上の有機物を食べるので，オニグルミ，炭化材とほぼ同じ年代を示している。貝の年代に関しては，ヤマトシジミ，マガキ，アサリと淡水から外洋へと貝の生息域が変化していくのに対応して，塩分濃度は大きくなり，海洋リザーバー効果の影響が強く現れている。その結果，ヤマトシジミは180年，マガキは270年，アサリは平均450年遺跡よりも古い年代を示した（ヤマトシジミ（MTC 7444）は誤差が大きいため，除外する）。また，前述したように，この地域は当時内湾であったと考えられるため，アサリやスズキの年代は沿岸を流れる津軽暖流の影響を受けていたと考えられる。したがって，アサリの測定値から津軽暖流のΔR値は，$+55$〜$+105$ ^{14}C years（4960 ± 35 BP）と見積もられる。貝18から出土したホタテ貝から得られたΔR値（-60〜$+20$ ^{14}C years at 4860 ± 30 BP）と比べると，絶対値はやや大きいものの誤差範囲内では一致している。しかし，内面付着炭化物である"コゲ"は，津軽暖流の影響よりもさらに，100年以上古いリザーバー効果を示している。どうしてだろうか？　この"コゲ"の化学組成は，δ^{13}Cが-18.3‰，δ^{15}Nが$+12.2$‰であるため，海産魚類や海獣などを煮炊きした可能性が考えられる。津軽暖流の下層にはより大きな海洋リザーバー効果を持つ親潮系の水塊が存在するため，この付着物は，親潮水系で生育した何らかの深魚を起源とするものであるのか，あるいは，海洋リザーバー効果の大きなサハリンなどの北方から回遊してくる海獣の影響を強く受けたも

表2　東道ノ上(3)遺跡Ⅳ層貝14出土遺物の炭素年代と海洋リザーバー効果(R)，ローカルリザーバー効果(ΔR)

試料番号	機関番号	試料名	炭素年代 BP	R* ^{14}C years	ΔR* ^{14}C years
AOKH S8	MTC 7412	オニグルミ	4910 ± 30	–	–
AOKH C6	MTC 7410	炭化材	5005 ± 35	–	–
AOKH B11	PLD-6043	イノシシ	4920 ± 30	-40 ± 65	-405 ± 65
AOKH K17	MTC 7444	ヤマトシジミ**	5210 ± 150	250 ± 185	-115 ± 185
AOKH K17	MTC 7565	ヤマトシジミ**	5140 ± 60	180 ± 95	-185 ± 95
AOKH K16	MTC 7443	マガキ	5230 ± 60	270 ± 95	-95 ± 95
AOKH K15	MTC 7442	アサリ**	5380 ± 60	420 ± 95	55 ± 95
AOKH K15	MTC 7562	アサリ**	5430 ± 50	470 ± 85	105 ± 85
AOKH B13	PLD-6045	スズキ	5425 ± 25	465 ± 60	100 ± 60
AOKH 3	MTC 7408	土器付着炭化物"コゲ"	5505 ± 35	545 ± 70	180 ± 70

測定値の誤差はすべて1標準偏差
*海洋リザーバー効果(R)，ローカルリザーバー効果(ΔR)は，オニグルミと炭化材の平均(4960 ± 35 BP)から算出した
**ヤマトシジミとアサリはそれぞれ同じ個体を測定した

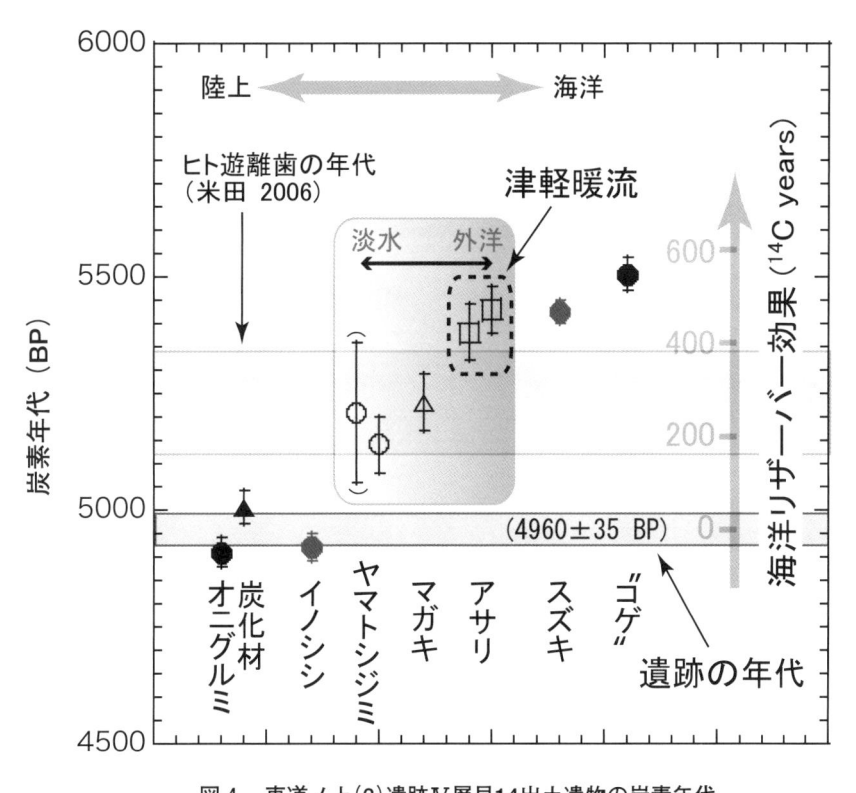

図4　東道ノ上(3)遺跡Ⅳ層貝14出土遺物の炭素年代

表3　浜中2遺跡R地点（V層）出土遺物の炭素年代と海洋リザーバー効果（R），ローカルリザーバー効果ΔR

試料番号	機関番号	試料	備考	炭素年代 BP	R* ^{14}C years	ΔR* ^{14}C years
HDHN C2	PLD-6456	炭化材	モミ属	2980 ± 35	−	−
HDHN C4	PLD-6457	炭化材	広葉樹	3035 ± 35	−	−
HDHN K4	PLD-8850	サラ貝	5c号炉	3470 ± 25	462 ± 60	120 ± 60
HDHN K5	PLD-8851	カキ	5c号炉	3500 ± 25	492 ± 60	150 ± 60
HDHN K1	PLD-8847	ウバ貝	5c号炉	3550 ± 25	542 ± 60	200 ± 60
HDHN K2	PLD-8848	ウバ貝	ブロック	3550 ± 25	542 ± 60	200 ± 60
HDHN K3	PLD-8849	ウバ貝	5b号炉	3715 ± 25	707 ± 60	365 ± 60
HDHN B2	PLD-10583	ウミガラス	上腕骨	3635 ± 30	627 ± 65	285 ± 65
HDHN B1	PLD-10582	ニホンアシカ	脛骨	3735 ± 30	727 ± 65	385 ± 65
HDHN 2a	PLD-6454	土器付着炭化物 "コゲ"	胴下部内	3715 ± 35	707 ± 70	365 ± 70
HDHN 1a	PLD-6305	土器付着炭化物 "コゲ"	胴上部内	3805 ± 20	797 ± 55	455 ± 55
HDHN 1b	PLD-6306	土器付着炭化物 "コゲ"	胴上部内	3815 ± 20	807 ± 55	465 ± 55
HDHN 3	PLD-6455	土器付着炭化物 "コゲ"	口縁内	3840 ± 35	832 ± 70	490 ± 70

測定値の誤差はすべて1標準偏差
*海洋リザーバー効果（R），ローカルリザーバー効果（ΔR）は，炭化材の平均炭素年代(3008±35 BP; N = 2)から算出した

のであるのかもしれない。また，鮭などを調理したと考えてもいいのかもしれない。さらに，同じ円筒下層a式期の東道ノ上(3)遺跡出土ヒト遊離歯5点の年代結果について考えてみる〔米田 2006〕。その年代は，5120～5340 BPで，ちょうど陸上の有機物の示す年代とアサリ，スズキなどの海産物の示す年代の間に位置している（図4）。したがって，炭素年代測定の結果から，この地域の縄文人は，海と陸の両方のタンパク質を摂取していたと考えられる。

3 浜中2遺跡の場合

今度は，北海道礼文島浜中2遺跡の例を考えてみる（図2）。浜中2遺跡のR地点から，多量の海獣骨（大部分ニホンアシカ）が多数の土器片とともに出土している。また，近傍にある船泊1遺跡とは異なり，30基以上の炉跡が出土しているものの，竪穴住居跡が発見されていない。特に，V層から出土した縄文時代後期後半の土器はほぼ一型式（堂林式）であるため，本遺跡は，当時，ニホンアシカを狩猟し，それらの肉を土器で処理し，脂肪や油を得るための夏期限定のキャンプサイトのような場所であったと考えられる。

浜中2遺跡のR地点V層（縄文時代後期後半）から出土した遺物の年代を表3に示す。当時の大気と平衡にある陸上の有機物として2つの炭化材の平均年代（3008±35 BP）を基準に考える（図5）。まず，貝類の年代に関して考察する。5b号炉から出土した，HDHN K3は5c号炉よりも上層にあるもののほかの貝類よりも200年以上古い年代を示しているため，何らかの理由によって下層から混入した試料と考えられる。したがって，図5のように，測定した試料が陸上から海洋へと変わるにつれて，混入と推定された貝（HDHN K3）を除き，ほぼ単調に炭素年代は古くなり，海洋リザーバー効果の影響が強くなる傾向がみられた。残った貝4点の平均値は3518±39 BPであり，遺跡の年代に比べて510年ほど古い年代を示している。図2に見えるように，礼文島の周辺には，対馬海流の分派である宗谷暖流が流れている。したがって，宗谷海流のΔR値はこれらの貝類が示す値（+168±39 ^{14}C years（N = 4；3008±35 BP））と見積もられ，東サハリン海流などの北方から流れ込む寒流のように，大きな海洋リザーバー効果を示さないこととも整合的である。ニホンアシカは水深200mぐらいまで潜り，深層の大型魚介類を食べる。一方，ウミスズメは水深50m程度まで潜る魚食性の海鳥である。したがって，図5にあるように，ニホンアシカとウミスズメの炭素年代の差は，海洋リザーバー効果の大きな寒流の影響を受けた深層に棲む大型深魚を食べるニホンアシカと深層に比べるとやや小さい海洋リザーバー効果を示す表層に棲む小型浮魚を食べ

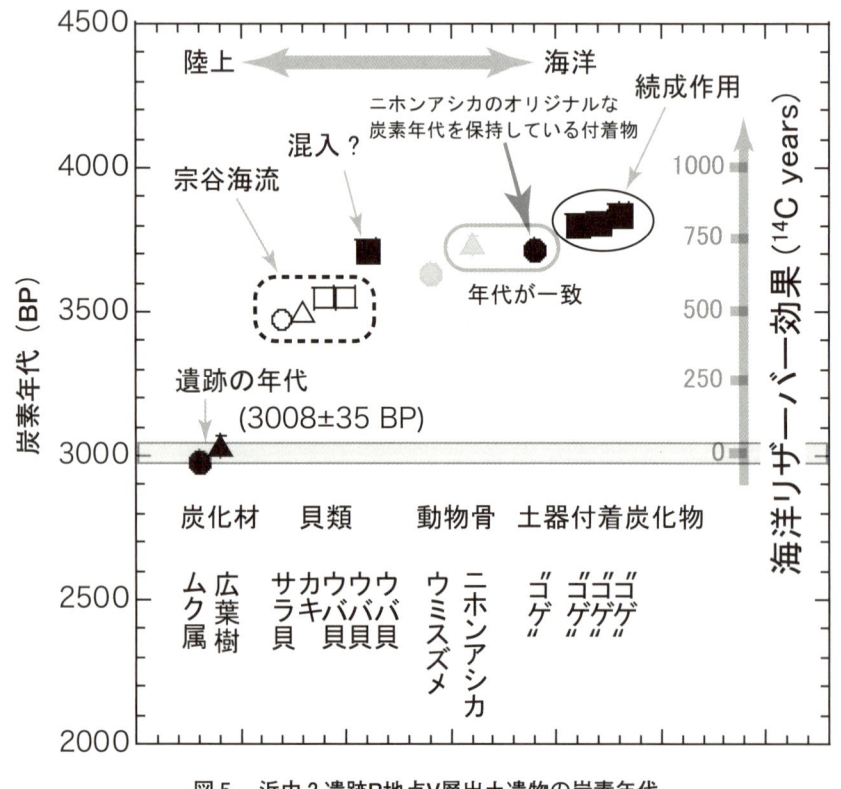

図5 浜中2遺跡R地点V層出土遺物の炭素年代

るウミスズメとの食性の違いを表わしている（図6）。さらに，図6に見えるように，貝類は宗谷暖流の影響を強く受けるため，寒流の影響を受ける魚介類を食べるニホンアシカやウミスズメよりも海洋リザーバー効果は小さい。化学分析と考古学的な所見によって，ニホンアシカのオリジナルな化学組成を保持していると推定された内面付着炭化物"コゲ"であるHDHN 2aの炭素年代は，ニホンアシカの骨の炭素年代結果とよく一致した。また，残り3点の"コゲ"は土壌による二次的な汚染の影響（続成作用）を受け，ニホンアシカのオリジナルな炭素年代よりも100年以上古い年代を示した。

　以上のように，礼文島の周辺の海洋環境を含めて，海洋リザーバー効果の観点から考察することにより，宗谷暖流よりも大きなリザーバー効果を示す，動物骨と土器付着物の炭素年代の関係をも説明することができた。これらの炭素年代の関係をまとめる。

炭化材（遺跡の年代）＜貝類（宗谷暖流）＜ウミスズメ＜ニホンアシカ≦土器付着物（ニホンアシカ＋続成作用）

4　まとめ

　考古学的な由来がきちんと整った遺跡の同一包含層から出土した複数の遺物に対して，炭素年代測定を行なった。複数の遺物間の見かけ上の炭素年代の大小関係を，測定した遺物の由来や生育環境などを考慮して，詳細に考察した結果，それらの複数の遺物の炭素年代の関係を海洋リザーバー効果の観点から，包括的に理解することができた。

　例えば，東道ノ上(3)遺跡から出土した貝類が示す海洋リザーバー効果の大きさは，ヤマトシジミが180年，マガキが270年，アサリが450年と次第に大きくなっていく。このことは，貝類の生息環境が淡水から外洋へ変化し，塩分濃度が上昇することに対応している。また，浜中2遺跡からは，遺跡周辺を流れる宗谷海流が示す海洋リザーバー効果よりも，200年以上も古い炭素年代を示す土器付着炭化物が見つかった。化学分析による詳細な検討と考古学的な所見によって，ニホンアシカを調理した痕跡と考えると，それらの炭素年代の関係をうまく説明することができることがわかった。それは，ニホンアシカが摂取する魚介類が，海洋リザーバー効果の大きな東サハリン海流などの寒流の影響を強く受けていた可能性が高いためと考えられる。

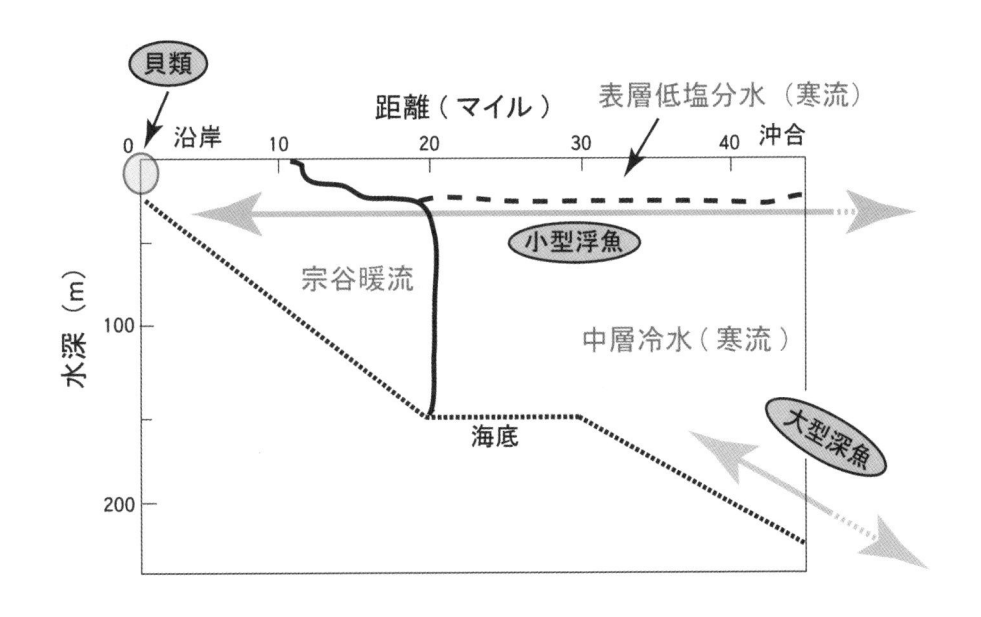

図6　夏期におけるオホーツク海の水塊構造と魚介類の生息海域（原図は〔青田 1975〕を参照）

人骨を含めた各遺物が示す炭素年代は，海洋の影響を受けた程度（海産物を摂取した割合）に応じて変化する。その原理をうまく利用することによって，複数の遺物の間にみられる見かけ上の炭素年代の大小関係から，当時の遺跡環境における，各遺物の食性の関係（摂取した食料）を読みとることができるかもしれない。今後，炭素年代を狂わせる海洋リザーバー効果という現象を逆手にとって，例えば同時代の海洋環境に存在するものの人間が直接利用することが困難であった深魚を摂取する海獣，遺物として出土しにくい表層の魚介類などを摂取する海鳥などの動物骨やそれらを調理した際に生じる土器付着炭化物などを用いて，当時の海洋環境を評価し，生業を復元する研究に発展していくかもしれない。

　終わりに，このような詳細な炭素年代測定値の検討が可能になったのは，丁寧な発掘と遺物の整理同定作業の上に，繰り返し再現性の高い炭素年代測定が行なわれるようになった，近年の加速器技術の進歩による成果が大きいと言えよう。

引用文献

青田昌秋 1975「宗谷暖流の研究」『低温科学　物理篇』33, 151-172

西本豊弘・年代測定研究グループ 2006「青森県東道ノ上(3)遺跡の炭素14年代測定結果について」『東道ノ上(3)遺跡』32-33

野崎義行 1994『地球温暖化と海』東京大学出版会

米田　穣 2006「東道ノ上(3)遺跡から出土したヒト遊離歯の同位体分析」『東道ノ上(3)遺跡』27-30

貝類の年代測定

遠部　慎

はじめに

　貝類とは，軟体動物の総称，ないしはいわゆる「貝殻」を持つものの総称であり，非常に多様である。ここでは，貝殻をもつものについての年代測定を論じることにする。通常，考古遺跡から出土する貝類は二枚貝ないしは巻貝で，それらが陸産のもの，海産のものと区分され，通常，1つの遺跡から多様な年代測定可能な試料が得られるケースが多い。

　この貝類について，日本考古学においては，夏島貝塚の成果を嚆矢として〔Crane＆Griffin 1958，杉原 1962〕，年代測定の対象として貝類は，長い間，用いられてきた。ところが，海に起因する資料は，海水循環によって古い炭素が含まれ，体内にその炭素を取り込むため，陸上の生物などよりも古い年代値を示すという，海洋リザーバー効果が知られるようになってきた。貝類は，特に海洋リザーバー効果の影響を考慮しなくてはならないことなどから，近年，考古学の分野では積極的に使用されていない感がある。では，考古学，いや遺跡調査における貝類の年代測定は無意味なのであろうか。

　日本考古学では，遺跡から出土する土器のまとまりを指標として，土器型式を設定し，これを時間的な軸として，考古学的な年代を構築してきた。また，遺跡から出土する遺物が上下の層に存在することを利用して，新旧を明らかにする層位学的方法も用いられる。これらの方法は組み合わされて，お互いを補完する形で用いられることが多い。中でも，貝塚の層位を読み取る方法は日本考古学では，きわめて長い研究の歴史がある。

　ところが，大きな層の枠は明らかとなっても，実際に層位学的に細分されている貝層に対し，年代測定を実施した例はきわめて少ない。貝塚における調査・研究は，世界でも最先端といわれる日本考古学の発掘技術を集約していると表現してよいほど，詳細な記録化が行なわれており，その中で，もっとも重点的に考古学的な分析対象とされるその多くは「貝類」である。そうした状況下で，特に自然遺物の豊富に出土する遺跡でみられる遺物・遺構の考古学的な年代を読み解き，確実な根拠を構築していくためには，貝類の多角的な分析は不可欠であり，年代測定もそうした1つである。上下の年代を層位によって明らかにする以上，その反証的な意味合いのみでなく，年代的保障は必要であるし，貝類から読み解く方法の開発や，アプローチもまた必要である。

　なお，遺跡から出土する貝類は，陸産貝類と海産貝類と，大きくこれら両者に大別される。そして，陸産貝類については，陸に起因するリザーバー効果の可能性については，石灰岩に起因するものが沖縄などにおいて指摘されている〔高橋ほか 1998〕。このような沖縄の事例とともに，年代測定の結果から，陸産貝類（例えばカワニナ類）については食糧としての利用度は低い可能性が指摘されており〔遠部ほか 2008〕，ここでは海産貝類について論じることにする。

1　貝類の年代測定研究

　貝類の年代測定作業は，日本では長い歴史があるが，夏島貝塚をはじめとする当初の事例〔Crane＆Griffin 1958，杉原 1962〕は，海外の機関によるものであった。日本国内での考古遺跡の積極的な貝類の測定は，学習院大学木越研究室によるものなどがあげられる。

貝塚の貝層の年代を系統的に研究した事例は少なく，これまでの集成例としては，渡辺直経やキーリらの作業があげられ〔渡辺 1963・1966，キーリ・武藤 1982〕，九州では1970年代を中心として測定されたデータ〔坂田 1982〕が中心となるくらいである。その中でも，坂田の研究は地域を絞り，各時代のデータを系統的に本人がサンプルを収集，選択するという，きわめて今日的なスタイルの研究である。このようなスタンスでの研究は，三浦半島で貝種を明示しながら縄文時代全般を扱った野内の論考〔野内 1990〕や，千葉県内を中心とした蜂屋らの作業〔蜂屋・安井 1990，中村・安井 1990〕がある。この中で蜂屋・安井は，試料の信頼性について検討を重ね，①堆積状況が良好であること，②水平堆積であること，③時期が決定できる資料が伴うこと，を前提とし，10遺跡試料の測定を行なっている。さらに，貝塚の地点貝塚からのサンプルを面状貝塚よりも重視し，より試料選択の段階に制約を加えている。また，フィードバック可能な環境として，貝層のブロックサンプルを利用している。その上で，時期と地域を多様にし，反証性などにも心がけている。

　このように，1990年代前半で，貝類の年代測定研究については，ある程度の指針が示されていたといってよい。しかしながら，その多くは年代値の議論のみで，貝種ごとの安定同位体比などは記載されておらず，逆に酸素同位体比の分析なども行なわれているが，逆に年代測定値が伴っていないケースが多い。

　そうした中で，対象物のリザーバー効果を踏まえた見解も示されるようになってきた〔山谷・樋泉 2000，奥野ほか 2000〕。また，リザーバーを踏まえ，それを利用し，当時の食性についてまで踏み込んだ見解も提出された〔Yoneda, etc. 2002〕。そういった中で，貝類をどのように年代分析していけばよいのか，特に弥生時代以降についてはきわめて研究例が少ない。そこで，縄文時代などで構築された貝類の年代研究を踏まえ，弥生時代以降の貝類の年代測定について論じてみる。

2　貝類の年代測定作業

　現状において，貝塚から出土する貝類およびその周辺で分析可能なもの，およびその年代測定に伴う処理方法は，表1のように整理される。貝類については，処理・分解の工程で，他の試料と工程が大きく異なることがわかる。しかしながら，土器付着物や土壌のように十分な測定に足る試料を得られないケースはほとんどなく，炭化材や骨などのように種の同定にかなりの手間がかからず，そういった意味では非常に見通しを立てやすいサンプルである。可能性として，屍骸を測定した場合があるが，それについては事前に詳細な観察を行なうことや完形品を用いること，成長線分析などでかなり排除できる可能性が高い。

表1　年代測定の方法

種　目	土器付着物	木炭, 炭化材	骨	土壌	貝
測定に必要な目安	20mg以上	10mg以上	10g前後	1g程度	100mg程度
処理工程	酸・アルカリ・酸	酸・アルカリ・酸	酸・アルカリ・酸 コラーゲン抽出	酸・アルカリ・酸	酸処理
分　解	熱	熱	熱	熱	濃燐酸

　実際の測定作業は，出土位置や考古学的コンテクストを踏まえ，貝種をまず選択する。その際に測定点数は可能な限り多くした方がよいが，常にフィードバック可能な環境にしておくことの方が大切である。筆者は貝類の年代測定を実施する貝について，計測を行ない，平均つまり，その層ないしはそのまとまりの中で，最も量的に適したものを測定するという方針で行なっている。

　測定そのものについては，前処理を含め100mgあれば十分であるが，すべて年代測定で使用するのではなく，反証用という意味もある。さらに，年代が得られた確実な資料で他の分析を実施することは効果的でもある。特に小片のみで分析を行なうことは望ましくなく，将来的に新たな分類基

準ができた場合のことなどを考慮すると，測定試料の3/4以上は残しておくことが望ましい。AMS年代測定は確かに，少量で分析が可能であるが，量が少なくてもよいということはその分，よりよいサンプルを分析することの方が重要なのであり，資料を提供するサイドとこの部分でのコンセンサスが重要である。

貝が死亡する直前に，形成される外縁部から採取して分析試料とする。単純に，先史における貝類自体の年代を知る上では，どの部位から採取しても大きな影響はないと考えられるが，将来的に他の分野研究と連係を図る場合〔例えばYamaguchi 2006〕や季節的な問題なども考慮することが望まれる。

最初に表面に付着した土壌などを超音波洗浄した後，1Mの塩酸で溶解させ，重量の10～30％を溶解することで，土壌埋没後に沈着の可能性がある炭酸塩や不純物を除去した。

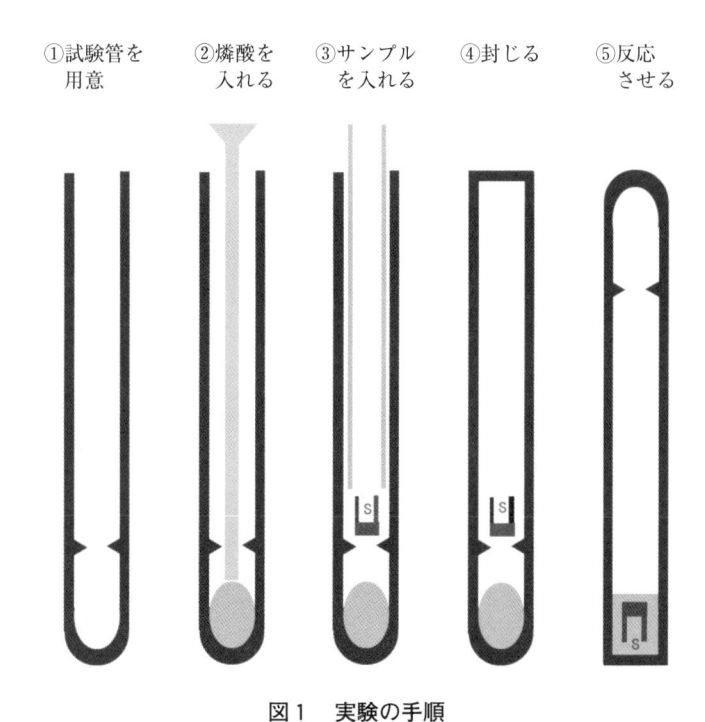

エッチングを行なった試料を錫製カップに秤量し，石英管で燐酸反応させ（図1），燃焼して酸化された気体を真空ラインに導き，液体窒素および冷却エタノールなどの冷媒を用いて精製した二酸化炭素を鉄粉とともに水素ガスと封入し，10時間600℃にて加熱しグラファイト化し，Al製のターゲットホルダーに充填し，加速器質量分析（AMS）用試料とした。酸処理，図1の工程が国立歴史民俗博物館の定法〔坂本 2004，今村編 2004〕と異なる部分である。また，石英管ではなく，二叉管で行なう方法の方が多くの測定ラボで，基本的に実施されている。そのほか，貝類を測定する際にはできるだけ，貝類とそれに関連するサンプルを1回の測定（マシンタイム）で測定するように心がけている。さらに，これまでに測定してきたサンプルを入れ，その測定の安定性を確認することにしている。これまでの結果を見る限りは，きわめてよい測定結果と判断できる。

図1　実験の手順

さらに「海洋リザーバー効果」には大きな地域差があり，本来ならばそれも補正値に加えねばならない。しかし，日本列島沿岸での海洋リザーバー効果の正確な見積りは未だ予備的な段階にあり，地域差についてはデータ報告されていない地域もある〔Yoneda et al., 2000〕。ここでは，^{14}C濃度が海洋の平均とほぼ等しいと仮定して^{14}C年代の較正を試みる。勿論，地域や時代によって，^{14}C濃度が異なり，北海道のように複雑な様相が予想される地域もあるが，その変動は考慮せず，分析を行なう。

さて，海水性の影響をうけた可能性のある貝類資料については，海洋資料用のデータ〔Marine 98; Stuiver et al. 1998a〕を用いて較正^{14}C年代を推定する必要がある。なお，通常の陸に起因すると考えられる，海洋リザーバーを考慮しない資料については，Intcal98のデータ〔Stuiver et al. 1998b〕をもとにした。RHCal〔今村 2007〕を用いて較正する。

炭化材や種子類については，貝塚などではコンタミネーションや混入が起こりやすい〔遠部ほか2007a・2007b〕。これらを補う上で，その層の時期がしっかりしているか，否かはきわめて重要な問題であり，そのような点について以下検討してみたい。

3 弥生時代貝塚の年代測定

岡山県岡山市南方遺跡は弥生時代中期を中心とした膨大な資料が出土している。これまでに土器付着炭化物については詳細な検討が行なわれており，貝類との関係を検討する上できわめて条件がよい。その中でも厚い貝層であるF地区について検討を行なった。

較正した南方遺跡の貝層データを見る限り，cal300AD前後にまとまることがわかり，貝類も種類を異にして測定を行なってみたが，一致している。南方遺跡の貝層からは，弥生時代中期全般にわたる資料が出土している。それらの土器については，小林らの^{14}C測定例〔小林ほか 2005・2006〕がある。そこでは，3様式古段階（2300±30BP），3様式中段階（2280±40，2230±30，2230±30BP），3様式新段階（2160±40BP）の測定値が得られている。そこで，モモの^{14}C測定値を重視し，貝層の安定した堆積を考慮すれば，弥生時代Ⅲ期の中でも中段階である可能性が高いと判断される。また逆に，南方遺跡の貝層はきわめてよい堆積であることを示していることもわかる。年代測定値の中心値でみた場合、ヤマトシジミ，ハイガイとも上層の方が新しい。

表2 南方遺跡（貝層）の炭素年代（BP）と暦年較正年代（Cal BC）

試料番号	考古学的所見	測定機関番号	安定同位対比 $\delta^{13}C$(‰)	^{14}C炭素年代（BP）			暦年較正年代（Cal BC）	
							intcal	marincal
OKM-K19	貝層下	PLD-11061	(−2.52±0.14)	2595	±	25	810-675	695-330
OKM-K21	貝層下	PLD-11062	(−7.48±0.21)	2575	±	30	810-570	650-250
OKM-K28	貝層下	PLD-11063	(−28.55±0.19)	2220	±	258	380-200	
OKM-K31	貝層中	PLD-11065	(−3.55±0.17)	2575	±	25	805-595	645-255
OKM-K29	貝層中	PLD-11064	(−11.68±0.21)	2500	±	25	775-525	475-170
OKM-K35	貝層中	PLD-11066	(−30.24±0.19)	2225	±	25	380-205	
OKM-K39	貝層上	PLD-11068	(−3.15±0.23)	2515	±	25	790-540	500-185
OKM-K38	貝層上	PLD-11067	(−12.69±0.25)	2455	±	25	750-410	390-125
OKM-K44	貝層上	PLD-11069	(−30.31±0.25)	2245	±	30	390-205	

```
              9    8    7    6    5    4    3    2    1    0
下層
OKM-K19  ハイガイ
OKM-K21  ヤマトシジミ
OKM-K28  モモ
中層
OKM-K31  ハイガイ
OKM-K29  ヤマトシジミ
OKM-K35  モモ
上層
OKM-K39  ハイガイ
OKM-K38  ヤマトシジミ
OKM-K44  モモ
```

南方遺跡などは，分析結果がきわめてよい事例であるが，実際，小林による分析でも1割程度，考古学的所見と整合的でないものがあることが示されている〔小林 2004・2006〕。例えば，愛知県朝日遺跡の貝層では，炭化材が大きくその年代値がずれており，貝類の方がまとまっていることが指摘できる。

朝日遺跡の貝類のリザーバー効果の可能性についてだが，山本・小田の研究で，愛知県域の縄文晩期桜井式期について289±29BP程度と示されており〔小田・山本 2002〕，また先の南方遺跡の種子類と貝類のズレも250～280BPくらいである。これらのことから朝日遺跡で年代測定を行なった貝層については，炭化材よりも貝層の方が測定値がまとまっていることがわかる。

このようなバイアスをいかに減らしていくか，つまりチェック項目を増やし，研究の反証性を高めていくうえでも，多角的な年代測定はきわめて有効である。つまり，貝層の年代を知りたいのであればやはり貝層についての分析をどのように行なっていくのか，その手順と考古学的な整理，構築こそが重要なのである。

表3　朝日遺跡（貝層）の炭素年代（BP）と暦年較正年代（Cal BC）

試料番号	考古学的所見	測定機関番号	安定同位対比 $\delta^{13}C$ (‰)	^{14}C炭素年代（BP）		暦年較正年代（Cal BC） intcal	marincal
ACFJ-K1	貝層	PLD-8842	(−7.89±0.64)	2595	± 25	895-790	720-380
ACFJ-K4	貝層	PLD-8843	(−7.48±0.21)	2575	± 30	840-790	710-375
ACFJ-K7	貝層	PLD-8844	(−28.55±0.19)	2220	± 258	800-670	625-255
ACFJ-K12	貝層	PLD-8845	(−3.55±0.17)	2575	± 25	195-50	

	9	8	7	6	5	4	3	2	1	0
ACFJ-K1 ヤマトシジミ										
ACFJ-K4 カキ										
OKM-K7 ハマグリ										
ACFJ-C12 炭化材										

　縄文時代の例であるが，千葉県野田市野田貝塚の土坑出土炭化材は，CBND-C8・C9・C11で，重複関係で曽谷式土器に伴うとされるC11（2995±20BP）より，それを切る土坑出土であるC7（2995±25BP）・C8（2995±25BP）が考古学的な所見では新しいが，測定結果からはほとんど同一の年代が得られている〔国立歴史民俗博物館 2007〕。貝類の年代測定結果は，marincalで考えた場合には，これに重なる。このことと当該期の年代測定例〔小林 2006，工藤ほか 2007〕を加味すると，安行3a〜3c式期である可能性の方が高い。これは1つの測定だけでなく，いくつかの測定を重ねることで遺構の年代を構築していくことの必要性や，遺跡調査のある意味での困難な点を示している。

表4　野田貝塚（土坑）の炭素年代（BP）と暦年較正年代（Cal BC）

試料番号	考古学的所見	測定機関番号	安定同位対比 $\delta^{13}C$ (‰)	^{14}C炭素年代（BP）		暦年較正年代（Cal BC） intcal	marincal
CBND-C11	下層	PLD-6020	(−28.5)	2995	± 20	1365-1130	
CBND-K1	下層	MTC-7566	(−11.2)	3335	± 50	1740-1505	
CBND-K2	下層	MTC-7567	(−11.0)	3440	± 60	1920-1610	
CBND-C7	上層	PLD-5974	(−30.2)	2995	± 25	1370-1130	
CBND-C8	上層	PLD-5975	(−30.2)	2995	± 25	1370-1130	

	20	19	18	17	16	15	14	13	12	11
上層（曽谷〜安行）										
CBND-C7 炭化材										
CBND-C8 炭化材										
中層（曽谷）										
CBND-C11 炭化材										
CBND-K1 ヤマトシジミ										
CBND-K2 ヤマトシジミ										

　また，土坑から出土したヤマトシジミの分析は2点であるが，CBND-K1（3335±50BP）に対し，磨耗の著しかったCBND-K2（3440±60BP）の方が，中心値でみた場合やや古めの年代値を示していた。測定点数が少ないため，これ以上の言及は困難なものの，このことは，測定試料に対する分析以前に行なう観察・写真撮影などが，資料の由来について検討する上で重要な情報となる可能性

があることを示すと考える。このような事前の試料観察は，測定試料を考えるうえできわめて重要であり，サンプルの観察についての検討はこれまで貝類に関しては行なわれていないが，課題としてあげておきたい。

4 弥生時代以降

弥生時代以降については，貝類の年代測定例は，きわめて事例が少ないが，沖縄県域では比較的測定例が多い。あくまで感覚的であるが，沖縄地域では土器付着炭化物が少ない傾向にある。そのため，リザーバー効果の問題も含め多角的な検討は必要であるが，今帰仁城などの測定事例では，層位的な傾向とほぼ一致する例が得られている。沖縄エリアについては，陸上においてはリザーバー効果の影響が指摘されており〔高橋ほか1998〕，同じ貝類でも海産資料の方が少なくとも年代測定には適していると考えられるため，ここでは海産貝類を中心に検討を行なった。その結果，考古学的には9層（13世紀）→8層（13世紀後半）→7層（14世紀前半）→SK295（14世紀末～15世紀）→Ⅱ層・3号土坑（15～16世紀）と変遷する〔金武ほか1991〕が，年代的には炭化材，貝類ともに7層とSK295の間では大きく年代値がわかれることが指摘できる。少なくとも9層と2層は大きく異なる可能性が高い。このことは土器（陶磁器類）を軸としながらも，文化層の変遷を考えるうえで興味深い結果である。

新しい時代になるにつれ，貝類の測定例は少なくなるが，弥生時代以降現在まで続く貝類利用を考えた場合，やはり必要である。筆者がアワビ類で検討を行なった限りでは〔遠部2008〕，弥生時

表5 今帰仁城跡の炭素年代（BP）と暦年較正年代（Cal BC）

試料番号	考古学的所見	測定機関番号	安定同位対比 δ¹³C（‰）	¹⁴C炭素年代（BP）			暦年較正年代（Cal AD） intcal	marincal
OKNK-K1	D-39層	PLD-11073	(0.78±0.17)	1185	±	20	775-890	1015-1245
OKNK-K2	D-39層	PLD-11074	(2.45±0.14)	1075	±	25	895-1020	1080-1315
OKNK-K3	E-19層	PLD-11075	(2.37±0.25)	1085	±	20	895-1015	1085-1305
OKNK-K6	E-19層	PLD-11078	(2.82±0.16)	1050	±	25	900-1025	1105-1340
OKNK-C2	D-39層	PLD-11071	(−26.55±0.18)	640	±	25	1285-1395	
OKNK-C1	F-18層	PLD-11070	(−29.09±0.15)	595	±	25	1300-1410	
OKNK-K4	E-17層	PLD-11076	(1.86±0.16)	1055	±	25	900-1025	1105-1335
OKNK-C3	SK295	PLD-11072	(−25.25±0.28)	475	±	25	1415-1450	
OKNK-K5	B-1 Ⅱ層上部	PLD-11077	(1.86±0.20)	725	±	20	1260-1290	1420-1625
OKNK-K7	D-1 3号土坑	PLD-11079	(1.37±0.22)	805	±	20	1210-1270	1330-1550

9層
OKNK-K1 アラスジマケンガイ
OKNK-K2 チョウセンサザエ
OKNK-K3 マガキガイ
OKIN-K6 シャコガイ
OKIN-C2 炭化材

8層
OKNK-C1 炭化材

7層
OKIN-K4 マガキガイ

SK295
OKNK-C3 炭化材

2層
OKIN-K5 マガキガイ
OKIN-K7 シャコガイ

代・古墳時代とも年代的な推移に矛盾はない測定事例ばかりであった。

5 展　　望

　冒頭で述べたように貝類の年代測定は，これまでに縄文時代を中心として，かなりの件数がこれまでに行なわれている。しかし，近年測定例が減少していることは間違いない。しかしながら，先史時代における多様な貝類利用のあり方を炭素年代測定法によって整理することは，海洋資源と日本人の関係を考える上できわめて有効である。貝類の年代研究は，多様な貝種が出土する日本の貝塚では，かなりの制約が伴うこともまた事実である。それでも，リザーバー効果を含め，考古学的なコンテクストを詰め，各遺跡の事例を着実に読み解いていくことは，考古学以外の分野にも研究が広がっていく可能性が高く，遺跡試料の有効性を最大限活かすことを考えるべきである。

　そのためにも，試料の選択，そして適切な測定試料の選択，処理は重要であり，確実な事例の蓄積が今後も必要である。「貝類ならどのようなものでもよい」のではなく，どのように利用されたものか，どのような出土状況か，を踏まえ，どのように貝を選択し，どのように遺跡にフィードバックするのか，資料提供者・分析者が認識しながら研究を行なうことが重要である。

　本稿は，平成16～21年度科学研究費補助金（学術創成研究：課題番号16GS0118），平成19～20年度科学研究費補助金（若手研究：課題番号19800058）の成果の一部である。

引用文献

今村峯雄編　2004『縄文時代・弥生時代の高精度年代体系の構築　平成13年度-15年度文部科学省科学研究費補助金基盤研究（A）（1）研究成果報告書』国立歴史民俗博物館

今村峯雄　2007「炭素14年代較正ソフトRHC3.2について」『国立歴史民俗博物館研究報告』第137集，79-88，国立歴史民俗博物館

奥野　充・三原正三・重久淳一・成尾英仁・小池裕子・中村俊夫　2000「鹿児島県隼人町，宮坂貝塚の炭素14年代」『日本文化財科学会第17回大会研究発表要旨集』68-69，日本文化財科学会

遠部　慎　2008「アワビの年代学的研究」『日本島嶼学会第10回記念大会』1-3，日本島嶼学会

遠部　慎・宮田佳樹・小林謙一　2007a「竪穴住居覆土内における混入の検討」『古代』1-11，早稲田考古学会

遠部　慎・宮田佳樹・小林謙一・松崎浩之・田嶋正憲　2007b「サンプリングの実践と課題─岡山県彦崎貝塚の14C研究─」『国立歴史民俗博物館研究報告』第137集，1-11，国立歴史民俗博物館

遠部　慎・小林謙一・春成秀爾・西本豊弘　2008「上黒岩遺跡の年代学的研究」『日本考古学協会第74回総会研究発表要旨』日本考古学協会

小田寛貴・山本直人　2002「愛知県安城市堀内貝塚の^{14}C年代測定」『名古屋大学加速器質量分析計業績報告書』XIII，170-176，年代測定研究センター

キーリC.T.・武藤康弘　1982「縄文時代の年代」『縄文文化の研究』第1巻，246-275，雄山閣

金武正紀・今里末廣・松田朝雄　1991『今帰仁村文化財調査報告書第14集今帰仁城跡発掘調査報告書Ⅱ』今帰仁村教育委員会

国立歴史民俗博物館・年代測定グループ　2007「千葉県野田市野田貝塚出土試料の14C年代測定」『野田貝塚』野田市教育委員会

小林謙一　2004「試料採取と前処理」『季刊考古学』第88号，50-55，雄山閣

────　2006「関東地方縄紋時代後期の実年代」『考古学と自然科学』第54号，13-33，日本文化財科学会

小林謙一・春成秀爾・坂本　稔・尾嵜大真・新免歳靖・扇崎　由　2005「岡山市南方遺跡出土土器付着物の^{14}C年代測定」『岡山市埋蔵文化財センター年報4　2003（平成15）年度』62-71，岡山市教育委員会

小林謙一・春成秀爾・坂本　稔・今村峯雄・松崎浩之・扇崎　由 2006「岡山市南方遺跡出土土器付着物の^{14}C年代測定（その２）」『岡山市埋蔵文化財センター年報５　2004（平成16）年度』62-71，岡山市教育委員会

工藤雄一郎・小林謙一・坂本　稔・松崎浩之 2007「東京都下宅部遺跡における^{14}C年代研究―縄文時代後期から晩期の土器付着炭化物と漆を例として―」『考古学研究』第53巻第４号，56-76，考古学研究会

坂本　稔 2004「試料精製とグラファイト調整」『縄文時代・弥生時代の高精度年代体系の構築　平成13年度-15年度文部科学省科学研究費補助金基盤研究（A）（１）研究成果報告書』25-26，国立歴史民俗博物館

坂田邦洋 1982「九州地方縄文土器の^{14}C年代」『別府大学紀要』23（「研究室報告2」）99-114，別府大学

杉原荘介 1962「神奈川県夏島貝塚出土遺物の放射性炭素による年代決定」『駿台史学』第12号，119-122，駿台史学会

高橋秀一・和田秀樹・青木　浩・中村俊夫 1998「鹿児島県喜界島陸産貝類の14C濃度異常について」『名古屋大学加速器質量分析計業績報告書』201-211，名古屋大学年代測定研究センター

中村俊夫・安井健一 1990「貝殻を用いた14C年代測定」『千葉県文化財センター研究紀要』19，23-39，財団法人千葉県文化財センター

蜂屋孝之・安井健一 1990「縄文貝塚出土の貝による年代測定」『名古屋大学加速器質量分析計業績報告書』34-41，名古屋大学年代測定研究センター

林　謙作 1995「縄紋時代史26　縄紋人の集落（6）」『季刊考古学』第52号，98-102，雄山閣

山谷文人・樋泉岳二 2000「東京都中里貝塚におけるAMS法による放射性炭素年代と暦年代」『日本第四紀学会講演要旨集』30，104-105，日本第四紀学会

野内秀明 1990「三浦半島における縄文時代の14C年代測定値について」『横須賀市博物館研究報告（人文科学）』第35号，59-71，横須賀市博物館

渡辺直経 1963「日本先史時代に関するC^{14}年代資料」『第四紀研究』第２巻第６号，232-240，日本第四紀学会

渡辺直経 1966「縄文および弥生時代のC^{14}年代」『第四紀研究』第５巻第３〜４号，157-168，日本第四紀学会

Crane, H. R. & J. B. Griffin 1958 University of Michigan Radiocarbon Dates III. *Science* 128, 1117-1123

Stuiver M. and H. A. Polach 1977 Discussion: Reporting of ^{14}C Data. *Radiocarbon* 19, 355-363

Stuiver, M., G. W. Pearson & T. Braziunas 1986 Radiocarbon age calibration of marine samples back to 9000 cal yr BP. *Radiocarbon* 28, 980-1021

Stuiver, M., P.J. Reimer, and T.F. Braziunas 1998a High-precision radiocarbon age calibration for terrestrial and marine samples. *Radiocarbon* 40, 1127-1151

Stuiver, M., P.J. Reimer, E. Bard, J.W. Beck, G.S. Burr, K.A. Hughen, B. Kromer, G. McCormac, J. Van der Plicht, and M. Spurk 1998b INTCAL98 radiocarbon age calibration, 24,000-0 cal BP. *Radiocarbon* 40, 1041-1083

Yamaguchi.M.,Seto.K.,Takayasu.K.,Aizaki.M. 2006 Shell Layers and structures in the Brackish Water Bivalve, corbicula japonica. *The Quaternary Research* 45 (5), 317-331

Yoneda, M., H. Kitagawa, J.v.d. Plicht, M. Uchida, A. Tanaka, T. Uehiro, Y. Shibata, M. Morita, and T. Ohno 2000 Pre-bomb marine reservoir ages in the western north Pacific: Preliminary result on Kyoto University collection. *Nuclear Instruments and Methods in Physics Research* B 172, 377-381

Yoneda, M., Y. Shibata, A. Tanaka, T. Uehiro, M. Morita, M. Uchida, T. Kobayashi., C. Kobayashi, R. Suzuki and K. Miyamoto 2004 AMS ^{14}C measurement and preparative techniques at NIES-

TERRA. *Nuclear Instruments and Methods in Physics Research* B 223-224, 116-123

Yoneda, M., A. Tanaka, Y. Shibata, M. Morita, K. Uzawa, M. Hirota, and M. Uchida, 2002 Radiocarbon marine reservoir effect in human remains from the Kitakogane site, Hokkaido, Japan. *Journal of Archaeological Science* 29 (5), 529-536

図の出典
図・表ほか　筆者作成

動物骨の年代測定

伊達元成

はじめに

これまで学術創成研究では，主に土器についている煮コゲや木片，種子などの炭化物の^{14}C年代測定を行なってきた。^{14}C年代測定法は測定対象の中に^{14}Cが含まれていれば年代を求めることができる。煮コゲや漆はもちろん，たとえば屏風絵の紙や着物や琥珀といったものの中には炭素が含まれているので，^{14}C年代測定が可能である。もちろん「骨」の中にも炭素が含まれているので，炭素を取り出すことができれば年代測定を行なうことができる。

一つの骨からは，その骨の部位（解剖学），その動物の種類（分類学），性別（比較形態学）や捕獲されたときの年齢と季節（生態学），そしてどうやって解体され調理されたか（人類学）など，多くの情報が得られる。このように一つの骨でもその利用できる研究領域は広く，実際にさまざまな分野で研究が行なわれている。そこに年代の情報を組み合わせると，遺跡の時系列に沿った生活の様子を復元するのに有効な情報が増えることになる。

国立歴史民俗博物館年代測定実験室（以下，歴博年代室）では2006年から動物骨の^{14}C年代測定に取り組んできた。徐々にではあるが，処理実績と分析点数を増やしている。ここでは歴博年代室が採用している骨の年代測定実験のプロセスについて紹介する。

1 骨の測定方法

骨の年代測定を行なう時は骨を切り出し，分析機器に導入すればよいという簡単なものではなく，AAA処理などいくつかの化学的クリーニングプロセスを経なければならない。骨の^{14}C年代測定を行なう際は，コラーゲンを抽出し，その中に含まれる炭素について測定を行なう。コラーゲンは我々の体を形づくる大切な動物性タンパク質のひとつであり，肉類（特に皮，軟骨，骨），魚類（皮，うろこ，骨など）に多く含まれている。抽出されたコラーゲンは，グラファイト化されAMS測定に供される。グラファイト処理のプロセスは土器付着物と同じである。またコラーゲンの状態のままであれば元素分析や安定同位体の分析も可能で，科学分析を行なう上でも扱いやすい。しかしコラーゲン抽出には，試料の一部を切り取ったり削り取ったりした上，さらに試料片を測定に適した状態に調製するため薬品洗浄や研磨やプレスといった化学的，物理的インパクトを試料に与え，最終的に試料片は原形をとどめなくなる。こういった試料の破壊を伴った分析を破壊分析と呼ぶが，そのため貴重な試料を処理する前に，写真や図面，法量などの記録をしっかり残さなければならない。

コラーゲンは化学的に比較的安定で，条件がよければ数万年前の化石骨からも抽出が可能である。さらにAMSを用いた^{14}C年代測定の進展により，コラーゲンで約2mgもあれば約5万年前までならば年代決定ができるようになった。コラーゲンによる^{14}C年代測定によって，年代が不明であった骨の年代が確認されている例がいくつかある。

2 骨の見つかる条件

数百年前の動物骨や人骨が現代まで地中で保存されているかどうかは，遺跡の立地条件により決まってくる。日本の多くの土壌は酸性であるため骨が残りにくいが，貝塚や洞窟，低湿地といった

石灰やカルシウムが多く含まれる土壌や，酸素から遮断された環境などでは比較的多くの保存された骨を発見することができる。たとえば縄文時代には貝塚のなかに墓が形成される場合があり，5千年前の骨でさえしっかりと原型をとどめている場合がある。ただし，化学的には，土中に埋没している間に周辺の土から有機物が何らかの影響を骨に与えている続性作用に配慮しなければならない。そのため可能な限り骨から不純物や付着物を除去する必要がある。

図1　ダイヤモンドカッターを用いて切り出す

3　試料収集と保存の注意点

自然科学分析では，分析に必要のない不純物が入り込まないよう試料採取の段階から慎重に取り扱うことが重要である。発掘後，破壊が進まないよう樹脂や接着剤で固定するとそれらに含まれる石油起源の炭素が付着し，測定値に影響を与えるおそれがある。そのため^{14}C年代測定を行なう資料に対しては，樹脂や接着剤の使用は避けなければならない。また，保護のため綿にくるんであるのをしばしば見かけるが，細かい綿の破片が試料に付着することで現代炭素が混入し，測定精度に影響を与えるおそれがある。^{14}C年代測定を行なう立場からは，分析用の試料を次の方法で保管することが望ましい。

発掘現場より取り上げた骨は，速やかに水洗し自然乾燥させ，アルミホイルに包んで乾燥剤と共にチャック付きのビニール袋に保存する。このように試料を保護することで，カビやホコリの付着を防ぐことができる。発掘された骨のすべてをこのように保存することは難しいが，分析用としてせめて一部のみでも保存しておくことが理想であろう。骨には，海綿質の部分と緻密質の部分があるが，緻密質の部分の方が分析試料として適している。海綿質の部分は空隙が多くて構造的にもろく，土壌や植物の根が入り込むことがあり，前処理に時間を要する場合が多いためである。部位としては人骨の場合，肋骨が利用されることが多い。それは他の部位は自然人類学の分野で用いられ，年代測定による破壊分析を行なっても影響が少ない部位が肋骨とされるためである。

4　コラーゲン抽出

コラーゲン抽出にはいくつかの方法が提唱されているが，歴博年代室ではセルロース膜を使った透析法によるコラーゲン抽出を採用した(註1)。試料も0.5〜1g程度で十分であり，使用する機材や薬品の調製が比較的簡単であることが利点としてあげられる。

以下実験手順に沿って作業内容を解説する。

（1）クリーニング

地中に長い時間埋まっていたため，発掘された動物遺体にはフミン酸やフルボ酸などといった土壌有機物が付着しているので，これを完全に取り除く必要がある。まず，ブラシや超音波洗浄器で試料に付着した土やホコリを洗い流す。特に植物の根は試料内部に食い

図2　クリーニング前の試料

込んでいることがあるため、ピンセットなどを用いて完全に除去する。超音波洗浄は試料が崩壊し、浸している水が白濁する場合が時々あるが、これが著しい時は中止する。またコラーゲンは熱に弱いため超音波洗浄中は氷による冷却を行なう。

次に試料に付着している土壌有機物を化学的に除去するため1.2Nに調製したNaOH溶液に浸し、4℃で8時間置静する。その後pHが中性になるまで純水で水洗した試料を、凍結乾燥機にて一昼夜乾燥する。

図3 アルカリによる有機物の除去

(2) セルロースチューブによる透析

セルロースチューブはViskase Co.製造のUC36-32-100を用い、超音波洗浄と煮沸洗浄を交互に数回行なう前処理洗浄を行なう。

凍結乾燥を終えた試料は粉砕器により粉末に処理され、セルロースチューブ内に導入し、1.2Nに調製したHCl溶液中で攪拌しながら透析を行なう。この処理により1万4千ダルトン以下の分子が除去される。透析時間は4℃で12時間である。透析が終了した後、チューブ内の溶液を粉砕試料とともに遠沈管に移して3600rpmで15分遠心分離し、その沈殿物に対して以下の処理を行なう。

(3) ゼラチン化

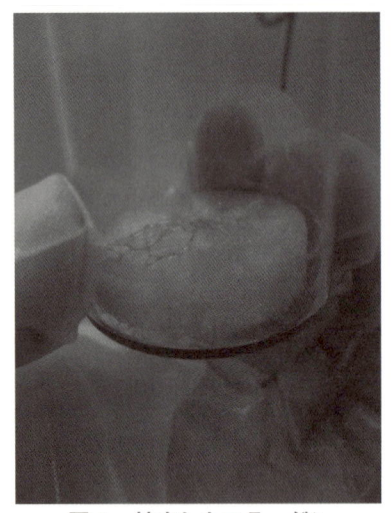

図4 抽出したコラーゲン

遠沈管にやや酸性に調整した水を加えブロックバスにて90℃で12時間以上加熱する。この操作はゼラチン化と呼ばれ、骨の中のコラーゲンを熱変性によって可溶化させるものである。最後にコラーゲンが溶出した溶液を吸引濾過し、凍結乾燥すると分析用のコラーゲンが得られる。抽出したコラーゲンはタイドボックスに入れ乾燥剤とともに保存する。

(4) グラファイト化

AMSには試料をグラファイト化したターゲットとして装填する。グラファイト化は土器付着炭化物を測定する際と同じプロセスである(註2)。

グラファイト化は、グラファイト調製装置（光信理化学製作所K-RS-EL-U）によって行ない、液体窒素トラップにより生成したCO_2を捕集する。液体窒素トラップを経由して供給された純度99.9999％の水素を、試料から得られたCO_2に対して1：3（CO_2：H_2）の割合で混合し、550℃で4.5時間保持することでAMS測定用グラファイトが得られる。グラファイト化は(1)式の還元反応によって行なわれる。

$$CO_2 + 2H_2 \rightarrow C + 2H_2O \cdots\cdots (1)$$

(5) AMS測定

加速器質量分析法（AMS: Accelerator Mass Spectrometry）による^{14}C濃度の測定は、東京大学タンデム加速器研究施設（MALT）に設置されているペレトロン5UDタンデム加速器（米国NEC社）で行なう。骨から得られた試料のほかに、同一のグラファイト調製装置で精製した標準試料

(NIST OxⅡ)と¹⁴Cを含まないバックグランド（添川理化学 炭素No.75795A）試料を測定し，測定データを補正する。

5 その他の分析

抽出したコラーゲンについては，年代測定のほか，品質確認を行なうためのC/N比分析と，食料起源を推定するために安定同位体分析も実施する。

（1） C/N比分析

抽出したコラーゲンの品質を確認する方法として，元素数C/N比が指標として用いられる。現生動物骨より抽出したコラーゲンのC/N比が2.9～3.6を示すことから，この範囲に値が収まっていれば保存状態がよく，また土壌からの汚染が除去されているコラーゲンと判断することができる（註3）。土壌有機物はC/N比が10～20と大きいことから，コラーゲンのC/N比が大きいときは，土壌由来の何らかの汚染があったと判断できる。抽出したコラーゲンの分析には元素分析計（Thermo社 Flash EA1112）を用いる。試料は専用のスズ箔に包み元素分析計に装填される。元素分析計は内部に燃焼管と還元管を備え，ヘリウムをキャリアガスとして酸素雰囲気で試料を燃焼し，炭素と窒素の定量を行なうものである。

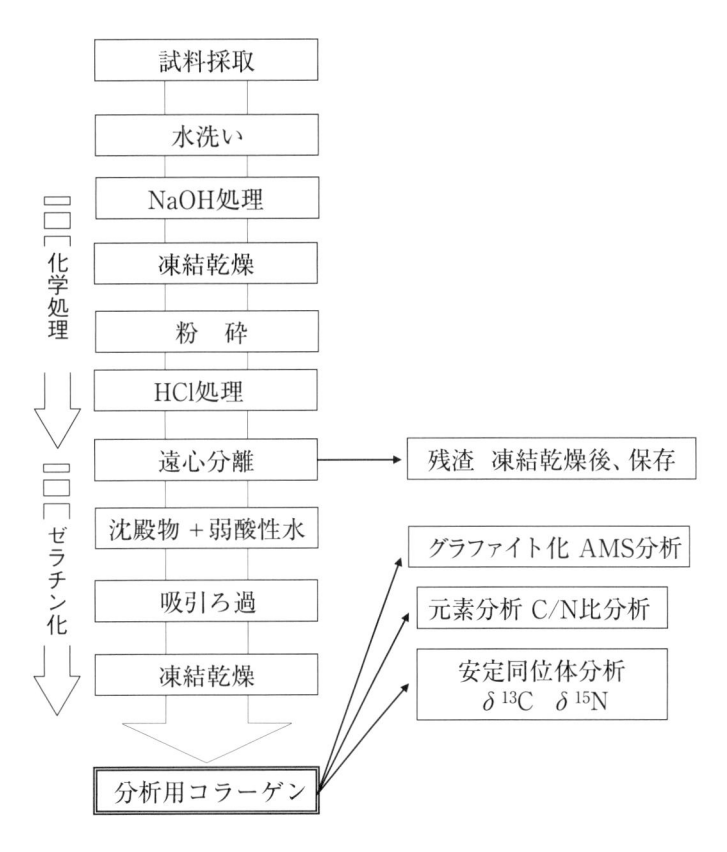

図5 コラーゲンの抽出プロセスフローチャート

（2） 安定同位体分析

安定同位体分析によって求められる$\delta^{13}C$と$\delta^{15}N$の値は，様々な動物や植物について調べてみたところ，生理的な条件や生息する環境によってその割合に違いのあることがわかってきた。図6のようにコラーゲンより求めた安定同位体の値をプロットすることで，生前に摂取していたタンパク質の起源をある程度把握することができる（註4）。

例えば，海洋資源に依存していた北海道地方の縄文人が示す数値は海棲哺乳類の領域に近づき，農作物を食料としていた本州弥生人が示す数値は植物の領域に近づくという結果が得られている。骨の年代補正には，この食物起源についての情報がパラメータとして重要になる。

6 骨に与える食べ物の見えない影響

陸上の植物は生育していた時に大気中の二酸化炭素を光合成により体内に取り込んでいるので¹⁴C濃度は大気と同じである。一方，海洋に棲息する生物は海水に溶存するCO_2を光合成で取り込む植物プランクトンを炭素の起源とし，海洋リザーバー効果の影響を受けている。つまり，陸上生物と海洋に棲息している生物とでは，同じ時期に生きていても，体内の¹⁴C濃度に違いがあり，それが¹⁴C年代にも影響を与えてしまうことがある。

海洋リザーバー効果とは，長時間かけて循環し，¹⁴C濃度がきわめて低くなっている深部海水の

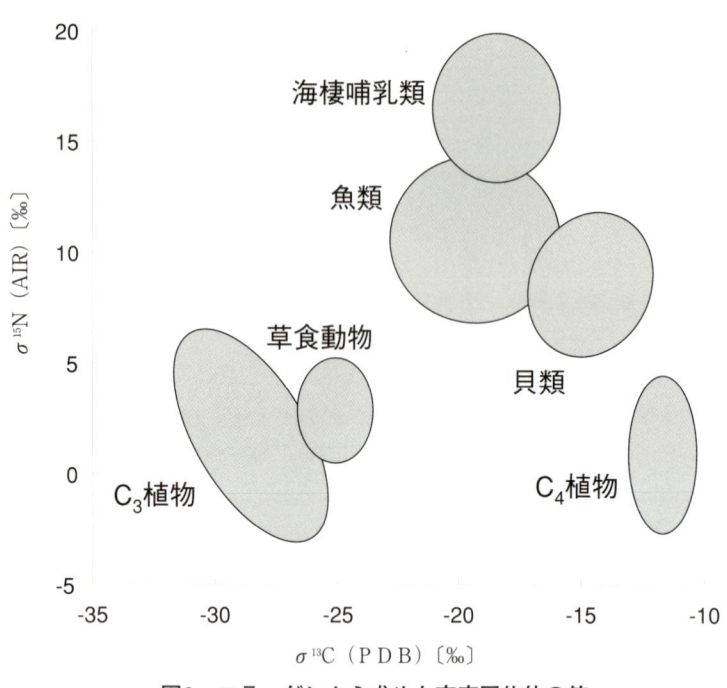

図6　コラーゲンから求めた安定同位体の値

影響を受けて，海洋表層においても^{14}C濃度が大気よりも若干低くなっている現象である。海域によっても異なるが，海洋表層の^{14}C濃度は大気濃度と比べ5％ほど^{14}C濃度が低く，^{14}C年代では約400年古いことが知られている。

人間のように雑食性の場合，シカや木の実など陸上起源の食物と，アザラシや魚介といった海洋起源の食物を摂取して生活している地域では，骨には大気中の炭素と同じ^{14}C濃度をもつ炭素と，海洋深層で^{14}Cが減少した炭素の両方が含まれていることになる。

そのため，骨の^{14}C年代をそのまま年代較正すると，海洋リザーバーの影響によって，実際よりも古い年代値が出てしまう場合がある。そこで，骨中の炭素に含まれる陸上と海洋起源の炭素の割合をきちんと求めて補正を行なった上で年代較正をする必要がある。

7　暦年較正の方法

^{14}C年代は，過去の大気中の^{14}C濃度が一定であったという仮定に基づいて算出される仮想的な値である。しかし実際には^{14}Cの生成に関わる宇宙線の強度は太陽活動や地磁気に影響され，大気中の^{14}C濃度は常に変動している。そこで^{14}C濃度の変動や^{14}C半減期の確度に由来する真の年代値との相違を補正するために較正曲線が必要になる。較正曲線の基準データとしてIntCal04とMarine04とよばれる2つのデータセットがある。

IntCal04は，陸上で生育した樹木や動物試料の^{14}C年代から暦年較正を行なう際に用いる暦年データセットであり，実年代（暦年代）に変換するために広く利用されている。

一方，Marine04は海洋表層に対する暦年データセットをIntCal04からモデル計算によって作成したものである。貝や海棲魚類などに含まれる海棲の炭素に対する暦年較正はMarine04によって行なう。

人骨のように陸上起源の炭素と海洋起源の炭素が混合されている試料の較正年代を算出するには，IntCal04とMarine04を合成したプログラムソフトにより較正年代を求めることができる。そのプログラムソフトとして，たとえばRHC3.2mがある（註5）。RHC3.2mでは，陸上・海洋起源炭素の任意の混合物を想定して利用できるようになっている。

注意したいのは海洋リザーバー効果は海域によってその値が異なっている点である。世界の平均的な値400（炭素年）からの偏差はΔR値とよばれ，海洋較正の際にはこの値を用いて補正を行なう（註6）。しかし，海洋リザーバー効果はかなり複雑な過程を含んでいるためにその大きさを過去に遡って正確に見積もることは大変難しい。確度の高い年代測定のためには陸上植物あるいはそれを食する動物起源の有機遺物を測定対象として，それぞれの地域，時代のΔR値を求める必要がある。

RHC3.2mを用いて年代較正するときは，AMSによって得られた^{14}C年代に対し，食料としていた

海洋資源の海域のΔR値と安定同位体分析によって得られた陸・海洋起源の炭素混合割合を入力することで，較正年代を求めることができる。

8　まとめ

以上のように，コラーゲン抽出にはその採取の段階から多くの処理ステップがあり，さらに骨の年代決定にあたっては，摂取していた食物の陸産・海産の割合，海洋リザーバー効果の程度などを検討した上で総合的に判断しなければならない。

煩雑な実験手順を踏まなければならないように思えるが，考古学的手法によって得られた情報と自然科学的に得られた情報を統合するには当然の手順である。

精度の高い分析が可能になった現在では，自然科学的手法によって得られた情報が最も信頼のある情報として取り扱われる時がしばしばあるが，考古学的手法と自然科学的手法をうまく統合することで，より多角的に情報を遺物から得られることは間違いない。このような研究手法は考古学，人類学のみならず，地球科学，法医学や環境科学でも応用が可能であるので，今後も積極的に活用することが望まれる。

（註1）有田陽子　1990「哺乳類化石のコラーゲン抽出法とそのAMS法による^{14}C年代測定」『名古屋大学古川総合研究資料館報告』No.6, 45-54

（註2）Sachi Wakasa, Minoru Sakamoto, Akira Kodaira 2006 Sample preparation for ^{14}C-AMS by new graphitization system installed elemental analyzer at laboratory for Natioal Museum of Japanese History, Japanese AMS Society, Program and Abstracts, 41

（註3）DeNiro,M.J. 1985 Postmortem preservation and alteration of invino bone-collagen isotope ration in relation to pale dietary reconstruction. *Nature*, 317, 806-809

（註4）南川雅男　2001「炭素・窒素同位体分析により復元した先史日本人の食生態」『国立歴史民俗博物館研究報告』第86集, 333-357

（註5）今村峯雄　2007「炭素14年代較正ソフトRHC3.2について」『国立歴史民俗博物館研究報告』137, 79-88

（註6）Yoneda, M., M.Hirota, M.Uchida, K.Uzawa, A.Tanaka, Y.Shibata, and M.Morita 2001 Marine radiocarbon reservoir effect in the western North Pacific observed in archaeological fauna. *Radiocarbon*, 43, 465-471

穀類の同定

住田 雅和

1 はじめに

　学術創成研究「弥生農耕の起源と東アジア」において，年代測定用の資料としての種実類の検討を行なって来た。その最も基本的な役割はまず資料の同定である。具体的には"種実類"となっている資料が何の種子・果実であるのか，"炭化米"となっている資料が本当に炭化米に間違いないのか確認することである。次に測定用として適切な資料の選定である。これは実体顕微鏡などの観察により，現代の種実類・木片などや，プラスチック片・繊維クズなどを除き，緻密で分析にむく部位・種実を選ぶことである。

　炭化物資料と向きあいながら作業を進めるなかで，形態観察からも予想以上の豊富な情報が引き出せた。ここでは"炭化米"資料に関する知見を中心に総括し，青森県富ノ沢(2)遺跡出土・縄文時代後期のヒエ属炭化種子の形態と年代測定についてと，鹿児島県芝原遺跡出土・弥生時代中期のリン片状炭化土器付着物の形態とその起源についても述べる。

2 "炭化米"資料の特徴について

　年代測定用の種実資料としては，"炭化米"資料が数量的に最も多かった。本プロジェクトの題名にもある"弥生農耕の起源"における稲作の重要性と，それに対する関心の高さの反映である。

　炭化米とは，コメの可食部の炭化物をいい，白米が念頭に浮かぶであろう。実際には白米とみられる炭化物資料はまれで，胚や種皮・果皮の残存する玄米の方が多かった。籾が付いた資料や，稲穂や調理された米の炭化物など様々な様態の資料が"炭化米"もしくは"炭化米塊"と呼ばれている。炭化米と同程度の大きさのムギ類・マメ類や木炭片を炭化米と誤認した例も多かった。また資料中にゴミとして，より微小な雑穀や雑草の種実が混じることもあった。これらの炭化米以外の種実類は問題でもある一方で，貴重な研究対象にもなりうる。

(1) ジャポニカ種とインディカ種

　アジアの米（*Oriza sativa*）はジャポニカ種とインディカ種という品種群に大別できる。これは日本の米のように短く(短粒種)，粘りのあるジャポニカ種と，タイ米のように細長く（長粒種），パサパサとして粘りのないインディカ種として一般には知られている。しかし，これはこの二つの品種群の本質的な標識点ではなく，その研究史は"それだけで一冊の本ができる"ほどであるらしい〔佐藤 2008〕。コメの形態研究もその流れの中で行なわれてきた。

(2) これまでのコメの形態研究

　渡部忠世はインドネシア半島で建築時代の判明している寺院などの日干レンガの中の籾の長さ・幅・厚さを計測し，それを元にラウンド型とラージ型に分けた。それぞれをジャモニカ種とインディカ種に対照させて，その栽培起源地やその伝播拡大について論じた〔渡部 1977〕。

　日本国内では直良信夫や佐藤敏也は，遺跡出土の炭化米の形態を検討するとともに，その長さ・幅・厚さを計測し，日本国内での稲作の渡来・伝播やその品種について研究した〔直良 1956，佐藤

1974〕。

　また最近では和佐野喜久生は，炭化米サイズの計測値から北九州へ数度にわたり稲作が伝播したと論じている〔和佐野 1993〕。

（3）　DNA分析によるイネの品種研究

　その後，細胞内の酵素などを対象とした生化学的分析を手法とした研究にイネの品種・系統的研究は移行していった。現在は生命の設計図ともいえるDNAを対象とした手法が主流となっている。

　DNAはアデニン，グアニン，シトシン，チミンの4種類の塩基の部分だけが異なる核酸が鎖状に長く連なった構造を持つ。この塩基の順序が"設計図"である。DNA分析とは塩基の特定部分でDNAを切断し，その断片の長さを比較したり，最近ではその順序そのものを読みとって比較する分析法である。

　このDNA分析は，ジャポニカ種とインディカ種がそれぞれ異なる祖先を持つ可能性の高いことや〔佐藤・藤原 1992〕，"熱帯ジャポニカ"という品種群の設定など，現生のイネの品種・系統研究には著しい成果を挙げている〔佐藤 1996〕。

（4）　炭化米の形態研究の再評価

　生化学的な分析法がイネの品種・系統研究の主流になるにつれ，炭化米の形態研究はあまり注目を集めることもなくなっていった。しかし，炭化米の形態から得られる情報は想像以上に多い。グラフや表で提示される長さ・幅・厚さの3つの計測値に還元できないくらい形態変異は多様である。一方で炭化米を資料とした研究では現在のところDNA分析は実質的な成果を挙げていない。分析技術の進歩とともにこの状況も変わってくるだろうが，その前に今一度炭化米の形態研究の再評価が必要である。そもそも形態研究は分析的方法と排他的でもなく，相補的なもしくはその基盤となるものである。

　炭化米資料の形態を検討・整理し標本化することは，生化学的分析のみならず年代測定やその他の分析的手法の研究基盤となる。後述する炭化米がどんな状態で炭化したかなどの情報ともあわせて，標本はさまざまな手法を互いに結び付ける環である。

　また1970年代に比べて遺跡の発掘件数も増大し，植物遺体への関心も高くなった結果，炭化米の資料数も増大している。また基本的な手法は変化していなくとも，それを支える機材が格段の進歩を遂げている。デジタルカメラの出現と性能の向上は，写真撮影を手軽に行なえるようにしたし，同様に現在のコンピューターの普及は統計処理を容易にしている。以前はサイズ計測にしても長さ・幅・厚さを測るのがせいいっぱいであった。しかし，炭化米形態の多様性はこの3つの計測値に帰着できない。現在であればもっと有効な計測と統計処理も行なえるであろう。

（5）　下須川種について

　例えば直良信夫が"下須川種"と呼んだ炭化米のタイプなどは，太い特徴的な形態をしており，他の炭化米と容易に区別ができる。遺跡・遺構ごとの出土も独自の状況を示すので，この下須川種タイプの炭化米の出土状況や歴史・地域的分布を明らかにするだけでも意義があるだろう。

（6）　炭化米の履歴情報

　品種・系統論的な情報以外にも，それがどのような状況下で炭化したのかについても炭化米の形態から知ることができた。登熟の程度，変形や割れ方，籾や種皮・果皮の脱落の具合，表面の状態，などが炭化米からは読みとれる。炭化米塊からはその形状や表面の炭化米の配列や，布などが押し付けられてついた圧痕などが観察できる。その資料がどのような状況下で，どのような状態で，稲穂だったのか，籾だったのかや精米の程度，調理の有無などを知ることができる。

3 炭化物の資料の個別例

（1） 古代の事故米―長野県力石条里遺跡

長野県力石条里遺跡からの資料は，古代の公の倉である正倉より出土した炭化米である。にもかかわらず検討した炭化米は，亀裂が走った胴割米や登熟の不十分なものがほとんどであった。前者は一度水に浸ったりしたため割れた，今でいう事故米である。後者もクズ米にあたるような低品質の米である。歴史学では税として納められる米には，低品質のものがあてられる場合があることが知られており，この事例も該当すると考えられる。

（2） 稲穂の炭化物―神奈川県赤坂遺跡

神奈川県赤坂遺跡から出土した弥生時代中期の炭化米は，炭化米塊から炭化米まで，一見さまざまな様態を持っていた〔住田 2006〕。しかし，それを観察・整理してみると稲穂のまま炭化した資料と，調理された米が炭化した資料に分けられた。稲穂の炭化物と結論した炭化米塊は，炭化米は籾の状態でほぼ同一方向を向いており，その間隙も炭化物が埋め，一部に棒状の構造が見られた。この炭化米の表面は非常に鮮明に炭化していて一様である。この稲穂の炭化物より，籾がそのまままたは籾の破片を残存させた炭化米からまったく残さないものまで，様々な状態の炭化米が脱落したと推定した。

後者の炭化米塊は一見正体不明の炭化物塊であった。所々に散見できる構造から炭化米塊であると同定できた。個々の炭化米はバラバラの方向を向き，間隙は認められない。また表面はのっぺりとし本来の構造を失なっているが，炭化物としては非常にしっかりとしており保存状態は良好である。これより炭化後に表面が削られたり保存不良であったのではなく，炭化前に表面構造が溶けてしまったと推定した。

以上よりこの資料は調理したコメ，「おこわ」や「おにぎり」の炭化物であると判断した。これから脱落した炭化米は同定が困難なほどである。この二つの型のコメが炭化後，埋積・発掘・整理作業をへる過程で，割れたり，炭化米が脱落した結果，見た目は多様な様態を示していた。

（3） 炭化オニギリ―新潟県鮫ヶ尾城跡遺跡

新潟県鮫ヶ尾城跡遺跡より出土した炭化米塊を検討した事例では，それは炭化オニギリであると結論した〔住田 2008〕。表面の炭化米の配列は方向性がなく，互いに密着し時には互いにめりこんでいた。ほとんど籾はなく，あっても破片であった。ほとんどの炭化米で胚が残っており，米以外の雑穀・ムギ類は観察できなかった。炭化米塊の表面を，炭化前よりある面と，炭化後に割れてできた面，風化して荒れた面に区別し，本来の形状を一辺7cm程度の三角のおにぎり型であったと推定した。その表面の曲面も，容器に押し込んでできたような対称性を持つものではなく，またちまき状でもないためオニギリであったと結論した。内容はムギなどの混ざらない"銀シャリ"であるが，精米度は低かったであろう。また圧痕より，資料の一つはササなどの葉の上におかれていて，別の資料は布に包まれていたと推定した。

（4） 誤認されやすい炭化米

"炭化米"とされた資料の中に，それ以外のものが誤認により混じっている場合が多かった。比較的同じ大きさの種実のオオムギ，コムギ，マメ類などの場合も多かったが，ネズミのフンらしきものや，木炭片を間違えていることもあった。炭化種実の中では炭化米への関心が最も高く，毎日目にし，口にしているという安心感から肉眼で概形のみから炭化米と判断したのだと思われる。

これは年代測定用資料としては，同定されていない炭化米の年代値の扱いに注意が必要であることを示す。炭化米以外の資料を測定している可能性があるために炭化米そのものの年代でなかった

り，混入物のあまり意味のない値が出ているかもしれない。また"炭化米"資料中に少なからぬムギ類・マメ類が含まれていることは，単に年代資料としては同定が必要であるというには留まらない問題を提起する。

（5）混在するムギ類について

年代測定用資料の質としての問題だけでなく，"炭化米"資料中にムギ類・マメ類が含まれていることは考古学的にもいろいろな疑問を投げかける。その詳細が不明であるマメ類はとりあえずおくとして，ムギ類は明らかにイネと同様に大陸より日本に伝えられた栽培植物である。しかし，イネとムギ類は植物としての特徴もその起源地からの由来についても非常に異なる。単純に栽培立地を考えてもイネは水田作であり，ムギ類は畑作である。この性格が異なる穀類が混在するということはいかなる理由なのであろうか。故意に混ぜられたのか，混ざってしまったのか。同じ集落内で両方が栽培されていたのか，集落・地域ごとに異なっていたのかなどが課題となるだろう。

（6）コメと誤認されたオオムギ―新潟県吹上遺跡

まず炭化米と思われた資料がそうではなかった事例として，新潟県吹上遺跡出土の土器に付着した粒状炭化物資料がある。これは弥生時代中期の土器底面に楕円状の炭化物が付着しており，粒は長軸が最大5mm，短軸が2～3mmで，長軸の長さの変異が大きい。肉眼ではまさにお焦げを削ぎ取った跡のようであった。しかし実体顕微鏡で観察すると，これらは炭化米ではなかった。保存が悪く，同定するのに決定的な胚などの部位が保存されていないためやや説得力に欠けるが，概形や一部に残る外皮よりオオムギと同定した。炭化米も欠片が半粒あったが，炭化物の間に残った堆積物中に埋もれていたため，粒状炭化物とは由来が異なると思われる。ともかく土器底面の付着炭化物の内容が，"米"から"オオムギ"に変わることにより，その考古学的評価は大きく変わったであろう。

（7）夾雑物としての雑穀・雑草

ムギ類などを炭化米と誤認したのではなく，資料内に予期しないような微小な夾雑物が含まれている場合もあった。この場合，多分年代測定用資料としてはそのような微小な夾雑物を選択しないであろうから問題ないであろうが，その夾雑物そのものが興味深い情報を提供する。

（8）炭化米・炭化マメ中のアワ―大分県下郡遺跡

大分県下郡遺跡では炭化米と炭化マメの混合物とされた弥生時代中期の資料中に炭化アワが含まれていた。検討した資料は水洗され水漬けで保管されていたが，その底に残った泥の中にアワはあった。多分，本来はもっと多量に含まれていたが，水洗の過程で失なわれ，炭化米・炭化マメの付着した少数が残存していたのであろう。現在のところ，九州でアワと同定された資料の中では最古のものである。

（9）その他の多様な混入物

また他の事例では，炭化米とされた資料中にオオムギ，コムギが含まれるだけでなく，エノコログサ属，ヒエ属，カヤツリグサ属，ホタルイ属などの雑草種実や，昆虫の幼虫の炭化物まで含まれていた（現在整理中）。これらの夾雑物があまり含まれず，ヒノキの葉や，ヒサカキの種子（神前に供えられる樹種）の炭化物が見られるような特殊な炭化米の出土単位もあった。雑草種実の種類により，どのような条件下で栽培されていたのか（乾田か湿田か，あるいは畑なのかなど）を推定したり，特殊な用途での使用やその実体解明などを炭化米資料中の夾雑物を使ってできる可能性がある。

(10) "炭化米"資料の再検討の意義

　前述のように炭化米資料も大部分は検討されることもなく保管されているだけである。偏重されているという批判さえある米に対してこの扱いであり，ムギ類・マメ類の資料は意外に思うほど少数である。雑穀については黒く小さなその炭化種子を，発掘現場で肉眼で発見することは極めて困難であり，その資料はさらに少ない。しかし，この現状を前向きに考えると，"炭化米"として死蔵されている資料を再検討するだけで含まれている様々な資料（図1）を得ることができるとも言える。

(11) 炭化種実研究とAMS法の組合せ—青森県富ノ沢(2)遺跡

　次に富ノ沢(2)遺跡のヒエ属炭化種子の形態記載および年代測定の事例について紹介する。この事例は炭化米資料とは無関係で，また縄文時代中期の資料である。しかし炭化種実の形態の検討とAMS法とを組み合せた本プロジェクトの成果の一つである。

　富ノ沢(2)遺跡は青森県六ケ所村の，太平洋に面した台地上に位置する。縄文時代中期中頃から末までの竪穴住居が400軒以上も検出された。このうち8つの住居址よりフローテーション法により3,173粒以上の炭化種子が検出され，その大部分（2,961粒）がヒエ属に同定されている〔吉崎・椿坂 1992〕。大木10式併行土器が伴出する321号住居より出土したヒエ属炭化種子約110粒の形態を検討し，年代測定を行なった。検討したヒエ属炭化種子は標本化し，その写真と標本を対照しながら形態の検討を行なった。その結果，細型と丸型の2型に細分し（図2-①～④），丸型を栽培型イヌビエとしてその栽培を論じ，タイプ別に年代測定を行なった〔西本ら 2007，住田ら 2008〕。細型11個を測定して4265±35BP，較正年代2925年BC～2680年BC（83％），丸型18個を測定して4145±45BP，較正年代2875年BC～2615年BC（91.4％）の年代をえた。

(12) フローテーション法とAMS法

　フローテーション法は本質的に得られた資料と出土遺構との関係を確定しがたい手法である。この手法の長所・特性は多量の堆積物から効率よく炭化物を回収することであり，正確な産状把握とはトレードオフの関係にある。仮に分析するすべての堆積物に，人為的攪乱や動植物の活動による穴などの有無について精査できるのであれば，そもそもフローテーション法を使用せずとも炭化物資料を回収できるだろう。

　また炭化物は基本的に人類の活動により生じた資料であり，当然人為的に攪乱された堆積物からの出土が多い。そのため炭化物は本来的に遺構との関係が確定しがたい資料ともいえる。

　AMS法は少量の炭素資料でも年代測定が可能であり，出土した炭化種実そのものを測定することができる。AMS法で年代測定することにより，フローテーション法によりえられた資料の年代の問題を解消できることはすでに吉崎昌一が指摘していた。前述のように人為的攪乱層より出土するのが，炭化物資料の宿命なので，フローテーション法による資料に限らず，広く炭化物資料一般にいえることであろう。

(13) 炭化種実類資料の標本化

　ヒエ属炭化種子について"標本化"したと述べたが，検討した資料を特定できるようにしたことを指す。この事例では具体的には種子一つ一つに番号を振って保管し，三面の写真を撮影し，どれを細型・丸型と細分したのか，どれを年代測定したのかを特定できるように保管している。種子一つ一つに番号を振ったことは本質的な問題ではなく，検討した資料単位に再び戻って検討ができるように資料を保管することが本意である。炭化米に関しては前述したが，標本化してたえず資料に立ち帰ることができるようにすることが炭化種実類の研究の発展の基盤となる。

穀類の同定（住田雅和）

さまざまな形態の炭化米

稲穂の炭化物

"下須川種"タイプ

籾付着の炭化米

胴割米

炭化オニギリ表面の布目

調理された炭化米

未登熟米

コムギ　　オオムギ　　マメ類　　アワ

雑草の種実類

ネズミの糞？　幼虫？

図1　"炭化米"資料の内容

- 111 -

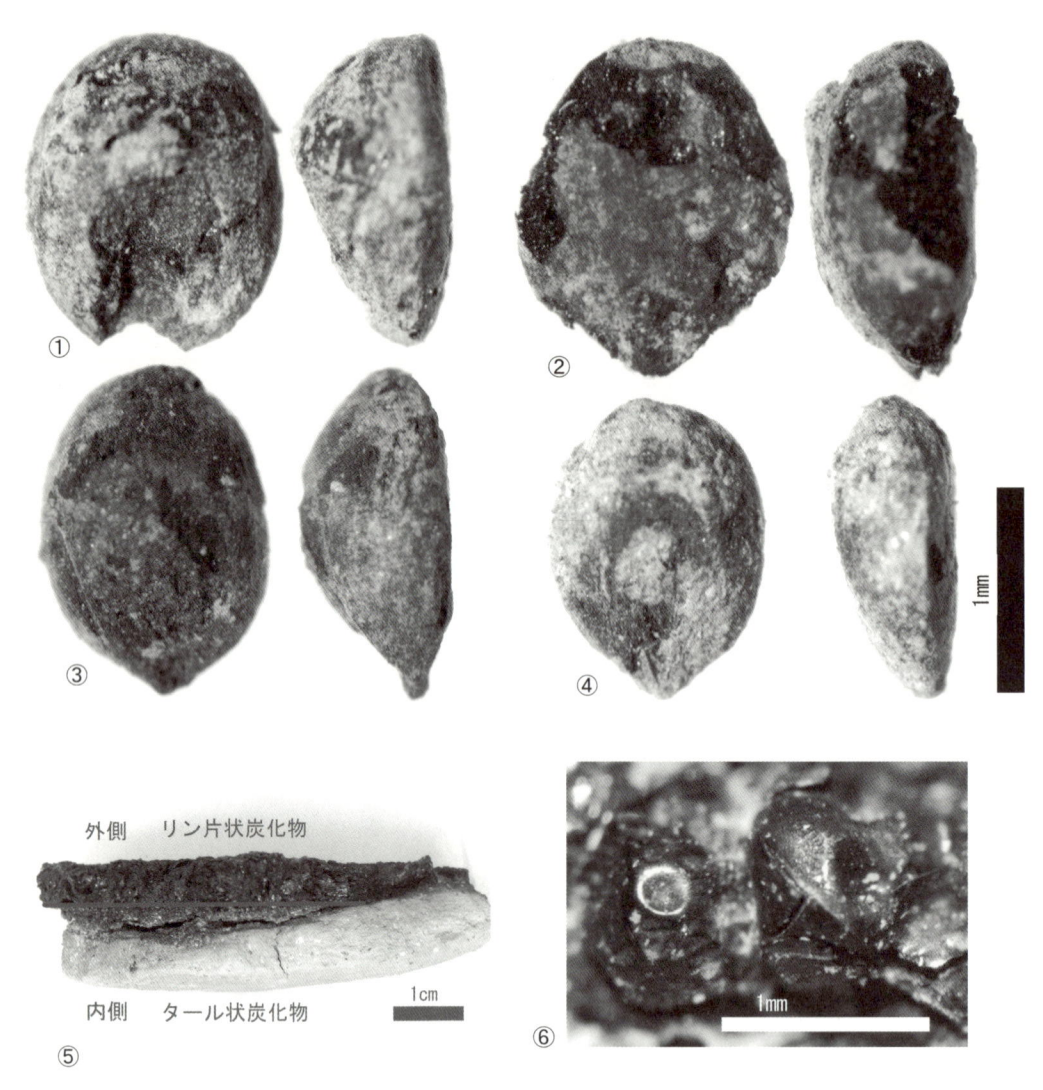

図2 炭化種子と土器付着炭化物
①，②富ノ沢(2)遺跡出土ヒエ属（丸型）　　　　　③，④富ノ沢(2)遺跡出土ヒエ属（細型）
⑤芝原遺跡　土器付着炭化物の断面　　　　　　　⑥芝原遺跡　土器付着炭化物中の球状種実

4　土器付着炭化物の形態学的研究の可能性

（1）　鹿児島県芝原遺跡

　鹿児島県さつま市の芝原遺跡では，炭化物が付着した多量の縄文時代後期の土器が出土した。その中には直径1cm強の同心円状の構造の炭化物，リン片状炭化物も含まれていた〔住田ら 2008〕。個々のリン片状の構造は，タール状の炭化物に覆われていたが，同心円の中心域にそれが及んでいない箇所があり，そこでは植物の表皮細胞らしき長方形の構造が認められた。リン片状炭化物が最も厚く付着している部分で，その断面を観察したところ二つに分層できた（図2-⑤・⑥）。土器側はタール状の炭化物で，種実らしきものを含む炭化物が散在する。炭化物表面側はマトリックスはタール状炭化物だが，リン片状炭化物が密集する。この二層の境界は土器片の断面の曲線とは無関係な直線をなしていた。これらの観察より，タール状炭化物は本来は液体で，比重の小さな球根が浮遊して分層し炭化したと考えた。つまり球根の単体の炭化物ではなく，これは料理などの炭化物であると結論した。またタール状炭化物中には直径1mm程度の球状の種実も見られた（図2-⑥）。タール状炭化物の埋もれた状態で同定は困難であるが，食用種子のなかでサイズ・概形から考えるとアワが想定できる。タール状炭化物の炭素同位体比は，アワなどが該当するC_4植物であることを支持しなかった。しかし種実自体の値ではなく決定的ではない。またこの球状種実以外のタール

状炭化物中の構造も，人により利用された何かでありうる。

　この炭化物全体が調理物であるなら，食用または薬用となった動植物であるので，その正体の解明は意義があろう。また同遺跡から出土したそれ以外の土器付着炭化物についても観察を行なった。そしていくつかのタイプ・系列に区別できると結論した（整理中）。土器付着物の検討により，過去の料理の一端を明らかにできるかもしれない。また土器付着物の形態を区分し，年代測定や同位体分析を行なうことにより付着物の正体に迫ると同時に，その成果を還元して海洋リザーバー効果などを避けてより正確な測定へとつなげていけるだろう。

5　最後に

　炭化物資料は年代測定に供する前に最低限，繊維クズや未炭化の昆虫など測定には明らかに不適なものを除き，その形態の記録を残しておくべきである。種実資料では有機物資料としてではなく，その起源を問題とするなら同定作業を行なうべきである。"炭化米"資料中にも炭化米以外の炭化物が混入している。

　しかし，この混入物にはムギ類・マメ類・雑穀・雑草などが含まれ，これ自体が貴重な研究対象であり，この視点での"炭化米"資料の再検討が是非必要である。

　土器付着物炭化物も構造を持ち，その形態の検討と分類が可能であると思われる。起源や料理法の解明と，より適切な部位を選んで分析することにより海洋リザーバー効果の低減などより精度の高い測定・分析につながる可能性を持つ。

参考文献

嵐　嘉一 1974『日本赤米考』雄山閣出版

佐藤敏也 1974『日本の古代米』雄山閣出版

佐藤洋一郎 1996『ＤＮＡが語る稲作文明：起源と展開』日本放送出版協会

佐藤洋一郎 2008『イネの歴史』京都大学出版協会

佐藤洋一郎・藤原宏志 1992「イネの発祥中心地はどこか：これからの研究に向けて」『東南アジア研究』vol.30 No.1，59-68

住田雅和 2006「赤坂遺跡出土の植物炭化遺体について」『赤坂遺跡　天地返しに伴う第11次調査地点の調査報告』三浦市教育委員会

住田雅和 2008「鮫ヶ尾城跡出土の炭化米塊について」『斐太歴史の里確認調査報告書』99-100，新潟県妙高市教育委員会

住田雅和・黒川忠広・西本豊弘・小林謙一 2008「鹿児島県芝原遺跡出土土器の付着炭化物について」『日本文化財科学会第25回大会発表要旨集』日本文化財科学会

住田雅和・西本豊弘・宮田佳樹・中島友文 2008「縄文時代中期の北日本におけるイヌビエ（*Echinochloa crusgalli*（L.）Beauv.）の栽培について」『動物考古学』No.25，37-43

直良信夫 1956『日本古代農業発達史』さ・え・ら書房

西本豊弘・三浦圭介・住田雅和・宮田佳樹 2007「『縄文ヒエ』の年代―吉崎昌一先生を偲んで」『動物考古学』No.24，85-88，

和佐野喜久生 1993「九州北部古代遺跡の炭化米の粒特性変異に関する考古・遺伝学的研究」『育種学雑誌』vol.43，589-602

渡部忠世 1977『稲の道』日本放送出版協会

吉崎昌一・椿坂恭代 1992「青森県富ノ沢(2)遺跡出土の縄文時代中期の炭化植物種子」『富ノ沢(2)遺跡 VI 発掘調査報告書(3)』1097-1110，青森県教育委員会

黒川式土器の再検討
――九州の縄文時代晩期土器――

水ノ江 和同

はじめに

　近年，黒川式土器が注目されている。黒川式といえば，九州固有の縄文時代晩期土器として，九州では1950年代からその編年的位置は不動のものであり，稲作農耕を生産基盤とする弥生文化の成立に大きく関わる刻目突帯文土器の前段階，つまり，最後の縄文土器として現在まで長く位置づけられてきた。この位置づけについては，今後も基本的に変わることはないであろうが，2002年に国立歴史民俗博物館が発表した炭素14年代測定の高精度化（AMS法）とそのデータを利用した較正年代による弥生時代開始年代の遡上研究をはじめ，板付式土器成立に亀ヶ岡系土器が影響を及ぼしたとする古くて新しい見解への再検討などに際して，その前段階となる黒川式の存在が改めて注目されるようになってきた。しかし，近年の一連の研究で取り扱われる黒川式は，それぞれの研究によってその内容が微妙に異なり，黒川式の特徴を十分かつ本質的に把握したうえで研究を進めているとは言い難い状況も窺える。そこで小稿では，まず黒川式に関する研究の経緯を今一度確認したうえで，最新の資料を踏まえた黒川式の実状について紹介し，さらには，近年の黒川式をめぐる諸問題について筆者なりの見解を示す次第である。

　なお，黒川式については，実際の地域性とは別に，それぞれの地域によって別々に研究が行なわれてきた経緯があり，実質的に同様の特徴を有する土器であっても，地域によって呼称が異なる場合がある。今回，型式名称の統廃合も検討したが，黒川式に関する研究の経緯を重視することから，あえて現行のままで使用することとした。小稿ではこれを踏まえ，九州を北九州（福岡県西部・佐賀県東部），西北九州（佐賀県西部・長崎県），中九州（熊本県北中部），東北九州（福岡県東部・大分県北部），東南九州（大分県南部・宮崎県北部），南九州（熊本県南部・宮崎県南部・鹿児島県），南島の7地域に分けて検討を進めることとする。

1 黒川式土器に関する研究の経緯

（1）黒川式の設定

　黒川式の標識遺跡は，鹿児島県日置市（旧吹上町永吉）に所在する黒川洞穴である。発掘調査は発見直後の1952年に河口貞徳〔河口 1952〕が，1964・1965年には日本考古学協会洞穴遺跡調査特別委員会〔河口 1967〕が行なった。黒川洞穴は，黒川神社西洞穴・黒川神社東洞穴・元権現洞穴の3つの洞穴からなるが，発掘調査が行なわれたのは黒川神社東洞穴と元権現洞穴の2つで，そのうち黒川神社東洞穴とその前庭部でのみ遺構や遺物が確認された。黒川神社東洞穴は標高84m，西向きに開口し，層位は大きく2層に分かれる。上位のA層からは西唐津式（報告では円筒形土器とされる）・曽畑式・春日式・阿高式・出水式・指宿式・市来式・西平式・御領式・黒川式が出土したが，黒川式の段階に土坑が多数掘られ，その影響により層位的に良好な状況は残っていない。また，アカホヤ火山灰層を挟んだ下位のB層には，早期末葉の轟式がほぼ単純に包含されている。

　1952年の調査において，量的に最も纏まって出土した土器が黒川式であった（図1）。しかし，その当時まだ黒川式に関する認識がほとんどなく，調査者である河口の「他に類似の土器の出土が

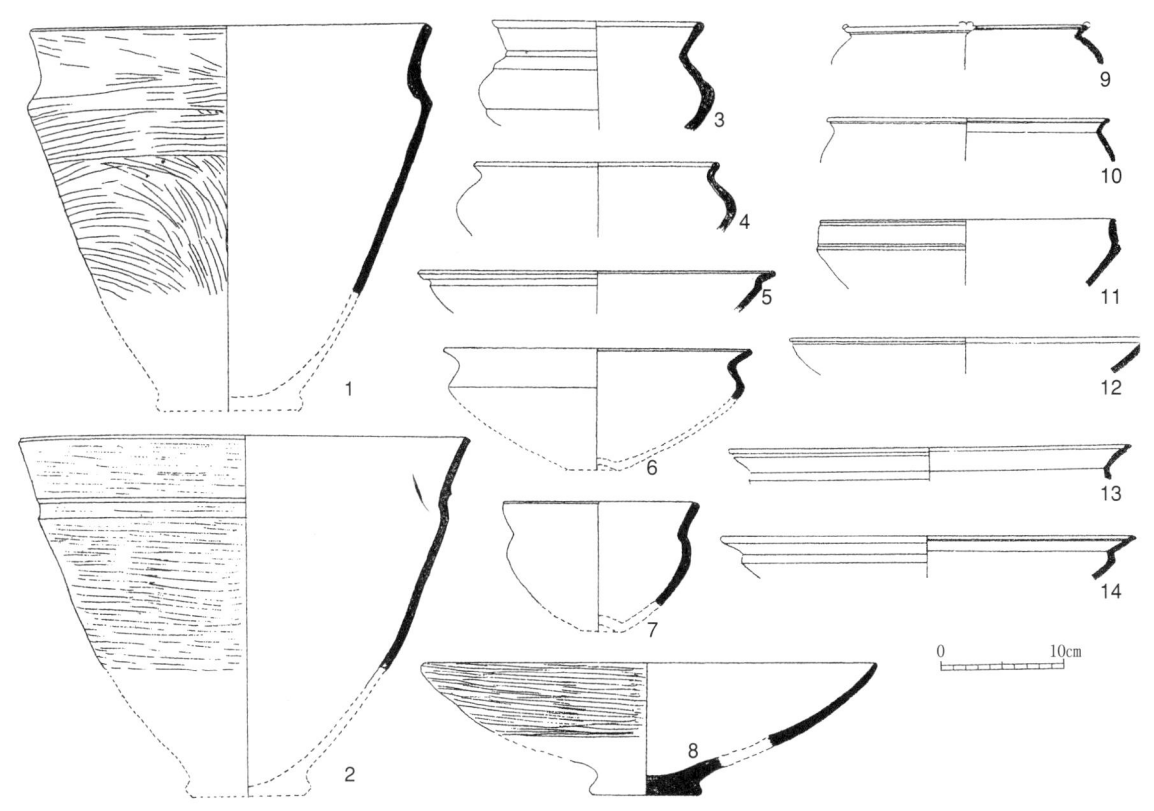

図1 河口貞徳が黒川式として設定した黒川洞穴出土土器 (1～8：1952年調査, 9～14：1964年調査, 1/6)

ないので黒川式と名づけた」という言葉が示すように，当時としてはほとんど初めての出土だったようである。にもかかわらず，河口はこの黒川式についての卓越した分析を行なっている。つまり，大きくは研磨された鉢・浅鉢（図1－3～8）と，粗製の深鉢（図1－1・2）に分かれ，前者については黒色薄手，焼成良好，土質精選で粒子細かく精緻，赤色塗料，器形は胴張り，口縁部外反で内面に凹線，皿形（浅鉢のこと）は頸部内側へ窪むとした。後者については，口径30cm以上，黒褐色で胎土は比較的密，口縁部は外反，頸部は内曲して肩部が張り，底部へは直線的，底部は平底で縁が外側へ張り出す，器面調整は二枚貝条痕文など，黒川式の特徴を的確に纏め上げている。そして編年的な位置づけについては，無文であること，山形隆起がないこと，平行沈線文がないことから御領式に後出し，北九州の夜臼式に幾分の類似点が見られることから，晩期という位置づけを行なった。

このように，発掘調査からわずか4カ月後の報告において，すでに黒川式の特徴や編年的な位置づけは的確に行なわれ，ある程度の到達点に至った感がある。そしてその後は，九州を代表する晩期土器として，さまざまな角度から検討されていくことになる。

（2）黒川式研究の展開

黒川式を九州全体の中で最初に位置づけたのは1956年の賀川光夫であった〔賀川 1956〕。賀川は，九州の黒色磨研土器のうち器形や文様構成が亀ヶ岡式に類似しはじめる御領式を晩期初頭とし，まだ稲作との関係が見出されていなかった夜臼式を最後の縄文土器としたうえで，明示している訳ではないが全体の文意から，黒川式も九州の晩期土器に含めている。なお，無刻目突帯文を有する松添式については，御領式の一種としながらも何故か後期末葉に位置づけつつ，また松添式の底部にみられる組織痕文を押型文と誤認して，九州においては押型文が後期まで残存すると誤解した。

1965年，1冊の本の中で乙益重隆が九州西北部〔乙益 1965〕を，賀川光夫が九州東南部〔賀川 1965〕の縄文時代全般をそれぞれに分担して纏めた。まず乙益は，変遷過程については明示してい

ないが晩期土器を御領式→黒川式→山の寺式→夜臼式とし，黒川式については口縁部の鰭状突起，頸部のリボン状貼付文，丸底の組織痕文などに新たな特徴を見出した。賀川は大分県大石遺跡の資料に基づき，大石式・黒川式・松添式を晩期初頭とするが，その根拠についてはやはり明示されていない。なお，当該期の黒色磨研土器や有足土器に，中国大陸の黒陶や鬲との関連性を指摘したが，これについては否定的な見解も多い。

　さて，賀川が九州の晩期土器について総合的に纏めたのは1969年のことである〔賀川 1969〕。九州の晩期は，「弥生式農耕文化の前段の時期を画する」ものとして九州独自の立場で時期区分を行なった。この当時の研究の方向性，つまり弥生時代の前段階として縄文時代晩期研究が進められたことを示す象徴的な発言である。83点の土器実測図を提示しながら，深鉢と浅鉢とを細かく器形分類し，そのそれぞれの特徴抽出と変遷過程を精緻に分析し，晩期Ⅰ式（大石式），晩期Ⅱ式（黒川式・礫石原式），晩期Ⅲ期（山の寺式・原山式）の3段階変遷を提唱した。この中で黒川式に関しては深鉢を3類A～Cに，鉢を1類Dに，浅鉢を6類E～Jに，椀形を2類K・Lにそれぞれ分類する。そして，深鉢の肩部の屈曲や外側へ張り出す底部と刻目突帯文土器との類似性，松添式の特徴の一つである無刻目突帯文を黒川式の構成要素とすること，組織痕文は一部に刻目突帯文土器に残るものの主体は黒川式であることなど，黒川式の特徴がさらに明確になり，ここに現在の黒川式の型式概念が完成したと言える。

　ところで，黒川式設定者の河口は1972年に南九州の晩期土器編年を行ない，主に鉢の器形と口縁部形態の変遷に注意を払いながら，上加世田式→入佐式→黒川式→井手下式（下原式）という変遷を提示した〔加世田市 1972，河口 1990〕。この編年案は晩期の型式数を増やしただけでなく，黒川式がおよそ晩期の中葉あたりに位置するようにイメージさせる発端となった。そして，九州全体の晩期土器を纏めた山崎純男・島津義昭が1982年に提示した編年案は，図と文意から下記のようになるが，これをみると黒川式は南九州限定の土器という印象を与える。と同時に，地域性が考慮されないまま地域ごとに別型式名称が設定され，以後の研究にはこの地域別名称が踏襲されることになった〔山崎・島津 1981〕。

【北部九州】	【中部九州】	【東部九州】	【南部九州】	
広田式 ＝	天城式 ＝	大石式 ＝	上加世田式	←晩期前半期前葉
	古閑式 ＝	（浦久保式）＝	入佐式	←晩期前半期中葉
宮の本式 ＝	礫石原式 ＝	田村上層式 ＝ （上菅生B式）	黒川式 ↓先後 松添式	←晩期前半期後葉 ←晩期前半期後葉

　さて，ここで九州における晩期開始期の問題について触れておきたい。先述したように，九州では晩期という時期区分が山内清男による時期区分とは異なった概念，つまり「弥生式農耕文化の前段の時期を画する」ものとして長く位置づけられてきた。したがって，土器でいうなら黒色磨研土器が出現することや，文様としての縄文の消失をもって晩期としたり，稲作農耕文化の前段階として畑作が想定されることから打製石斧の急増をもって晩期の開始としてきた経緯がある。これに対し，近畿以東では山内の「亀ヶ岡式及びその並行型式」から晩期とする考えに基づき，当初は近畿の宮滝式と九州の御領式を後期終末としていた。しかし，その後の研究の進展により，近畿では滋賀里Ⅱ式の新しい段階が晩期初頭に位置づけられており，これに併行する九州の土器は北九州の貫川Ⅱ式や玄界灘沿岸部の堀田Ⅰ式，中九州の古閑Ⅱ式，南九州の入佐式新段階がそれに相当すると考えられるようになってきた〔水ノ江 1997〕。そうすると，従来の九州において晩期前葉とされていた土器群の大部分は後期末葉に遡ることになり，また刻目突帯文土器は弥生時代早期という位置づけが北九州を中心に浸透してきている実状からも，晩期土器は黒川式とその直前段階の1～2型式しか存在しないことになる。この結果について，九州の晩期土器は型式数が他地域に比べて少な

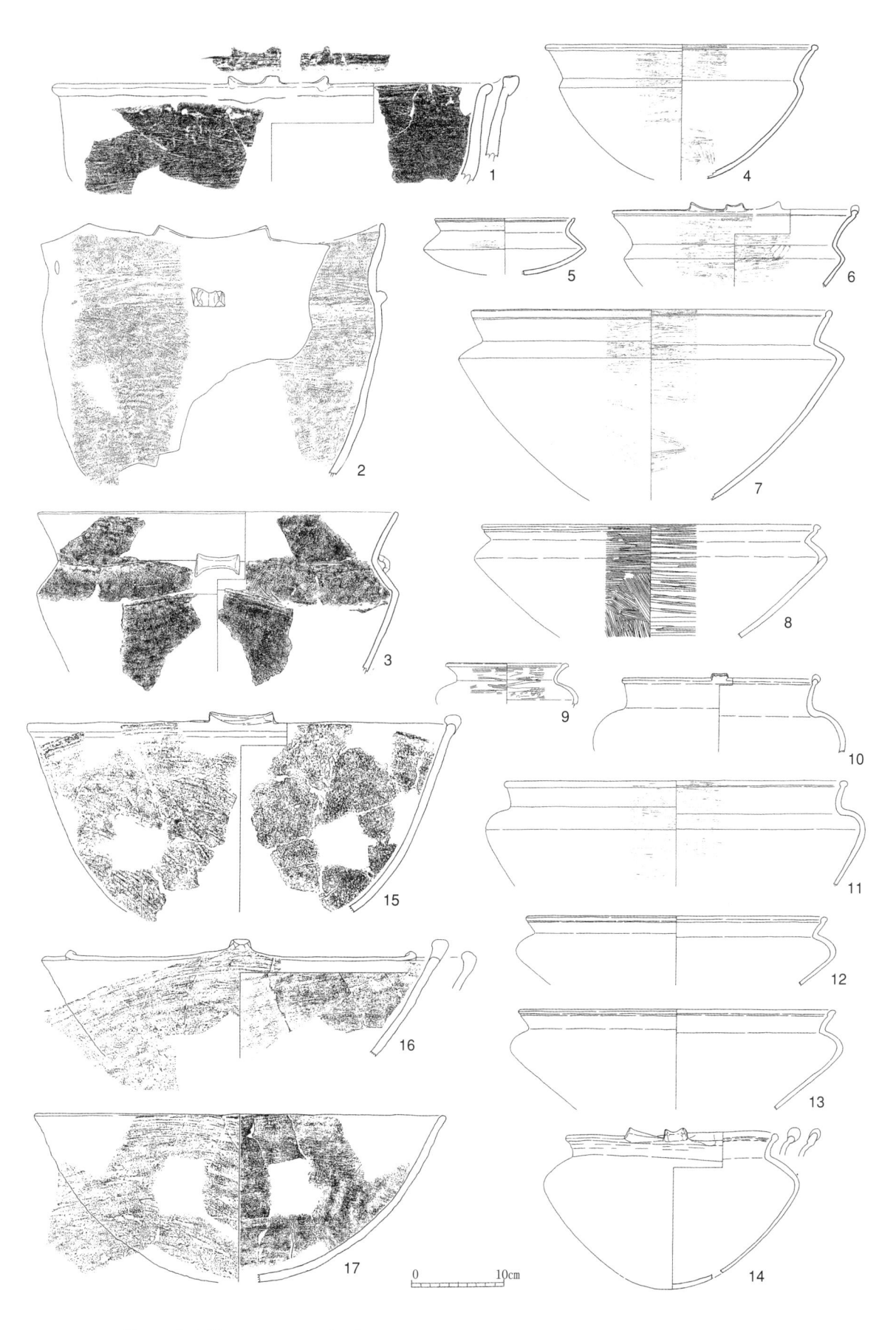

図2 南九州における黒川式古段階（1・3〜7・11上水流，2・9上野原，8・10・12〜17榎坂B，1/6）

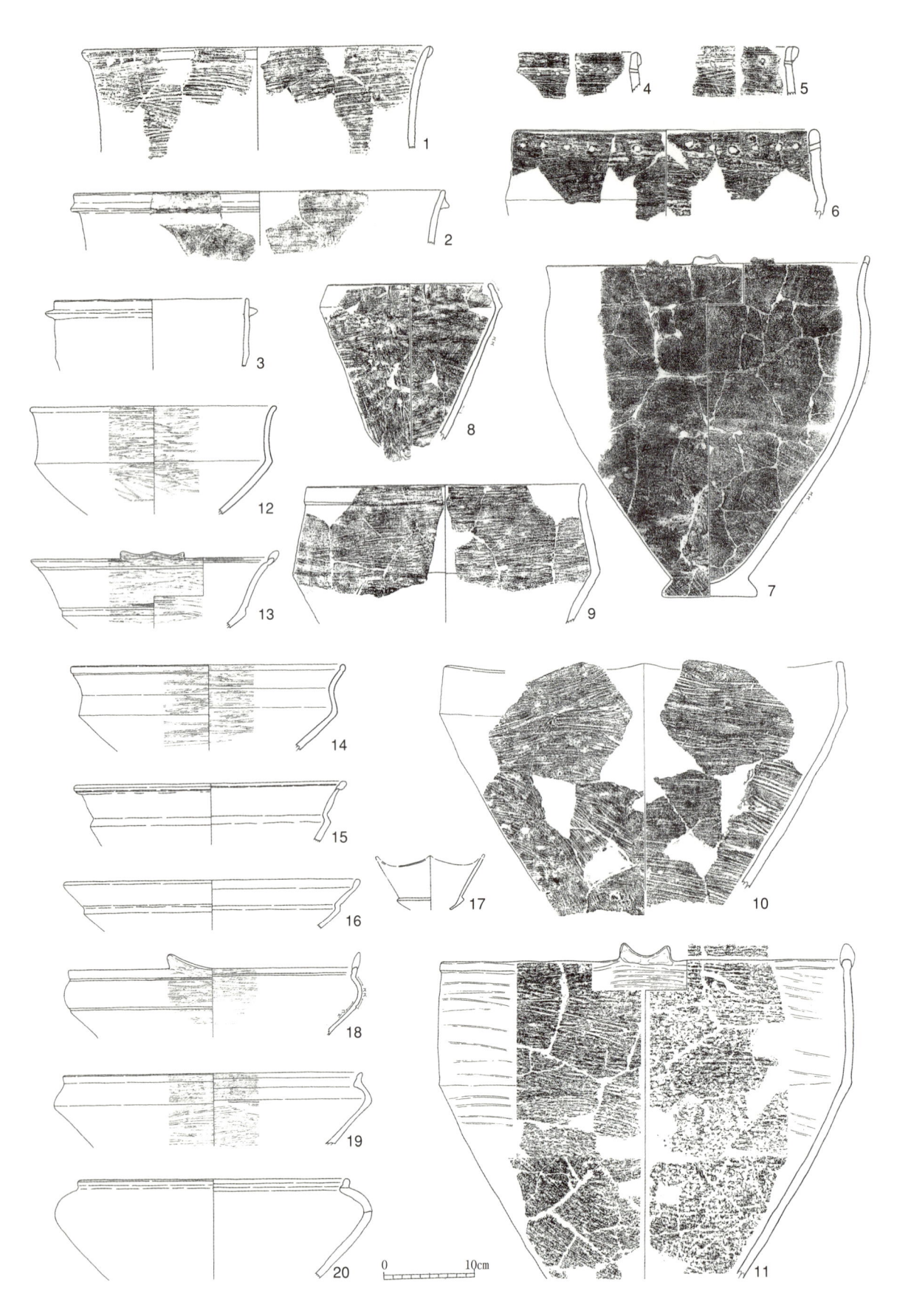

図3 南九州における黒川式新段階①（1〜5・9・15〜17・20榎坂B，6〜8・10・12〜14・18・19上水流，11計志加里，1/6）

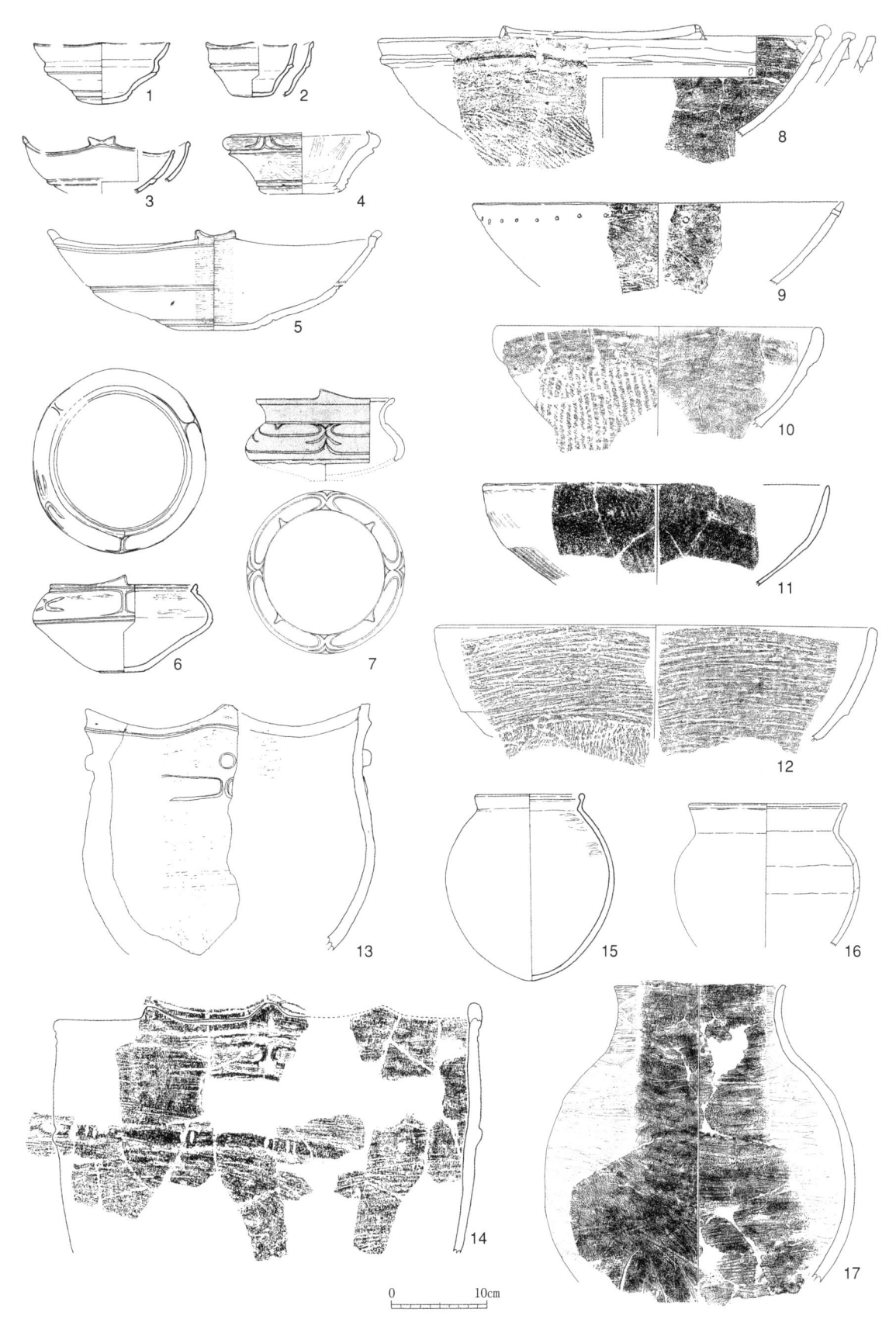

図4　南九州における黒川式新段階②
(1〜3・6・12・15大坪，4・11・17計志加里，5・8・9・16榎木坂，7大園，10・12上野原，13上野，14前原，1/6)

く，比較・検討が難しいという声も聞かれる。しかし，当該期の土器は無文化が著しく，通常は器種ごとの器形や口縁形態の変化をセット関係として把えながら編年を行なうため，現行以上の細分はかなり難しいというのが実状である。型式数で晩期の年代幅が決まる訳ではなく，それによって晩期の時代観や文化様相が変わる訳でもないはずである。

　なお，南島では縄文時代後期中葉以降，九州島の縄文土器との併行関係や系統性が不明瞭になるが，宇佐浜式の口縁端部において鰭状突起がみられることから，そこに黒川式との系譜関係を見いだすことができ，併せて黒川式の展開力の強さを知ることもできる。

（3）　近年の黒川式研究

　黒川式に関する研究は，1988年に下山覚〔下山 1988〕が深鉢の属性分析から細分を試みているが，当該期の九州全体の状況を追究したり，各地域の特徴が具体的に抽出されるようになったのは，ここ10年ほどの研究による。

　水ノ江は後期と晩期の境界問題解決を念頭に置きながら，北部九州を6地域に分けたうえで（北・西北・東北・中九州のうち北九州と西北九州の境界付近をさらに玄界灘沿岸部と筑後川流域に分ける），晩期初頭から刻目突帯文土器が出現する直前までを3段階に細分し，そのうち河口のいう黒川式〔加世田市 1972〕併行段階を北部九州2・3期とした。そして，東北九州では橿原式文様が黒川式併行期（北部九州2・3期）には伴わないことと，無刻目突帯文土器が黒川式併行期の構成要素であることを確認し，併せて近畿・瀬戸内との併行関係も追究した〔水ノ江 1997〕。

　清田純一は中九州の後期後葉からやはり刻目突帯文土器の出現直前までの編年を行なっているが，後期と晩期の境界設定の原理や晩期の細分はほぼ水ノ江と同じである〔清田 1998〕。

　黒川式が設定された南九州では，堂込秀人〔堂込 1997〕が南九州の晩期土器である入佐式と黒川式の細分を，セットとしての深鉢・浅鉢・ボウル状鉢の細かい型式分類によって行ない，入佐式を2段階に，黒川式を3段階に細分している。しかし，この細分は一括資料的に各器種をセットとして扱ってはじめてその効力を発揮する細分案であり，特定の器形や小破片のみでの細分はやや難しく，それがまた黒川式の実態とも言える。特に，堂込の黒川式3段階細分については，古段階の存在は型式学的に説明はできても，実際の一括資料としてはなかなか認めがたい段階である。また，中段階から口縁部の鰭状突起や頸部のリボン状貼付文や底部の組織痕文が出現・展開し，新段階には口縁部の無刻目突帯文や孔列文が出現しながら，鰭状突起やリボン状貼付文や組織痕文が減少もしくは消滅していく過程を示しているが，近年の新しい資料を見ると，このように明確に分別することも難しいようである。

　このような状況の中，東和幸〔東 2002・2006〕は堂込の黒川式新段階が水ノ江の中九州ワクド石・アンモン山段階，清田の無刻目突帯文Ⅰ・Ⅱ期，東南九州の松添式にそれぞれ相当するとした上で，南九州の無刻目突帯文が口縁部に接したり断面形態が台形状を呈することから東北九州のそれとは異なり，また壺形が出現（図4-15～17）することから，南九州の地域性を強調するため黒川式新段階を「干河原段階」として独立させ，さらにこの後に2～3段階を経て刻目突帯文土器段階に至るとした。この干河原段階を黒川式と分離することは意見の分かれるところであり，またその後の2～3段階については具体的な記述がないため判然としないが，いずれにせよ，無刻目突帯文の成立や壺形という新しい器形の出現は画期的な要素であり，注目に値する段階であることには間違いない〔鈴木 2004〕。ところで，黒川忠広〔黒川 2007〕は南九州の晩期に見られる三叉文施文の土器に注目し，それらを入佐式新段階から黒川式古段階の鉢に施されるものと，黒川式新段階（干河原段階）の丸平底の底部付近に沈線文が巡る特徴的な鉢に施される2種があることを指摘する。いずれも近畿・瀬戸内方面の系譜と考えられるが，両者には年代差はもちろん，施文手法や施文される土器の器形，赤色顔料塗布の有無，さらには分布範囲の相違などから，別種・別系統の文様と考えられる。なお，黒川は無刻目突帯文を有する深鉢に，X字状の突帯文（隆線文）が口縁部から

頸部の範囲に施される事例があることを指摘しており，系譜やその後の展開について注意が必要である（図4 - 13・14）。

以上が近年の黒川式に関する研究動向であるが，南九州を中心に細分が進む中で，従来黒川式の特徴とされたいくつかの要素も，黒川式の変遷の中では一律に同時共存するものではないことが明らかになってきた。また，深鉢や浅鉢のヴァリエイションも多くそれぞれの類型の系譜関係を追究することも難しくなってきた。その中で壺形という新たな器形の出現はまだ南九州を中心に限定的ではあるが，刻目突帯文土器期になって初めて出現するとされてきた壺形の系譜に一石を投じるものであり，その系譜の追究はきわめて重要である。さらに，佐賀県の東畑瀬遺跡〔佐賀県 2007〕や長崎県の権現脇遺跡〔深江町 2006〕（図5）などで当該期の良好な資料の報告が続出しており，これら北・西北九州と南九州との比較も可能な状況になってきただけに，視野の広い検討が今後望まれるところである。

このような状況を踏まえ，いま改めて確認しなければならないことは，何をもって，どの段階を黒川式とするかということである。河口が黒川式を設定・検討した時点〔河口 1952・1967〕の黒川式とは入佐式以降で刻目突帯文出現以前を指すが，先述したように，黒川式も3段階に細分され，さらにその内容が深化するだけではなく，後続型式の存在も予想されるようになってきた。そこで，南九州については堂込案に壺形や三叉文や赤色顔料塗布などを追加した内容を黒川式とすべきであろうが，現状では，先述したように古段階の問題や若干の混乱も窺えることから，大きく新古の2段階に分ける分類が適当と考え図示した（図2〜4）。ただし，口縁部の鰭状突起や頸部のリボン状貼付文などの終焉，無刻目突帯文やボウル状浅鉢底部の組織痕文などの出現が厳密にどの時点で生じるのかはいまだ不明であり，今後の課題としておきたい。

ところで，黒川式という名称は，全国的には九州の縄文時代晩期を代表する土器として通用されている。先述したように，九州の研究者間では南九州に限定して使用しており，黒川式という名称が持つ概念が九州とそれ以外の地域で異なるという実態が存在する。おそらく，九州以外の研究者は小林達雄の様式論的に黒川式を捉えているものと考えられ，九州という大きな枠組みで当該期土器を捉える場合には有効な方法と言えるし，実際に斉一性の強い土器であり地域性が顕著でないのも確かである。さらに，当該期の九州が弥生文化成立期に関して重要な要素を持っていることも間違いない事実であり，日本列島的な規模で見た場合には黒川式が九州を代表する晩期土器の総称として使用したほうが適切な場合もある。よって以下では，特に地域的な特徴の説明が必要にならない限り，南九州の黒川式に併行する段階の九州全域の縄文時代晩期土器として黒川式という名称を使用するものとする。

ちなみに，北・西北・中九州の黒川式新段階の概要を示したものが図5であり，長崎県権現脇遺跡の資料で示した。壺はいまだ南九州でしか確認されていないが，従来，そのような器形が存在するとはまったく考えられていなかっただけに，今後特に注意を払うことが必要である。なお，深鉢の無文化や無刻目突帯文の未確認も当該地域の特徴であり，他の特徴についてはほぼ南九州と同様である。

2　黒川式をめぐる諸問題と今後の展望

（1）　炭素14年代測定（較正年代）と黒川式

弥生時代の開始問題について，ここ数年，黒川式に関する問題提起がいくつかなされている。一つは，炭素14年代測定により，刻目突帯文土器である山の寺式・夜臼Ⅰ式と「黒川式土器の新しい時期のもの」とが同時期であり，「器形が異なることから同時期に用途を異にして使い分けていたらしい」とする西本豊弘の見解〔西本 2007〕。

いま一つは，藤尾慎一郎の見解である〔藤尾 2007〕。国立歴史民俗博物館（以下「歴博」という）

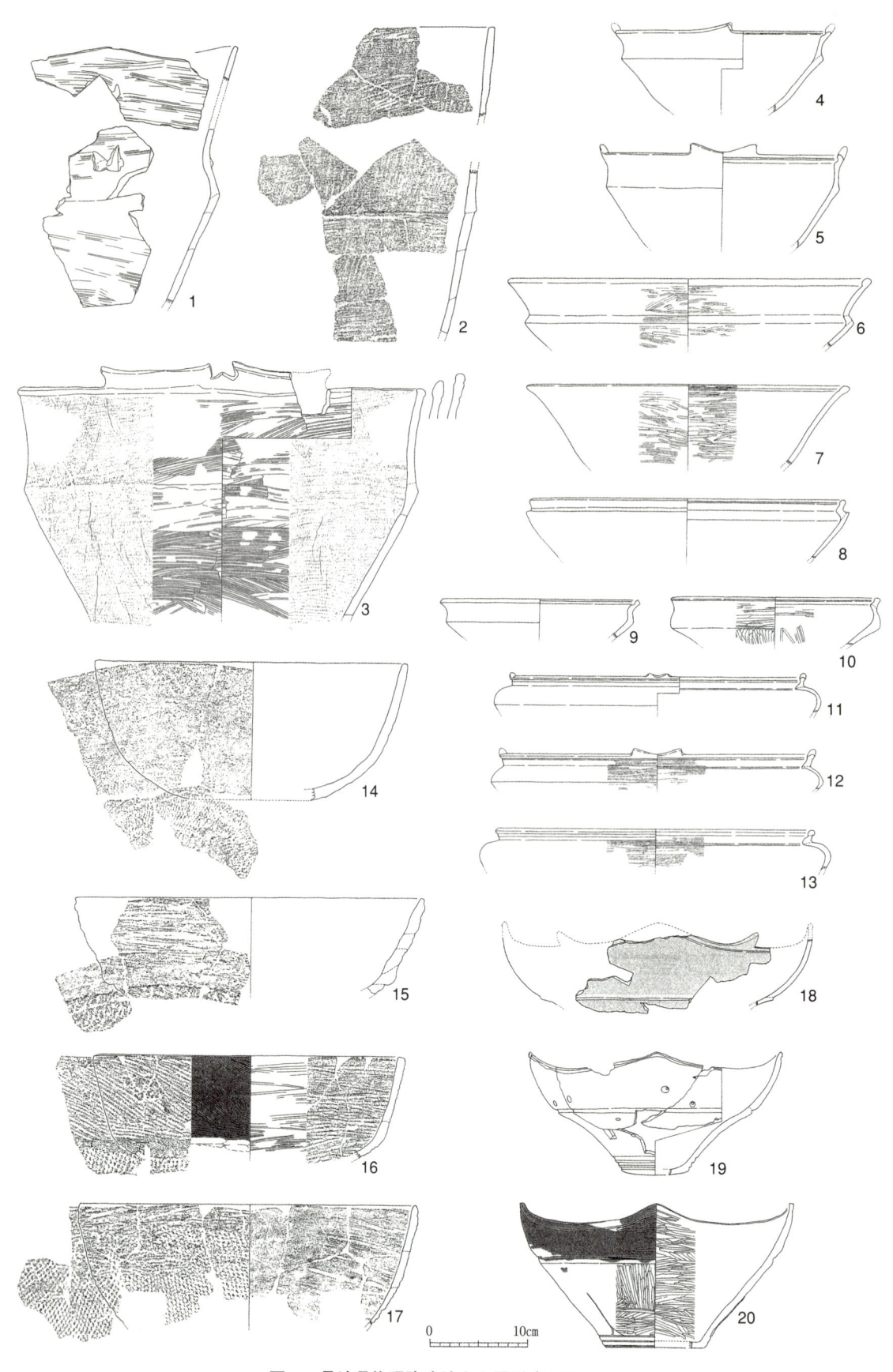

図5 長崎県権現脇遺跡出土黒川式土器 (1/6)

の学術創成研究グループでは，当初，黒川式を突帯文土器が伴わない黒川式古と，伴う黒川式新（特に粗製深鉢は板付Ⅱa式の弥生時代前期系突帯文土器に伴うらしい）に独自に分けていたが〔藤尾2007〕，炭素14年代測定により，黒川式古には大洞B式と同じ晩期初頭期の年代が，黒川式新には刻目突帯文土器より古い年代が得られだしたという。これにより黒川式新を黒川式単純期の新相という定義に変更するとともに，東北九州における無刻目突帯文土器や刻目突帯文土器の炭素14年代測定により，これらが晩期前葉にまで遡る可能性も認められだしたとのことである〔藤尾 2007〕。西本と藤尾の見解は同じ書籍に掲載されているが，文意と引用文献などから，藤尾の見解は新しいデータに基づくものと考えられるが，いずれにしても，最新の炭素14年代に応じて，土器型式の概念を変えているように見えてしまう。

　黒川式については，先述したように，九州では一貫して刻目突帯文土器が出現する以前の土器型式として認識されてきたし，佐賀県菜畑遺跡〔唐津市 1982〕の層位的事例や，黒川式の各段階の単純遺跡や刻目突帯文土器群の単純遺跡も九州一円で多数確認されており，両者が同時共存した事実はまずあり得ない。また，東北九州の無刻目突帯文土器のなかで古い炭素14年代が出たためそれが晩期前葉に遡る可能性を指摘しているが，当該地域には従来より晩期初頭〜前葉とされる土器群（水ノ江の楠田段階）が存在していて，それとの関係については説明がなく，炭素14年代だけで土器編年を行なっているという感はやはり否めない。板付Ⅱa式の弥生時代前期系突帯文土器に伴うという「晩期系粗製深鉢」というのは，器面が条痕文で調整される器形的にも屈曲などない無文の深鉢のことで，これは確かに晩期以来の伝統の土器と考えることもできるが，本質的には板付式の構成要素であり黒川式とは直接的には関係なく，これをもって黒川式が板付Ⅱa式まで残るという論理の飛躍は理解できない。

　弥生時代の開始年代が炭素14年代測定により活発に議論がなされ，最近は開始期前後の年代にも注目が集まっており，黒川式もその一つとして取り扱われている。しかし繰り返すが，黒川式に関しては，黒川式の研究の経緯や何をもって黒川式とするかが十分に検討されているとは言えず，炭素14年代測定で得られた年代によって型式概念が変わっているようにさえ感じられる。炭素14年代測定は今後さらに精度が高められ，歴史学や考古学において不可欠な年代的位置づけという点においては，それなりの効力を発揮していくと考えられる。しかし，あくまで目安であって，型式学検討による土器編年の妥当性をみる一つの手段とはなりえても，これをもって土器編年や土器型式の概念規定を行なうことはあってはならないと考えている。このような点から，最近の炭素14年代測定に基づく一部の研究に危機感を覚えているのは，筆者一人ではないであろう。

（2）亀ヶ岡系大洞式と板付式と黒川式

　板付式の成立に関して，設楽博己・小林青樹により新たな見解が提示されている〔設楽・小林 2007，小林 2007〕。従来，板付式の出現については，稲作農耕文化の出現という文化的な背景のもと，壺・高坏という新たな器形の出現や製作技術における縄文時代晩期土器との不連続性から，基本的には全面的に当該期の朝鮮半島からの影響によるものと考えられてきた。また，板付式の壺胴部の沈線文による重弧文や山形文も，彩文が沈線文化したもので系譜は朝鮮半島に求めるという山崎純男の見解があった〔山崎 1980〕。しかし一方で，板付式の小型壺と大洞式の小型壺の器形的類似性は他人の空似とは思えないほどソックリであり，両者に存在する関係性については，中村五郎によって文様の類似性などから指摘されることがあった〔中村 1982・1988・1993〕。

　設楽・小林は，福岡県板付遺跡・雀居遺跡，佐賀県大江前遺跡・久保泉丸山遺跡から出土した夜臼Ⅱa式の壺の胴部上半に施された隆線重弧文が，高知県居徳遺跡の隆線連子文と関連性を有し，それを介して東北大洞式の壺（大洞C_2／A式）との系統性・時間的併行性が存在することを指摘した（図6）。そして，黒川式に壺や突帯文（隆線文）が存在しないことや朝鮮半島の当該期土器にも存在しないことを根拠に，この隆線重弧文が沈線文化して板付式の重弧文や山形文へ展開すること，

すなわち「これまで板付Ⅰ式の壺形土器は，在地の突帯文土器に朝鮮半島の土器および西部瀬戸内地方の縄文土器が強弱の影響を与えて成立したと考えられてきたが，そこに亀ヶ岡系土器が一定の関与をしている」と結論づけ，「文化の伝播が中部日本を飛び越して生じたものであることは，東北地方中・北部を中心に圧倒的影響力をもちえた亀ヶ岡文化が，農耕文化という新たな文化に対する情報収集など積極的な働きかけを示した結果である」とその社会的背景を説明した。

設楽・小林の見解は，福岡平野を中心に出現・展開したとされる稲作農耕文化の社会的なあり方を説明する新たな視点として大変刺激的で興味深く，今後注目度が増していく内容と考えられる。特に，朝鮮半島−北部九州−近畿・中四国という領域での研究では得られないものだけに，稲作農耕文化とは何かという本質的な問題にも一石を投じたものと言える。ただし，いまだ限られた数点のしかも小破片の資料によって大きく論が展開し，隆線重弧文と隆線連子文との関係もまだ点であって線にはなってなく，今後の資料増加に伴う見解の補強などを継続的に求めていくことが必要であろう。

黒川式の立場からいうと，先述したように，従来黒川式には存在しないとされた壺やX字状突帯文（隆線文）や彩文ではないが赤色塗布といった諸要素の存在が確認されだしている。これらが刻目突帯文土器（山の寺式・夜臼式）にどのように繋がっていくのかは今後の大きな課題であり，これもまさに点であって線にはなっていないが，「板付式の成立に黒川式は関係なし」と先入観を持つのではなく，幅広く柔軟な視点で当該期の問題に取り組む必要性があろう（註1）。

おわりに

福岡平野を中心とした北九州から西北九州に及ぶ玄界灘沿岸部では，刻目突帯文土器の出現とともに稲作に関する遺構や遺物の出現が窺え，すでに稲作農耕文化が成立していたとして，従来縄文時代晩期後半もしくは末葉とされていた刻目突帯文土器の段階，つまり山の寺式・夜臼式の段階を弥生時代早期として縄文時代から切り離して考えている。そうすると，晩期初頭の北九州貫川Ⅱ式＝中九州古閑Ⅱ式＝南九州入佐式新段階に後続する黒川式併行期を3段階に細分しても，九州の晩期は4段階しか存在しないことになる。東和

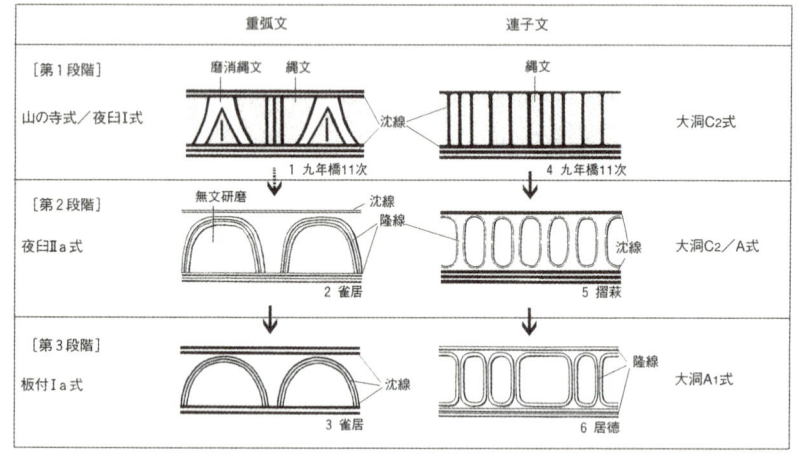

図6　設楽博己・小林青樹が提唱する縄文終末期～弥生初頭期の東西関係
（上：重弧文と連子文の変遷，下：西日本における東日本系土器，設楽・小林〔2007〕から転載）

幸は南九州において，黒川式に後続する2・3型式を経て刻目突帯文の出現を想定するが，南九州以外の地域を見る限りそれに相当する土器群の存在を，筆者はいまだ1段階程度しか知り得ていない。

　九州の縄文時代晩期は，現時点ではどんなに多く見積もっても4型式程度であり，東北の大洞式，関東の安行式，近畿の滋賀里Ⅱ～Ⅴ・篠原式古段階～新段階といった他地域の当該期型式数とは，対比すべき型式数が合わない。このため細かい併行関係が把握できず，日本列島全体を視野に入れた当該期の動態研究に齟齬を来すという意見も耳にする。しかし，文様変遷を中心に研究を進めてきた大洞式の研究と，土器のセット関係や器形や細かい口縁部形態を中心に研究を進めてきた黒川式の研究とは，土器そのものが有する属性と情報の量が異なるだけでなく，それにより細分・編年する視点が異なるため，今後も同等の型式数を望むことはあまり期待できないし，それが実態と考えられる。

　黒川式が河口貞徳に設定されて早くも半世紀が過ぎた。編年的位置や型式内容や段階変遷もある程度わかってきたが，それがどのように次段階（刻目突帯文土器）へ変遷・終焉していくのかは，これからの大きな課題であることが今回確認できた。稲作農耕を生産基盤とする弥生文化の出現問題において，黒川式の存在意義は決して小さくない。これからも縄文文化研究の立場から黒川式研究の動向に注意を払っていきたい。

　文末になりましたが，黒川式について纏める機会を与えていただいた西本豊弘氏にお礼申し上げるとともに，意見交換や見解の内容確認，さらには文献をご紹介いただいた以下の各氏に心から感謝いたします。

　　黒川忠広　小林青樹　設楽博己　堂込秀人　徳永貞紹　中尾篤志　西本豊弘　東　和幸
　　藤尾慎一郎　本多和典　前迫亮一　宮地総一郎

（註1）　設楽博己は『日本の美術12　縄文土器　晩期』499（至文堂，2007）において，九州の晩期土器について纏めているが，第8・74図では深鉢を中心に，黒川式としたものの中にそれに先行する土器が含まれていたり，晩期前葉としたものの中に後期末葉の土器が含まれており，注意を要する。

引用・参考文献

乙益重隆 1965「Ⅱ.縄文文化の発展と地域性　9.九州西北部」『日本の考古学』Ⅱ，河出書房新社，250-267

賀川光夫 1956「Ⅲ.各地域の縄文土器　九州」『日本考古学講座』3，河出書房，209-224

賀川光夫 1965「Ⅱ.縄文文化の発展と地域性　10.九州東南部」『日本の考古学』Ⅱ，河出書房新社，268-284

賀川光夫 1969「縄文晩期文化　九州」『新版考古学講座』3，雄山閣，385-403

鹿児島県教育委員会 1987『榎木原遺跡』鹿児島県埋蔵文化財発掘調査報告14集

鹿児島県考古学会 1988『鹿児島県下の縄文時代晩期遺跡』鹿児島県考古学会秋季大会資料集

鹿児島県立埋蔵文化財センター 1999『柿内遺跡・大園遺跡・西俣遺跡』鹿児島県立埋蔵文化財センター発掘調査報告24集

鹿児島県立埋蔵文化財センター 1993『榎崎B遺跡』鹿児島県立埋蔵文化財センター発掘調査報告4集

鹿児島県立埋蔵文化財センター 2002『計志加里遺跡』鹿児島県立埋蔵文化財センター発掘調査報告38集

鹿児島県立埋蔵文化財センター 2003『上野原遺跡2～7地点』鹿児島県立埋蔵文化財センター発掘調査報告52集

鹿児島県立埋蔵文化財センター 2005『大坪遺跡』鹿児島県立埋蔵文化財センター発掘調査報告79集

鹿児島県立埋蔵文化財センター 2007『前原遺跡』鹿児島県立埋蔵文化財センター発掘調査報告107集

鹿児島県立埋蔵文化財センター 2007『上水流遺跡Ⅰ』鹿児島県立埋蔵文化財センター発掘調査報告113

集

加世田市教育委員会 1972『上加世田遺跡発掘調査概報』（執筆・編集　河口貞徳）

加世田市教育委員会 1995『干河原遺跡』加世田市埋蔵文化財発掘調査報告12集

唐津市教育委員会 1982『菜畑』唐津市文化財調査報告書5

河口貞徳 1952「黒川洞窟発掘報告」『鹿児島県考古学会紀要』2，鹿児島県考古学会，59-69

河口貞徳 1967「9 鹿児島県黒川洞穴」日本考古学協会洞穴遺蹟調査特別委員会編『日本の洞窟遺蹟』平凡社，314-328

河口貞徳 1990「縄文晩期の土器―上加世田44年8月調査資料を中心に―」『鹿児島考古』24，鹿児島県考古学会，1-23

清田純一 1998「縄文後・晩期土器考―中九州の縄文後・晩期土器とその並行型式について―」『肥後考古』11，肥後考古学会，35-66

黒川忠広 2007「鹿児島県下の三叉文施文土器について」『南九州縄文通信』18，南九州縄文研究会，69-82

小林青樹 2007「縄文社会の変容と弥生社会の形成」『考古学研究』54－2，考古学研究会，18-33

佐賀県教育委員会 2007『東畑瀬遺跡1　大野遺跡1』佐賀県文化財調査報告170集

設楽博己・小林青樹 2007「板付Ⅰ式土器成立における亀ヶ岡系土器の関与」『新弥生時代のはじまり2 縄文文化から弥生文化へ』雄山閣，66-107

設楽博己 2007『日本の美術12　縄文土器　晩期』499，至文堂

下山　覚 1988「九州縄文晩期の深鉢形土器の型式変化について―空間を横断する情報と時間を縦断する情報―」『人類史研究』7，人類史研究会，5-30

鈴木正博 2004「「境木式の行方」―「荒海2a式」から「境木式」へ，そして「弧線文系土器群」や「及川宮ノ西型文様帯」へ―」『利根川』26，利根川同人，16-24

高橋　徹 1983「東九州における突帯文土器とその周辺」『古文化談叢』12，九州古文化研究会，63-75

堂込秀人 1997「南九州縄文晩期土器の再検討―入佐式と黒川式の細分―」『鹿児島考古』31，鹿児島県考古学会，59-79

中村五郎 1982『畿内第Ⅰ様式に並行する東日本の土器』

中村五郎 1988『弥生文化の曙光　縄文・弥生両文化の接点』未来社

中村五郎 1993「東日本・東海・西日本の大洞A・A′式段階の土器」『福島考古』34，福島県考古学会，71-92

西本豊弘 2007「縄文文化から弥生文化へ」『新弥生時代のはじまり2　縄文文化から弥生文化へ』雄山閣，3-6

根占町 1990『上原遺跡』根占町埋蔵文化財発掘調査報告3集

東　和幸 2002「第Ⅸ章発掘調査のまとめ　2.縄文時代晩期土器について」『計志加里遺跡』鹿児島県立埋蔵文化財センター発掘調査報告書（38），155-157

東　和幸 2006「鹿児島における縄文時代晩期の課題」『南九州縄文通信』17，南九州縄文研究会，65-73

深江町教育委員会 2006『権現脇遺跡』深江町文化財調査報告2集

福岡県教育委員会 1985『石崎曲り田遺跡』Ⅲ，今宿バイパス関係埋蔵文化財調査報告11集

藤尾慎一郎 2007「弥生時代の開始年代」『新弥生時代のはじまり2　縄文文化から弥生文化へ』雄山閣，7-19

水ノ江和同 1997「九州北部の縄文後・晩期土器―三万田式から刻目突帯文土器の直前まで―」『縄文時代』8，縄文時代文化研究会，73-110

水ノ江和同・宮地聡一郎 2002「橿原式土器と文化交流―九州地方と近畿地方の交流―」『日本考古学協会　2002年度橿原大会研究発表資料』日本考古学協会2002年度橿原大会実行委員会，49-58

山崎純男 1980「弥生文化成立期における土器の編年的研究」『鏡山猛先生古稀記念　古文化論攷』鏡山

猛先生古稀記念論文集刊行会, 117-192

山崎純男・島津義昭 1981「九州の土器」『縄文文化の研究 4　縄文土器Ⅱ』雄山閣, 249-261

韓半島の新石器時代の造形物に関する試論

梁　成赫
(金　憲奭訳)

はじめに

　造形物とは土・石・骨・木・角などを材料とし，ヒトや動物の形象を作ったものである。土製の場合は土偶，石製の場合は石偶という表現を使うこともある。新石器時代の造形物は単純な芸術品というより集団の信仰と儀礼あるいは辟邪と呪術的な目的から制作し，利用されたと判断される。したがって，造形物は写実的に表現したものもあるが，大部分は塗飾化され象徴的に表現されている。

　韓半島の新石器時代の造形物の出土量は少ない。それは骨角器や木器と同様に骨・木で作られたことにより残りにくいという現状として理解することもある。〔申 1997〕。しかし，単純に材質的な特性からその出土量が少ないというよりは，文化的あるいは社会的なシステムから生じた理由ではないかと検討する必要がある。最近，新石器時代の造形物の出土例が限定的でありながらも，次第に増えている。この現状を踏まえ，韓半島から出土する新石器時代の造形物を紹介し，その特徴を考察する。

1　造形物の出土現況

　造形物の材質により土製，石製，骨製，貝製などに区分される。そして何を形象化したかによってヒトと動物に区分する。ヒトは胴体を表現したものと顔だけを表現したものがある。

(1)　人体像

①新岩里遺跡出土品（図1-1）

　蔚山市西生面新岩里第2地区から出土した。隆起文土器中心の新岩里第1地区とは異なり，新岩里第2地区は櫛文土器中心の遺跡で，単一遺物包含層内に少量の隆起文土器が伴った。新岩里出土の人体像は頭と四肢がなく胴体だけが残っている。女性の胸を表現する2つの隆起と細い腰が女性の特徴をよく表わしている。現存長は3.6cmである〔鄭ほか 1989〕。

②細竹遺跡出土品（図1-2）

　蔚山市黄城洞細竹遺跡から出土した。細竹遺跡は隆起文土器中心の遺跡である。人体像はⅢ-1層から出土した。脚がなく胴体の下部だけが残り，性別の認識が不可能だが，ヒトの胴体を表現したものと思われる。現存長は3.3cmである〔安ほか 2007〕。

③麗瑞島出土品（図1-3）

　全羅南道莞島郡麗瑞島貝塚から確認された。麗瑞島貝塚は隆起文土器と，いわゆる瀛仙洞式土器といわれる押引文土器が共存する遺跡で，人体像はⅤ層から出土した。麗瑞島の人体像は頭部と四肢がなく性別の区分が難しい。現存長は6.2cmである。〔金ほか 2007〕。

④農圃出土品（図1-4）

　咸鏡北道清津市農圃貝塚から確認された。農圃貝塚は紀元前3000年期の遺跡で，韓半島の新石器時代の編年によると後期に属する。しかし，押文土器の伝統が強く残っている。人体像は写実的に表現されており，両腕を前に向けX字型で組んでいる形で，強調した胸と細い腰の表現から女性と

判断される。顔と腕，脚の先端が切られている。現存長は3.9cmである〔考古学研究室 1957〕。

(2) 人面像
①鰲山里出土品（図1－5）
　江原道襄陽郡鰲山里遺跡地表から採集されたものである。粘土で顔の形態を作ったあとに，目と口は上から下の方向へ強く，そして目の下部は中央に向けて抓んで押しつけて鼻を作り上げた人面像である。胎土は鰲山里遺跡出土の押文土器と同一である。現存長は5.1cmである〔任ほか 1984〕。
②西浦項出土品（図1－6・7）
　咸鏡北道先鋒郡屈浦里西浦項遺跡から2点の人面像が確認された。2点は動物の骨に彫刻したもので，西浦項4期層から出土した。そのなかの1点は縦に半分に割れたもので，長い顔に太い線を用いて目と口を表現している。現存長は6.7cmである。ほかの1点は目と頭部の一部だけが残っており，前者と同様に太い線を利用し，目を表現している。現存長は2.9cmである〔金・徐 1972〕。
③東三洞出土品（図1－8）
　釜山市東三洞貝塚第3次発掘調査の4層から出土した。4層は隆起文土器と押引文土器が共伴する層である。人面像はホタテガイの貝殻に小さい穴を2つ開けて目を作り，大きな穴を1つ開けて口を作っている。大胆に作ったようだが，目と口の間の比と構図，大きさがヒトの顔と似ている。現存長は10.7cmである〔任ほか 2004〕。

(3) 動物像
①欲知島出土品（図1－9）
　慶尚南道統営郡欲知島貝塚から確認された。欲知島貝塚からは隆起文土器と櫛文土器など，韓半島の新石器時代のいろいろな時期の遺物が混ざって出土した。欲知島出土の動物像は攪乱層から出土し，尖った口先と角がある背中などの表現からイノシシと考えられる。現存長は4.2cmである〔韓ほか 1989〕。
②東三洞出土品（図1－10）
　釜山市東三洞遺跡浄化地域の発掘調査で7層から出土した。7層は隆起文土器とともに押引文土器が出土する層である。ここから出土した動物像はクマの頭部を形象化したものとみられる。欠失した痕跡がないことからクマの頭像を意図的に作ったものだと推定される。顔面は簡単に表現し，目と鼻の穴は尖った道具で突き刺して表現している。現存長は3.5cmである〔河 2007〕。
③細竹遺跡出土品（図1－11）
　人体像とともに蔚山市細竹遺跡のⅢ-1層から出土した。報告者は新石器時代の貝塚遺跡でよくみられるアシカのような海生哺乳類の形象だと報告している。頭と前足が欠失した胴体の一部が表現されている。頭には目が表現されていない。現存長は3.8cmである〔安ほか 2007〕。
④鰲山里出土品（図1－12）
　江原道襄陽郡鰲山里C地区の隆起文土器文化層から出土した。クマあるいはイノシシの形象と推定され，この動物像は4つの脚が全部欠失されているが，目，鼻，口が写実的に表現されている。現存長は5.5cmである〔고ほか 2007〕。
⑤西浦項出土品（図1－13・14）
　西浦項3期層から2点の動物像が出土した。そのなかの1点は鹿角製で若獣（報告者は仔馬と判断している）の頭部を形象化している。他の1点はイノシシの牙製でヘビの頭を表現している。鹿角製の若獣の両耳は尖った形で強調し，丸く表現した口先には穴を開けて口を表現している。現存長は7.0cmである。ヘビの頭は三角形で，胴体とは区別され頭の前方に2つの穴を開け，目を表わしている。現存長は5.0cmである〔金・徐 1972〕。

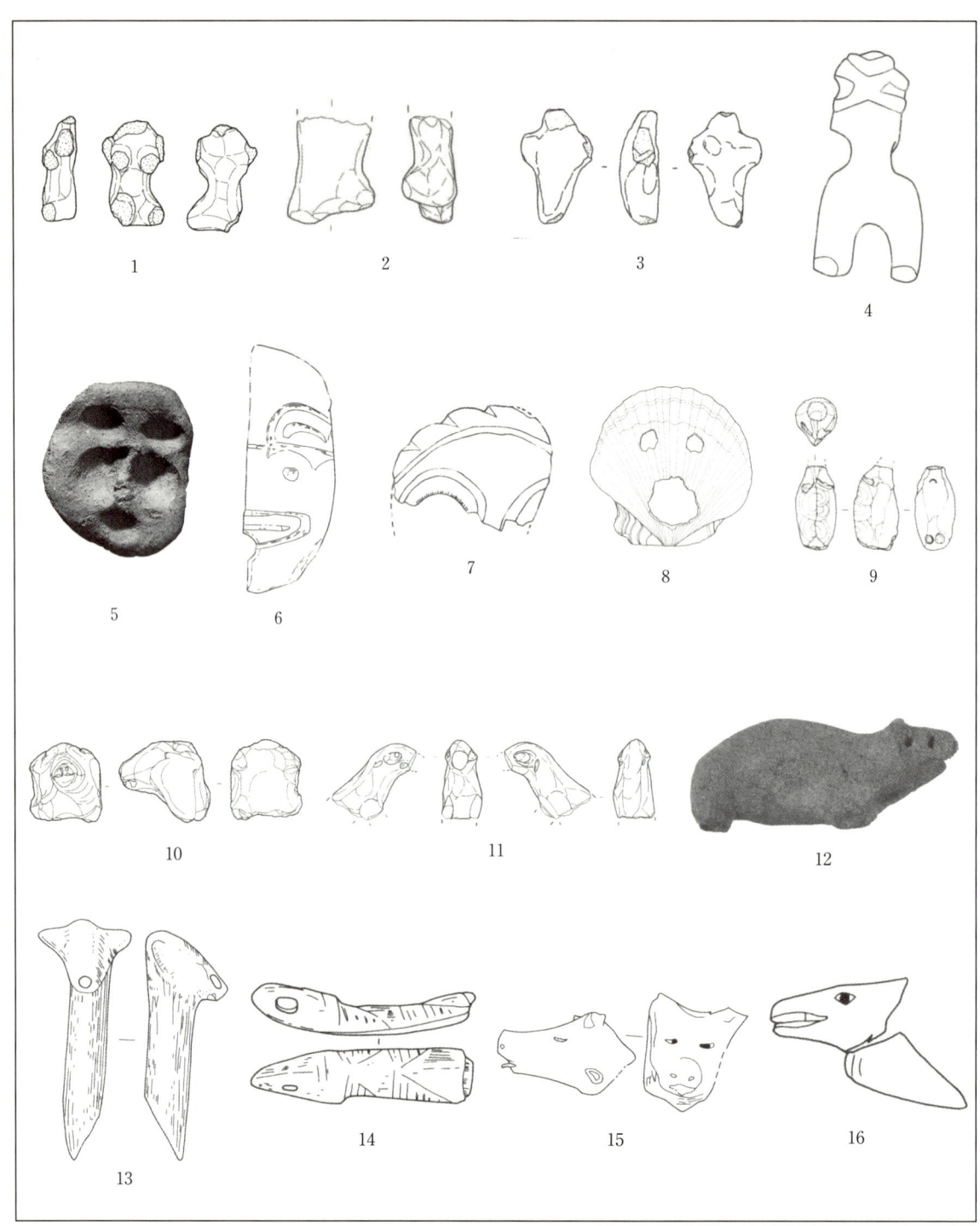

図1　韓半島出土新石器時代造形物（縮尺不同）
（1 蔚山 新岩里， 2 蔚山 細竹， 3 全南 麗瑞島， 4 咸北 農圃， 5 江原 鰲山里， 6 咸北 西浦項， 7 咸北 西浦項，
8 釜山 東三洞， 9 慶南 欲知島， 10 釜山 東三洞， 11 蔚山 細竹， 12 江原 鰲山里， 13・14 咸北 西浦項， 15・16 咸北 農圃）

⑥農圃出土品（図1－15・16）

　農圃貝塚からは人体像とともに2点の動物像が確認された。そのなかの1点は土製のイヌの頭部で，現存長は3.6cmである。他の1点は滑石製でトリの頭部を形象化している。現存長は3.1cmである。2点ともに，写実的に顔の形を表現している〔考古学研究室 1957〕。

　今まで韓半島から出土した新石器時代の造形物16点（ヒトの胴体を表現したものが4点，顔を表現したものが4点，動物を表現したものが8点）についてみてみた。これをまとめたものが表1である。

− 130 −

表1 韓半島新石器時代造形物出土内容

Ｎo	材 料	素 材	出土地	規 格（cm）	共伴土器	備 考
1	土	人 体	蔚山新岩里	長：3.6	隆起文土器 櫛文土器	
2	土	人 体	蔚山細竹	長：3.3	隆起文土器	
3	土	人 体	全南麗瑞島	長：6.2	隆起文土器 押引文土器	
4	土	人 体	咸北農圃	長：3.9	櫛文土器	
5	土	人 面	江原鰲山里	長：5.1		地表採集
6	骨	人 面	咸北西浦項	長：6.7	櫛文土器	西浦項4期層
7	骨	人 面	咸北西浦項	長：2.9	櫛文土器	西浦項4期層
8	貝	人 面	釜山東三洞	長：10.7	隆起文土器 押引文土器	
9	土	イノシシ	慶南欲知島	長：4.2		攪乱層
10	土	クマ	釜山東三洞	長：3.5	隆起文土器 押引文土器	
11	土	アシカ(？)	蔚山細竹	長：3.8	隆起文土器	
12	土	クマ(？)	江原鰲山里	長：5.5	隆起文土器	
13	角	仔 馬(？)	咸北西浦項	長：7.0	櫛文土器	西浦項3期層
14	牙	ヘ ビ	咸北西浦項	長：5.0	櫛文土器	西浦項3期層
15	土	イ ヌ	咸北農圃	長：3.6	櫛文土器	
16	石	ト リ	咸北農圃	長：3.1	櫛文土器	

2　造形物の特徴

（1）　分布上の特徴

図2からみるように造形物はその分布様相が空間的に韓半島の東海岸と南海岸の遺跡のみ確認され，内陸と中西部地域では確認されていない。そして，一部は攪乱層あるいは地表面から採集されることもあるが，時間的には韓半島の東北地域の西浦項遺跡と農圃遺跡を除けば，新石器時代の早期から前期に該当する。西浦項遺跡と農圃遺跡は新石器時代の中期以後ということが他との差異をみせている。つまり，東北地域を除くと櫛文土器文化に属していない要素にみえる。

（2）　形態上の特徴

造形物は全部小型であり，その大きさは10cm以内で，一手で捕まえられる大きさである。人体像は全部土製で，断面は板状である。顔と四肢の表現がないことが特徴的なことである。これは縄文草創期～早期の土偶の形と似ている〔原田 2007a〕。人体像は全部で4点で，その中の2点は性別が区分できないもので，新岩里と農圃の出土品は強調した胸と細い腰の表現から女性像であることが認識できる。人面像の場合，目，鼻，口などの特徴を活かして抽象的な表現をしている。動物像はイノシシ，クマ，イヌ，トリなど様々なものがある。欲知島と鰲山里の出土品を除いては全部頭部だけを表現している。もちろん，欠失の可能性はないことではないが，全体を全部表現したことではないと推定する。

3　造形物の役割

韓半島出土の新石器時代の造形物の役割についての研究は，出土例が少ないため，まだ本格的に進行していないことが現状である。従来の研究傾向は人類学的，民俗学的，宗教学的な観点から進

んできた。今までの研究からみると，この造形物は玩具〔金 1980〕，芸術作品〔李 1980〕，邪魔を追い出す儀器〔李・李 1982〕，護身符あるいはトーテム〔黄 1983〕などと理解してきた。女性像の場合，母系社会制度のもとの住民に共通にみられる豊饒と多産を祈る観念と結びつけることもある〔申 1997〕。しかし，どのような認識でも，この造形物が象徴性を持っていると理解している〔梁ほか 2008〕。

問題は，従来の研究にはこの造形物を新石器人の観念あるいは世界観の表現として理解し，一般論的な見方をしていることである。もちろん，造形物の一般論的な役割（豊饒と多産を祈る呪的遺物あるいはトーテム）を否定することではない。しかし，造形物が持つ社会的な役割は社会的・文化的システムの変化により変わっていくべきである。現在まで15,000点ぐらいの土偶が確認された日本列島の場合，草創期から早期の単純な形態の土偶が前期以後にはさまざまな形態に発展していく。つまり，土偶の社会的な役割の多様性を示していると考えられる。〔Kobayashi 2004，原田 2007a・b〕。このように韓半

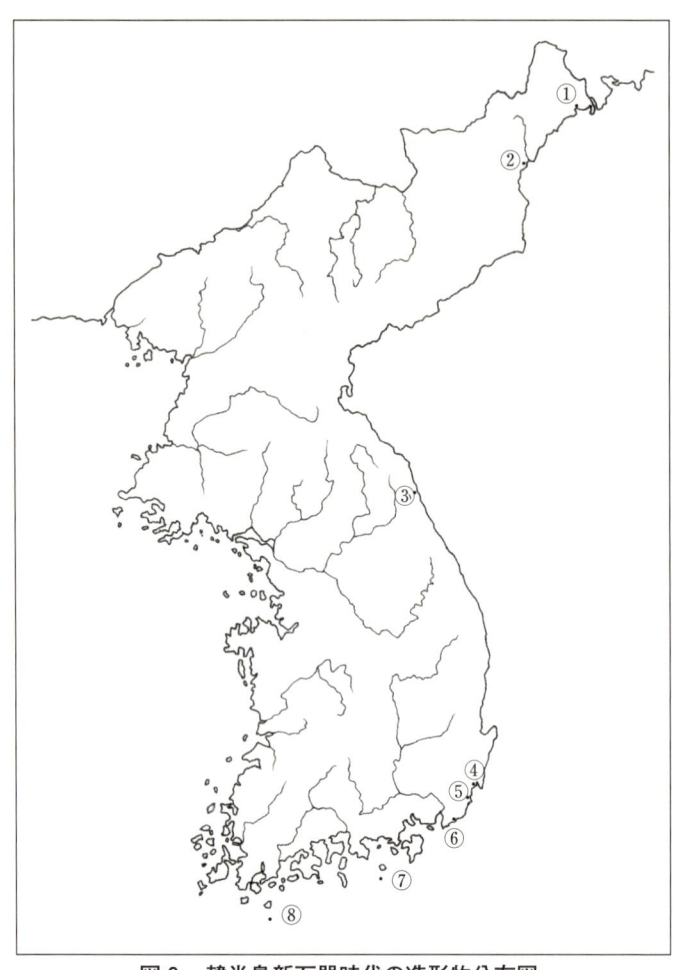

図2　韓半島新石器時代の造形物分布図
① 咸北 西浦項，② 咸北 農圃，③ 江原 鰲山里，④ 蔚山 細竹，
⑤ 蔚山 新岩里，⑥ 釜山 東三洞，⑦ 慶南 欲知島，⑧ 全南 麗瑞島

島内で出土した造形物の変化を認知できれば，社会的・文化的システムの理解を高めることに役立つと考えられる。

もちろん，今まで韓半島から出土した造形物の量が少ないため，研究は限定的であった。しかし，その量がまだ十分ではないが，最近の発掘成果は飛躍的に増えている。前述したように，新石器時代の造形物は空間的には東海岸と南海岸で限定的に分布し，時間的にはおおよそ新石器時代早期から前期（紀元前6000～3500年）に該当する。これを整理すれば，金恩瑩が指摘したように造形物は隆起文土器文化と関連している〔金 2007〕。つまり，韓半島内の造形物は櫛文土器文化の要素だとは考えられない。

そうだとすると，なぜ櫛文土器文化には造形物がよくみられないのか，材質が腐りやすい骨や木材で作られたのが原因だろうか？　上で指摘したように，社会的・文化的なシステムの変化からその原因を探さなければならない。

中国の場合，華北以南の農耕文化では女性像や動物像がみられない。しかし，東北地域では女性像と動物像などの多様な造形物が興隆窪文化から紅山文化にかけて制作された。しかし，紅山文化以後の華北型農耕文化の流入後には女性像と動物像の数が急減し，結局消えてしまう。大貫静夫はこのような変化を儀礼行為の変化と仮定した〔大貫 1998〕。

つまり，定着的な食糧採集民集団は自然の豊饒を祈る儀式に造形物を使用したが，華北以南の農耕社会では天を主体にし，祭祀を行なうため，造形物は発達しなかった。さらに，紅山文化以後の

華北型農耕文化の導入とともに造形物が次第に消えていくと考えている。

　この見解は韓半島新石器時代の造形物の研究に示唆することが大きい。この見解によれば，韓半島から造形物が空間的に，時間的に制限された分布範囲を表わしている理由を生業経済的な側面から解釈できる。よく知られているように，韓半島隆起文土器文化は新石器時代の早期を代表する土器で，後氷期以後に変化した環境に適応した狩猟採集集団の文化であった反面，韓半島中西部地域からはじまる櫛文土器文化は新石器時代の中期（紀元前3500〜2500年）以後に韓半島の全域に拡散し，前時期の隆起文土器と押文土器文化を移し替えていった。櫛文土器文化は基本的に狩猟・採集・漁労をもとにしたが，生業経済に隆起文土器文化や押文土器文化ではみつからない農耕という新たな生計手段が登場した〔梁ほか 2008〕。しかし，隆起文土器文化では造形物が確認されるが，櫛文土器文化では一部の地域を除き，造形物はみつからない。この点から農耕の導入とそれに伴う儀礼行為の変化から造形物の変化相をみつけられるだろう。さらに，櫛文土器文化の農耕の比重がわれわれの考え以上のことではなかっただろうか。

　一方，西浦項遺跡と農圃遺跡などの韓半島東北地域の場合，なぜ新しい時期まで造形物が存続するのか。韓半島東北地域は前時期からの押文土器の伝統が強く残っていった地域であり，櫛文土器文化が韓半島の全域に拡散した後にも，器形は基本的に平底で，模様も押文土器の伝統が強く残存する。このなか，櫛文土器文化の要素を選ぶなら沈線と魚骨文程度である。さらに，他の地域の場合は炭化穀物が確認されるが，この地域ではまだ炭化穀物が検出された事例がない。このようなことから考えてみれば，この地域は新石器時代の新たな時期まで狩猟採集中心の生業経済が維持していったと考えられる。したがって儀礼行為に使われた造形物が持続的に制作された可能性が大きい。

おわりに

　今まで韓半島の新石器時代の造形物の出土現況と特徴そして社会的な役割と変化相についてみてみた。韓半島の造形物は時・空間的な位置が隆起文土器文化と関連する。そしてこれの社会的な役割は周辺地域の状況を考えると，定住あるいは定住生活の成立を背景にした狩猟採集民集団の自然の豊かな恵みを祈る呪的遺物であることが理解できる。しかし，このような造形物は櫛文土器文化とは距離が開いており，農耕の導入と関連した儀礼行為の変化からその原因が探せると考える。

　限定的な資料により，論理の展開に多少の無理があったと考えられる。しかし，この論文をきっかけにし，個別遺物の単純な役割の研究から抜け出て，造形物を媒介にした観念形態と信仰，さらに，社会的・文化的なシステムなどについての研究への発展を祈願する。

参考文献

　고동순 2007「襄陽鰲山里遺跡発掘調概報」『韓国新石器研究』13，韓国新石器研究会
　金建洙ほか 2007 『莞島郡麗瑞島貝塚』木浦大学校博物館
　金元龍 1980「源次美術」『韓国美術全集』1
　金恩瑩 2007「古城文岩里からみた新石器時代の平底土器文化の展開」『文化財』40，国立文化財研究所
　申淑静 1997「新石器時代の遺跡と遺物」『韓国史—旧石器文化と新石器文化』国史編纂委員会
　安在晧ほか 2007『蔚山細竹遺跡』東国大学校埋蔵文化財研究所
　梁成赫ほか 2008『韓国美の胎動—旧石器・新石器』国立中央博物館
　李基白・李基東 1982「新石器時代の社会と文化」『韓国史講座』1，一潮閣
　李隆助 1980『韓国先史文化の研究』平民社
　任孝宰ほか 1984『鰲山里遺跡』ソウル大学校博物館
　任鶴鐘ほか 2004『東三洞貝塚Ⅲ—第3次発掘調査』国立中央博物館
　鄭澄元ほか 1989『新岩里Ⅱ』国立中央博物館
　河仁秀 2007『東三洞貝塚浄化地域発掘調査報告書』釜山博物館

韓永熙ほか 1989『欲知島』国立晋州博物館
韓永熙 1997「新石器時代の生業と社会」『韓国史―旧石器文化と新石器文化』国史編纂委員会
黄龍渾 1983「芸術と信仰」『韓国史論』12，国史編纂委員会
考古学研究室 1957「清津農圃里原始遺跡発掘」『文化遺産』57－4
金勇南・徐国泰 1972『考古民俗論文集4―西浦項原始遺跡発掘報告』社会科学出版社
황기덕 1962「豆満江流域の新石器時代文化」『文化遺産』62－1
大貫静夫 1998『東アジアの考古学』同成社
Kobayashi Tatsuo 2004『Jomon Reflections』Oxbow Books
原田昌幸 2007a「縄文世界の土偶の始まり」『日本の美術8―縄文土器早創期・早期』至文堂
原田昌幸 2007b「土偶の多様性」『心と信仰』縄文時代の考古学11，同成社

西安漢墓陶倉出土植物遺存の鑑定と分析

趙 志 軍
（今村佳子訳）

1　研究の背景

　2006年夏，私は国家文物局が開催する考古所長培訓班（考古研究所長期研修班）で植物考古学について講義するために西北大学に赴いた。その間，西安市文物保護考古所で魚化寨遺跡のフローテーション結果の整理作業について打ち合わせをしたのであるが，その時に私を接待していただいたのは程林泉さんであった。当時，彼はある漢代墓葬発掘報告（本報告）の編著に着手しており，そのため私たちの話題の中心は自然に漢代墓葬で出土する植物遺存の問題になった。
　漢代考古は歴史時代考古学に属し，大量の歴史文献が考古学研究の参考となる。しかし，発掘資料と文献記載がどのように互いに証明しあい補充しあうか，歴史時代考古学がよく配慮しなければならない問題である。例えば，漢代の農業生産は地域性がたいへん強く，単に「北粟南稲」の栽培形態の差があるばかりでなく，さらに北方地区や南方地区内には異なる作物栽培制度が複数並立している。このように，漢代の農業生産の特徴を研究することは，古代文献の記載に依拠するだけでは不十分で，考古発掘で出土する農作物の実物資料も重視しなければならない。農作物は植物であることから，一般に古代遺跡で残留していることが少ない。しかし，漢代は今から2千年前後もさかのぼるにもかかわらず，植物遺存が現代まで保存される可能性が比較的高い。それは，考古発掘で漢代植物遺存が発見されたとの報道をたびたび耳にすることと思うが，その農作物遺存の多くが墓葬に副葬された陶倉（陶製の倉形模型明器）内で発見されるということと関係がある。
　程林泉さんは，彼が最近発掘した1基の漢墓から出土した陶倉内で発見した植物遺存をご紹介くださった。資料室に連れていただいて観察すると，その陶倉内で発見されたのは大量の保存状態良好なアワであった。私たちは奮い立ち，鉄は熱いうちに打てと，数人の助手を連れて，酷暑の中，西安市文物保護考古所の資料室に収蔵されている西安地区の漢代墓葬出土の数百点の陶倉を逐一詳細に調査した。最終的に45点の陶倉内から植物遺存を抽出した。これらの陶倉は23基の漢代墓葬から出土したもので，年代は前漢中期から後漢中期にわたり，いくつかの陶倉には題記があった。
　この漢墓出土陶倉の古代植物遺存は，初めてまとまって発見された資料で，植物遺存の出土背景が特殊であること（陶倉），年代が確かであること（漢代），地域が集中していること（西安），系統性が強いこと（45組のサンプル）から，たいへん学術的価値が高い。漢代墓葬の副葬陶倉の内容やその意味，漢代長安城の位置する関中地区の農業生産の特徴，漢代糧食備蓄状況など，一連の重要な問題を分析する貴重な実物資料である。

2　植物遺存の分類と鑑定基準

　45点の漢墓出土陶倉内で検出した植物遺存は，中国社会科学院考古研究所植物考古実験室に持ち帰り，分類と鑑定を行なった。同時に，別の漢墓の陶罐内で発見された植物遺存，ならびに墓葬後室床面から採集した植物遺存のサンプルについても整理を進めた。
　顕微鏡での観察と鑑定を通じて，これらの漢墓出土陶倉で出土した植物遺存は，すべて農作物，つまり人類が栽培した植物品種であることが判明した。用途や植物学の分類系統をもとに，これらの農作物遺存はさらに，穀類作物，豆類作物，繊維作物，その他の作物の4つに細分できる。

（1） 穀類作物

穀類作物は主に禾本科の農作物品種に属し，アワ（Setaria italica L.），キビ（Panicum miliaceum L.），イネ（Oryza sativa L.），オオムギ（Hordeum vulgare L.），コムギ（Triticum aestivum L.），ハトムギ（Coix lacryma-jobi L.）の6種を今回発見した。

漢墓陶倉内で発見されたこれらの穀物の種子本体は，すでに腐って消失しており，外皮がわずかに残る。穀物の種子の主要成分はデンプンで，長い時間を経て灰化する。外皮の主要成分は粗繊維・木素（リグニン）・灰分（カリウム・ナトリウム・カルシウムなど）などからなり，これらの物質の組織は常温常圧で，デンプン粒子より堅固なものが多く，分解しにくい。このため，同じ埋蔵条件下では，外皮は種子本体と比べ残存時間が長くなる。

実際は，2千年を経て，漢墓の陶倉内で出土した穀物外皮はすでに分解しはじめていた。しかし，わずかの穀物外皮は基本的な形態の特徴を保持しており，中には完全な外部組織と特徴を維持しているものもあって，植物種属の鑑別をすすめることができた。例えば，アワとキビの穀物外皮の組織と細部の特徴はかなり明確で，容易に区別がつく。アワは「穀子」とも称し，完全な籾殻（外皮）は一般に長楕円形で，表面はイボ状の小突起が，いっぱいに散らばって縦向きの波紋状に配列している。籾の長さは2.5mm前後が多い。キビは「糜子」とも称し，完全な籾殻は球形に近いものが多く，表面は滑らかで光沢があり，籾の長さは一般に3mm強である。ハトムギの籾殻の形状は特殊で，長楕円形で，ヒョウタンに似ており，堅固で光沢があり，鑑別しやすい。イネの籾殻とムギの籾殻の特徴はさらに明確で，さほど植物学の知識がなくとも識別することができる。

（2） 豆類作物

豆類作物はマメ科の農作物で，ダイズ（Glycine max L.），アズキ（Vigna angularis Wight）の2種を今回検出した。

漢墓陶倉内で発見される豆類作物には，一般にわずかながらでも種皮が残存する。種皮は強靱で，胚芽・子葉などの内部組織が腐ってなくなった後も，かなり長い時間残存する。しかし，種皮と内部組織の結合はかなり緊密なため，内部組織が完全に腐敗した後は，残存した種皮はもとの形を留めることができず，次第に細長く線状に壊れ，屈曲変形し，識別が困難になる。

私たちは顕微鏡で仔細な観察を繰り返したことによって，豆類作物の豆臍（珠柄）部分のほとんどは莢とともに残存し，豆臍の形態的特徴がまさしく豆類作物を識別する重要な指標の一つとなることを発見した。例えば，ダイズの臍溝は隅丸方形で，一辺の長さは同じで短い。アズキの臍溝は細長く，上端が広く下端が狭くなっており，長さは比較的長い。そのほか，ダイズは，脂肪含有量が高いことから，残存する種皮は一般に油性が目立ち，光沢があって，黒ずんだ色合いをしている。アズキの脂肪含有量は比較的低く，そのため残存する種皮は一般的に乾燥しており，光沢がなく，深棕色を呈する。以上を総合すると，漢墓陶倉で出土する豆類作物に残存する種皮の特徴，および種皮上に付着する豆臍の特徴を根拠として，ダイズとアズキの遺存体を正確に鑑定・識別することができる。

（3） 繊維作物

今回発見された繊維作物は，アサ（Cannabis sativa L.）の1品種である。漢墓陶倉内に貯蔵されたアサはすべて種子で，出土時は種子の外皮がわずかに残るのみで，内部組織はすでに腐敗して失われている。アサの種子の外皮の形態的特徴は比較的明確で，卵形を呈し，周囲に細い筋がめぐり，鑑別がしやすい。

（4） そのほかの作物

今回発見されたそのほかの作物は，1粒のシナグリ（Castanea mollissima Bl.）である。考古学の

表 1　西安漢墓陶倉出土植物遺存鑑定結果

遺跡名称	墓葬：遺物番号	年代	採集背景	植物遺存	陶倉題記
西柞	M20	前漢中期	陶倉	アワ	
西柞	M20	前漢中期	陶倉	アズキ	
西柞	M20:3	前漢中期	陶倉	キビ	
西柞	M20:4	前漢中期	陶倉	不明	
西柞	M33:6	前漢中期	陶倉	アワ	
西柞	M33:7	前漢中期	陶倉	ダイズ	
西柞	M33:8	前漢中期	陶倉	キビ	
西柞	M47:17	前漢中期	陶倉	アワ	
西柞	M47:23	前漢中期	陶倉	キビ	
西柞	M49:9	前漢中期	陶倉	キビ	
西柞	M49:10	前漢中期	陶倉	アワ	
西柞	M19:1	前漢中期	陶倉	ダイズ	
西柞	M7	前漢中後期	陶倉	アワ	
西柞	M7	前漢中後期	陶倉	キビ	
世家	M290:9	前漢中期	陶倉	ダイズ・アサ	
世家	M290:10	前漢中期	陶倉	キビ	
世家	M2:22	前漢中期	陶倉	アワ	
石油	M22:1③	前漢中後期	陶倉	ダイズ	
石油	M22:3③	前漢中後期	陶倉	アズキ	
石油	M22:4①	前漢中後期	陶倉	イネ・オオムギ	
石油	M22	前漢中後期	陶倉	キビ・アワ	
交校	M95:8	前漢中後期	陶倉	アワ	
交校	M65:1	前漢後期	陶倉	キビ	
交校	M65:3	前漢後期	陶倉	アワ	
曲春	M23:1	前漢後期	陶倉	アワ	
曲春	M23:2	前漢後期	陶倉	アワ	
曲春	M23:3	前漢後期	陶倉	アワ	
曲春	M23:4	前漢後期	陶倉	アワ	
曲春	M23:5	前漢後期	陶倉	アワ	
曲春	M16:2	前漢後期	陶倉	アズキ・アワ・オオムギ	
曲春	M18:1	前漢後期	陶倉	アワ	
三兆	M3	前漢後期	陶倉	アワ	粟
三兆	M3	前漢後期	陶倉	キビ	黍、粟
三兆	M3	前漢後期	陶倉	ダイズ	大豆
三兆	M3	前漢後期	陶倉	オオムギ	大麦
三兆	M3	前漢後期	陶倉	アサ・アワ・キビ	麻
三兆	M4	前漢後期	陶倉	アズキ・アワ・オオムギ・ハトムギ	
三兆	M4	前漢後期	陶倉	コムギ	
理工	M13:6	前漢後期	陶倉	イネ	
理工	M19:採集	後漢前期	陶倉	シナグリ	
海榮	M23:14	前漢後期	陶倉	アワ	
榮海	M2:11	前漢後期	陶倉	不明	
雁南	M1:18	前漢後期	陶倉	キビ	
雁湖	M16:4	後漢中期	陶倉	アワ・キビ	
雁湖	M16:5	後漢中期	陶倉	アワ・キビ	
雁湖	M16:採集	後漢中期	墓葬後室床面	ハトムギ	
郵電	M1294	後漢中期	陶罐	キビ	

視点からみると，倉は糧食を貯蔵する専用のもので，何ゆえに漢墓陶倉内で1粒のシナグリが出土したのか，意味のある分析となる。植物種属の鑑定からすれば，シナグリの特徴は非常に顕著で，識別しやすいというだけで，これ以上のことは言えない。

3　植物遺存の鑑定結果

以上の基準を根拠として，私たちは漢墓陶倉で出土する植物遺存について鑑定と識別を進めた。以下，遺跡ごとに，名称（漢墓群），墓葬編号，墓葬年代，各陶倉で出土する植物遺存の鑑定結果

を逐一紹介したい（表1）。

（1）　西柞漢墓群

西柞漢墓群では，14点の陶倉で植物遺存を検出し，これらの陶倉は5基の前漢中期の墓と1基の前漢中後期の墓に属す。

西柞20号墓　前漢中期墓で，4点の陶倉で植物遺存を検出したが，2点には遺物番号があるが，ほか2点には遺物番号がない。

2点の遺物番号のない陶倉のうち，1点はアワを貯蔵する。籾はすでに腐敗して消失しているが，籾殻がわずかに残っていた。黄白色で，籾殻はやや薄く，半透明である。計測すると，保存状態の完全な籾殻は平均で長さ2.39mm，幅1.614mmであった。もう1点の陶倉はアズキを貯蔵しており，種皮が残存している。種皮は屈曲変形し，深棕色で，光沢がない。いくつかの種皮には豆臍（珠柄）が付帯し，臍溝は細長く，豆臍は平均で長さ2.22mm，幅0.477mmを測る。

2点の遺物番号のある陶倉のうち，M20：3陶倉はキビを貯蔵し，籾殻が残存していた。灰白色で，半透明である。籾殻は平均で長さ3.074mm，幅2.392mmを測る。

M20：4陶倉に残存する植物遺存は何かの果皮に類似し，屈曲して厚く，深黄色と黒灰色を呈しているが，今のところ鑑定する手立てがない。唯一言えることは，この陶倉には穀類や豆類作物を貯蔵していなかったことである。

西柞33号墓　前漢中期墓で，3点の陶倉から農作物遺存を検出した。

M33：6陶倉はアワを貯蔵しており，籾殻が残存していた。黄白色で，半透明である。籾殻は平均で長さ2.662mm，幅1.67mmを測る（図1）。

M33：7陶倉はダイズを貯蔵しており，少量の種皮が残存していた。種皮は屈曲変形し，黒ずんでおり，光沢がある。いくつかの種皮には豆臍（珠柄）が付帯し，臍溝は隅丸方形をなし，豆臍は平均で長さ1.816mm，幅0.482mmであった。

M33：8陶倉はキビを貯蔵していた。籾殻が残存し，灰白色で，半透明である。籾殻は平均で長さ3.162mm，幅2.342mmであった（図2）。

西柞47号墓　前漢中期墓で，2点の陶倉内で農作物遺存を発見した。

M47：17陶倉はアワを貯蔵していた。籾殻が残存し，黄白色で，半透明である。籾殻は平均で長さ2.488mm，幅1.556mmを測る。

M47：23陶倉はキビを貯蔵していた。籾殻が残存し，灰白色で，半透明である。籾殻は平均で長さ3.022mm，幅2.442mmを測る。

西柞49号墓　前漢中期墓で，2点の陶倉で農作物遺存を発見した。

M49：9陶倉はキビを貯蔵していた。籾殻が残存し，灰白色で，半透明である。籾殻は平均で長さ3.058mm，幅2.41mmを測る。

M49：10陶倉はアワを貯蔵していた。籾殻が残存し，黄白色で，半透明であり，籾殻の表面はイボ状の小突起で満ちている。籾殻がかなり破砕しているため，完全な籾殻が極めて少なく，計測できなかった。

西柞19号墓　前漢中期墓で，M19：1陶倉でダイズの遺存体を検出した。少量の種皮が残存し，種皮は屈曲変形し，黒ずんでおり，光沢がある。いくつかの種皮には豆臍（珠柄）が付帯し臍溝は隅丸方形で，豆臍は平均で長さ1.743mm，幅0.443mmであった。

西柞7号墓　前漢中後期墓で，2点の陶倉で農作物遺存を検出した。陶倉には遺物番号が付いていない。うち1点の陶倉はアワを貯蔵しており，籾殻が残存する。黄白色で，半透明である。籾殻は平均で長さ2.426mm，幅1.712mmを測る（図3）。

もう1点の陶倉はキビを貯蔵しており，籾殻が残存する。灰白色で，半透明である。籾殻は平均で長さ2.978mm，幅2.21mmを測る（図4）。

図1　西柞M33:6-アワ籾殻　　　図2　西柞M33:8-キビ籾殻　　　図3　西柞M7-アワ籾殻

図4　西柞M7-キビ籾殻　　　図5　石油M22:1③-ダイズ　　　図6　石油M22:3③-アズキ

図7　石油M22-キビの籾殻と茎　図8　曲春M23:1-アワ籾殻　　　図9　曲春M23:4-アワ籾殻

図10　三兆M3-アワ籾殻　　　図11　三兆M3-キビ籾殻　　　図12　三兆M3-ダイズ

図13　三兆M3-オオムギ　　　図14　三兆M3-アサ外皮　　　図15　三兆M4-ハトムギ籾殻

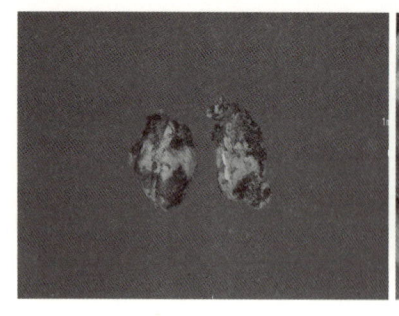

図16　三兆M4-コムギ　　　図17　理工M13:6-イネ籾殻　　　図18　理工M19:採集-シナグリ外皮

（2）世家星城漢墓群

世家星城漢墓群では，3点の陶倉で植物遺存が検出され，2基の前漢中期墓に属する。

世家290号墓　前漢中期墓で，2点の陶倉で農作物遺存を発見した。

M290:9陶倉は2種の食物遺存を貯蔵し，主なものはダイズの種皮で，屈曲変形し，黒ずんでおり，光沢がある。豆臍（珠柄）は平均で長さ2.05mm，幅0.54mmを測る。陶倉にはそのほかに少量のアサの外皮片があったが，腐敗が激しく，計測できなかった。

M290:10陶倉はキビを貯蔵し，籾殻が残存する。灰白色で半透明である。籾殻は平均で長さ3.062mm，幅2.472mmを測る。

世家2号墓　前漢中期墓で，M2:22陶倉でアワを検出した。籾殻が残存し，黄白色で，半透明であった。籾殻は平均で長さ2.398mm，幅1.666mmを測る。

（3）石油学院漢墓群

石油学院漢墓群では，4点の陶倉で植物遺存があり，いずれも1基の墓から出土した。

石油22号墓　前漢中晩期墓で，4点の陶倉で農作物が残存し，このうち3点に遺物番号があり，1点にはない。

M22:1③陶倉はダイズを貯蔵していた。種皮が残存し，屈曲変形し，黒ずんでおり，光沢がある。豆臍（珠柄）は平均で長さ1.838mm，幅0.564mmを測る（図5）。

M22:3③陶倉はアズキを貯蔵していた。種皮が残存し，屈曲変形し，深棕色で，光沢がない。豆臍（珠柄）は平均で長さ2.092mm，幅0.608mmを測る（図6）。

M22:4①陶倉は検出した植物遺存の数量がかなり少ないが，オオムギとイネという2種の重要な穀物の籾殻が残存していた。これらの籾殻の特徴は顕著で，容易に識別できるが，破砕しているために計測はできない。そのほか，この陶倉の植物遺存として，少量のオオムギの芒がある。

石油22号墓にはほかにも陶倉が1点あり，遺物番号はないが，陶倉に残存する穀物遺存にはキビの籾殻と茎があった。籾殻は灰白色で，半透明であり，平均で長さ3.046mm，幅2.494mmを測る。茎はすべて残片で，維管束をはっきり観察することができる（図7）。そのほか，この陶倉では，ごく少量のアワの籾殻も検出した。

（4）交通学校漢墓群

交通学校漢墓群では，3点の陶倉で植物遺存を検出した。1基の前漢中後期墓と1基の前漢後期墓に属す。

交校95号墓　前漢中後期墓で，M95:8陶倉でアワを発見した。籾殻が残存し，黄白色で，表面にはイボ状の小突起で満ちている。しかし，破砕しているため，計測できなかった。

交校65号墓　前漢後期墓で，2点の陶倉で穀物遺存を検出した。

M65:1陶倉はキビを貯蔵していた。籾殻が残存し，灰白色で，半透明である。籾殻は平均で長さ3.076mm，幅2.334mmを測る。

M65:3陶倉はアワを貯蔵していた。籾殻が残存し，黄白色で，半透明である。籾殻は平均で長さ2.294mm，幅1.532mmを測る。

（5） 曲江春暁苑漢墓群

曲江春暁苑漢墓群では，7点の陶倉で植物遺存を検出した。3基の前漢後期墓に属する。

曲春23号墓 前漢後期墓で，5点の陶倉に穀物が残存していた。すべてアワの遺存体で，籾は腐敗して消失しているが，籾殻が残存している。仔細に観察すると，5点の陶倉で出土したアワの籾殻は形態の特徴がやや異なり，明確に二組に分かれる。

M23:1陶倉とM23:2陶倉の籾殻は，黄褐色で，籾殻は薄く，不透明である。籾殻は円形で，平均で長さ2.463mm，幅1.824mmを測る（図8）。

M23:3・M23:4・M23:5これら3点の陶倉の籾殻は，黄白色で，薄く，半透明である。籾殻は細く窄まり，平均で長さ2.491mm，幅1.663mmを測る（図9）。

曲春16号墓 前漢後期墓で，M16:2陶倉でいくつかの植物遺存を発見した。鑑定の結果，アズキが主で，種皮が残存している。深棕色で，光沢がない。豆臍（珠柄）は平均で長さ2.416mm，幅0.586mmを測る。そのほか，この陶倉では少量のアワの籾殻とオオムギの芒を検出した。

曲春18号墓 前漢後期墓で，M18:1陶倉でアワを検出し，籾殻が残存する。黄白色で，半透明である。籾殻の表面はイボ状の小突起で満ちており，破砕が激しく，完全な籾殻がない。

（6） 三兆漢墓群

三兆漢墓群では，7点の陶倉から植物遺存が検出され，2基の前漢後期墓に属する。

三兆3号墓 前漢後期墓で，5点の陶倉が出土し，醤黄釉がかかっている。それぞれ墨書で，「粟一京」「黍粟一京」「大豆一京」「大麦一京」「麻一京」という題記がある。陶倉内には穀物が残存しており，貯蔵する穀物品種と墨書題記は基本的に符合するが，若干の食い違いもある。

「粟一京」陶倉内の穀物は，確かにアワで，籾殻が残存している。黄白色で，半透明で，籾殻の表面はイボ状の小突起で満ちている。籾殻は平均で長さ2.338mm，幅1.750mm（図10）。

「黍粟一京」陶倉内の穀物はすべてキビで，アワは検出できず，題記とやや異なっている。キビの籾はすべて腐敗して消失し，籾殻が残存している。灰白色で，半透明である。籾殻は平均で長さ3.138mm，幅2.514mmを測る（図11）。

「大豆一京」陶倉内の植物遺存体は確かにダイズである。種皮が残存しており，屈曲変形し，黒ずんで光沢がある。豆臍（珠柄）は平均で長さ1.754mm，幅0.522mmを測る（図12）。

「大麦一京」陶倉内の穀物は確かにオオムギである。オオムギの籾殻・芒・少量の籾が残存する。オオムギの籾はすでに炭化しており，黒色で，完全なものが1粒あった。長さ5.68mm，幅3.35mmである（図13）。

「麻一京」陶倉内の植物遺存体はアサが主で，ほかにも少量のアワの籾殻とキビの籾殻が検出され，題記とやや異なっている。アサの種子は外皮がわずかに残存し，灰黄色で，光沢はない。残存状況が完全なものが1粒あり，卵形で，周囲に細い筋がめぐり，長さ3.02mm，幅2.93mmを測る（図14）。

三兆4号墓 前漢後期墓で，2点の陶倉で植物遺存を検出する。遺物番号はない。

そのうち1点の陶倉は，アズキの遺存体があり，種皮が残存する。種皮は深棕色で，光沢がない。豆臍（珠柄）は平均で長さ2.22mm，幅0.4mmを測る。そのほか陶倉内には2粒の完全なハトムギの籾殻を検出した。長楕円形で，灰白色，一つはやや大きくて長さ10.1mm，直径6.75mm，もう一つはやや小さく長さ8.69mm，直径5.61mmであった（図15）。

もう1点の陶倉内にはコムギを貯蔵し，出土時にはすでに腐敗して壊れた黄褐色の残片になっていたが，比較的大きい残片から，深い縦溝，幅広な胚部などのコムギの種子の特徴を抽出できた

（図16）。完全な種子は未発見のため，計測はできない。

（7）理工大学漢墓群

理工大学漢墓群では，2点の陶倉から植物遺存を検出した。それぞれ前漢後期墓と後漢前期墓に属す。

理工13号墓 前漢後期墓で，M13:6陶倉で大量のイネの遺存体を発見した。稲籾はすでに腐敗して消失しているが，籾殻の保存状態は良好であった。灰白色で，半透明で，維管束をはっきりと観察できる。大部分の籾殻は完全に残存しており，計測すると，平均で長さ7.11mm，幅3.55mmであった（図17）。

理工19号墓 後漢前期墓で，1点の陶倉（M19:採集）で1粒のシナグリを発見した。種子はすでに腐敗して消失し，外皮が残存する。幅20mm，高さ17mm，厚さ14mmを測る（図18）。

（8）海榮漢墓群

海榮漢墓群では，1点の陶倉から植物遺存を検出した。

海榮23号墓 前漢後期墓で，M23:14陶倉で少量のアワの籾殻を検出した。黄白色で，表面はイボ状の小突起で満ちている。かなり破砕しているので，計測はできなかった。

（9）榮海漢墓群

榮海漢墓群では，1点の陶倉から植物遺存を検出した。

榮海2号墓 前漢後期墓で，M2:11陶倉で植物遺存を検出した。西柞20号墓のM20:4陶倉内の植物遺存と特徴が同じで，何らかの果皮に類似し，屈曲して厚く，深黄色あるいは黒灰色を呈しているが，今のところ鑑定する手立てはない。

（10）雁南路漢墓群

雁南路漢墓群では，1点の陶倉で植物遺存を検出した。

雁南1号墓 前漢後期墓で，M1:18陶倉ではキビを貯蔵していた。キビの籾殻がわずかに残存し，灰白色で，半透明であった。籾殻は，平均で長さ2.882mm，幅2.45mmを測る。

（11）雁湖漢墓群

雁湖漢墓群では，2点の陶倉で植物遺存を検出した。いずれも後漢中期墓（16号墓）で出土した。このほか，16号墓の後室床面でも植物遺存を発見した。

M16:4陶倉の穀物遺存はかなり破砕しており，籾殻片の表面の特徴からアワとキビの2種があったと特定でき，アワの籾殻片の方が多いようである。

M16:5陶倉の穀物遺存の状況もM16:4陶倉と同様である。

このほか，16号墓の後室床面上で多くのハトムギの籾殻を採集した。保存状態は良好で，平均で長さ9.978mm，直径7.388mmを測る。

（12）郵電学院漢墓群

郵電学院漢墓群では，出土した陶倉内に植物遺存を発見することができなかったが，1点の陶罐内でキビの遺存体を検出した。この陶罐は，後漢中期の1294号墓から出土し，罐内にはキビの籾殻がわずかに残存する。灰白色で，半透明であった。籾殻は，平均で長さ3.016mm，幅2.552mmを測る。

4　分析と討論

　漢代墓葬の副葬品の陶器の組み合わせは，一般に鼎・壺・罐・倉・奩・釜・甑・盆・灯などである。これらの陶器は，ほとんどが被葬者の明器として製作されるものであるが，当時の日常生活で欠かせない器皿や用具を表現したものである。このうち陶倉だけは例外で，器皿ではなく，建築物である。『説文』釋には「倉，穀藏也」とあり，倉が漢代において糧食を貯蔵する場所であったことを指している。漢代の農業社会の中で，農産物は基本的な生活の要素であった。このため，糧食を貯蔵する穀倉を陶製明器（あるいは模型）として製作し，そのほかの日常用具と同じく，漢代墓葬の典型的副葬品としたのである。

　漢代の埋葬習俗は当時の現実生活をもとにしたものであり，墓室・葬具・副葬品はすべて一定の象徴的意味があるとはいえ，被葬者の生前の生活を如実に再現するものである。穀倉は重要な副葬品で，本来は体積が大きなものであるため模型として縮小して表現するが，倉内に貯蔵する糧食の粒は小さいため，実物の穀物を使用している。今回の漢墓陶倉出土の植物遺存鑑定結果は，このことを証明している。

　注目すべきことに，三兆3号墓の「大麦一京」陶倉出土の炭化したオオムギの種子を除くと，そのほかの陶倉で出土した農作物遺存はすべて穀物の外皮であった。穀物の籾部分はすでに腐敗して消失していた。この現象は，漢代墓葬の陶倉がもともと副葬時に本物の糧食を入れるものであったことを示している。籾殻のついた穀物は，外皮の組織が堅いために，こんにちまで残存することができたが，籾殻を取り去った穀物は組織がデンプン質であることから脆弱で，2千年の間に分解してしまい，出土時にはすべてなくなってしまった。このため，各地で出土する漢墓の陶倉には，農作物が残存していたり，何もみられなかったりという状況になるわけである。

　ある研究者は，西安地区の漢代墓葬群の被葬者の大多数が，長安城内外の一般住民であったと認識している〔劉慶柱 2004〕。つまり，西安地区漢墓陶倉内にある農作物品種は，当時当地の一般住民の日常生活で消費し備蓄した糧食であったことを反映している。西安漢墓陶倉が貯蔵する農作物品種を分析することによって，長安城の所在地つまり関中地区の農業生産の特徴について推測し判断することができるのである。

　今回，漢墓陶倉で発見した農作物の種類は，アワ，キビ，ダイズ，アズキ，オオムギ，コムギ，イネ，アサ，ハトムギの9品種である。このことは，漢代の関中地区の農業生産が，多くの品種の農作物を栽培するものであったことを示す。農作物の多品種栽培は，農業生産技術を進め，農業生産性を高めるだけではなく，糧食栽培の危険性を抑えることもできる。事実，漢代人はこの点を自覚しており，班固は『漢書・食貨志』で「種穀必雜五種，以備災害」と指摘している。

　班固の言う五種の穀物の五とは，抽象的な数であって，多いという意味であるかもしれず，あるいは実際の数であるかもしれない。唐代の顔師古は，「謂黍，稷，麻，麥，豆也」と注釈した。稷はアワのことで，顔師古が列記した五種の農作物は，実際に漢墓陶倉で出土する植物遺存にあり，実証された。しかし，今回陶倉で発見した別の重要な農作物が，顔師古の注釈には入っていない。その作物は，イネである。実際，顔師古の注釈は，先人の「五穀」の解釈を借用したもので，それは鄭玄の『周礼・天官疾医』の注釈で，「麻，黍，稷，麥，豆」である。しかし，「五穀」の種類には別の解釈もあり，趙歧は『孟子・滕文公上』の注釈で，「稲，黍，稷，麥，菽」と記している。両者の注釈の差異は，イネとアサにある。鄭玄と趙歧は漢代人で，彼らの五穀に対する解釈が異なる理由はわからないが，漢墓陶倉出土の農作物の鑑定結果を根拠とすると，彼らの言う稲，大麻，黍，稷（粟），麥，菽（豆）はすべて漢代の農作物品種である。

　一つの地区の農業生産体系では，たとえ多くの品種の農作物を栽培していたとしても，一種か二種の主体となる代表的な農作物があるものである。漢代までの関中地区は，農業生産の主体的な作物が何であったのかを，歴史文献の記載だけで判断することは困難である。例えば，上記で引用し

た古代文献でも，鄭玄や趙岐，顔師古の「五穀」についてのとらえ方はそれぞれ異なっている。しかし，漢墓陶倉で出土した農作物遺存の分析によって，私たちはその手がかりを得ることができる。

表2は，漢墓陶倉で出土した各種農作物遺存の割合を統計したもので，すべての農作物品種中，墓葬を統計単位としても，また陶倉を統計単位としても，アワの出土割合は明らかにそのほかの農作物品種より高いことがわかる。整理すると，農産品としては，アワと漢代長安城の住民の日常生活とは最も密接な関係があり，言い換えると，当時の人々の消費する糧食の中で，アワは第一の地位を占めていたことになる。このことから推察すると，漢代の関中地区では，糧食生産はアワを主体とし，当地の農業生産体系はアワ作農業を特徴としていた可能性がある。

しかし，注意が必要なのは，倉は糧食を貯蔵するためのものであることである。そのため，漢墓陶倉で出土した各種の農作物中，アワの割合が最も高いという現象は，アワが長期保存に最も適した穀物品種であることを意味する。事実，歴史文献中には，例えば王禎の『農書』では「五穀之中，唯稷耐存，可歷遠年。」とあり，また『史記・平準書』には「太倉之粟陳陳相因，充溢露積於外，至腐敗不可食」という記載がある。このことから，当時の国家の穀物倉庫—太倉で貯蔵する穀物はアワであり，漢代で備蓄糧食にはアワが第一に選ばれたことがわかる。とはいえ，司馬遷が『史記』で述べた「粟」とは代用詞であって，ある特定の穀物を示すものではなく，漢代太倉で貯蔵した各種穀物を総称したものである。現代の「糧食」と同じような意味である。

アワの問題については，今回の漢墓陶倉の検討で，もう一つ重要な発見があった。上で述べたように，曲春23号墓の5点の陶倉で出土した穀物遺存は，鑑定の結果すべてアワの籾殻であった。しかし，細部の特徴から，この5点の陶倉で出土した籾殻は明らかに2組にわかれ，M23:1とM23:2のものはほぼ円形で，殻壁が厚く，黄褐色を呈し，M23:3とM23:4とM23:5のものは楕円形で，殻は薄く，黄白色を呈する。この5点の陶倉は同じ墓から出土したものであるから，保存時間と埋蔵条件は完全に一致し，これによりこの2組の籾殻の形態的特徴に現われた差異は，穀物の品種上の差異であると解釈できる。正確に言うと，遅くとも漢代には，中国北方畑作農業の伝統作物—アワは，すでに異なる品種を育てるまでになっており，農業生産技術が進歩していたことを示している。興味深いことに，この発見は，以前発見した理解不明な陶倉題記の問題についての解釈を手助けすることとなった。例えば，西安白鹿原95号前漢前期墓出土の陶倉には「白粟粟」という墨書題記があり，解釈に苦しんで，原報告では「白穀子（白粟）」とした〔陝西省考古研究所 2003〕。今からすれば，正しくは「白穀子と穀子」とすべきで，その意味はこの陶倉が貯蔵したのは2種の異なる品種のアワで，一つが「白粟」，もう一つが「粟」なのである。

表2の統計によると，キビの出土割合も高く，墓葬の列でみると，キビの出土割合はアワに近い。これは，キビのような雑穀が，漢代長安城の住民の社会と経済において高い地位にあったことを意味している。そのため，よく副葬品として陶倉内に入れられたのである。このことから，漢代の関中地区の農業生産において，キビの栽培規模はアワに匹敵し，アワの補助作物として主に栽培したと推測できる。

表2　西安漢墓陶倉出土農作物割合

	陶倉（45点）		墓葬（23基）	
	数量	百分率	数量	百分率
アワ（*Setaria italica*）	20	44%	14	64%
キビ（*Panicum miliaceum*）	13	29%	11	50%
ダイズ（*Glycine max*）	5	11%	5	23%
アズキ（*Vigna angularis*）	4	8%	4	18%
オオムギ（*Hordeum vulgare*）	3	7%	3	13%
コムギ（*Triticum aestivum*）	1	2%	1	5%
イネ（*Oryza sativa*）	2	4%	2	9%
タイマ（*Cannabis sativa*）	2	4%	2	9%
ハトムギ（*Coix lacryma-jobi*）	1	2%	1	5%

この現象はよく吟味するだけの価値があり，今回の研究所が関わった23基の墓のうち，7基にはそれぞれ食物遺存をもつ2点の陶倉があり，この7組の陶倉のうち5組の植物遺存はアワとキビに分かれる。この組み合わせは70％を占め，偶然とは思われない。これまでの考古発見が示すように，アワとキビ2種の雑穀の組み合わせは，典型的な古代中国北方畑作農業の特徴をなす〔趙志軍 2005〕。中国北方畑作農業のこの特徴は漢代まで続き，さらに正確に言うと，漢代の関中地区において続いた。また，中国北方畑作農業のこの特徴は，一種の伝統として少なくとも意識の中では漢代まで継続し，副葬習俗の中に強く表現されたと述べる研究者もいる。

　漢墓陶倉内に残存する豆類作物遺存の識別と鑑定は，今回の研究によって大きく前進した。これまでの関連報告を調べても，基本的に漢墓陶倉で出土した豆類作物の記述は見当たらない。その原因は，豆類作物遺存の発見がなかったのではなく，これまで鑑定しえなかったという恐れがある。長期の埋蔵を経て，漢墓陶倉に入れられた豆粒の組織はすでに腐敗して消失し，出土時には比較的堅固な部分である種皮のみが残存した。残存した種皮でさえすでに線状に破損し，屈曲変形し，豆粒の原型を留めていない。このことから，豆類作物は識別が困難で，報告時にはよく見落とされることになったのであろう。今回，私たちが観察と分析を繰り返したことによって，ついに種皮に付着した豆臍（珠柄）を入手することができ，豆類作物の残存過程と識別・鑑定の方法を得て，またダイズとアズキの2種の豆類作物を鑑定する方法も得た。今後，漢墓陶倉の豆類作物遺存を発見し識別する参考となろう。

　『漢書・食貨志』には，董仲舒が漢武帝に，関中地区で麦類作物の栽培を強力に推し進めるよう上書したという記載がある。董仲舒は「春秋它穀不書，至於麥禾不成則書之，以此見聖人於五穀最重麥與禾也。」と提議した。これは，春秋戦国時代に，麦類作物がすでに当時の農業生産でアワと同等の重要な穀物品種になっていたことを示している。董仲舒は孔子の時代における麦類作物の重要性を記述しており，これは登封王城岡遺跡のフローテーションの結果である程度証明できている〔趙志軍 2007〕。そのほか，周原遺跡のフローテーションによると，コムギは龍山時代後期にはすでに関中地区に流入し，先周時代には大規模な栽培が始まっていた〔周原考古隊 2004〕。以上の文献記載と考古発見が示すように，漢代以前の麦類作物はすでに中国北方地区の重要農作物であった。しかし，今回，漢墓陶倉の麦類作物の出土割合はかなり低く，当惑する結果となった（表2）。オオムギの遺存体を検出したのは3点の陶倉で（墓葬割合13％），またコムギの遺存体を検出したのは1点の陶倉だけである（墓葬割合5％）。このように低い数値は，漢代長安城の住民の社会と経済において，麦類作物特にコムギがさほど重要ではなかったことを反映している。

　コムギは西アジアに起源し，およそ龍山時代に中国に流入した。コムギは優良な生産性の高い畑作穀物で，中国に流入すると，必然的に中国北方畑作農業の主体的な作物であったアワやキビという雑穀生産に多大な影響を与え，次第に雑穀からコムギへと栽培主体の変化を促した。これは，歴史的事実である。しかし，先周時代に関中地区ではコムギ栽培が普遍化していたのに，なぜか漢代には麦類作物の経済生活での地位が下降し，当地の住民は麦類作物を副葬品にしないまでになった。この問題について，考古資料では今のところ回答する術がないが，上記に引用した『漢書・食貨志』の董仲舒が上書した中に手掛かりがある。董仲舒は，「今關中俗不好種麥」と述べており，だからこそ漢武帝に関中地区で麦類作物の栽培を推し進めるような行政命令を提議したわけである。漢代では，関中地区の一般民衆は，なぜか麦類作物を栽培することを好まなかった。文献の細かな記載によって，私たちが考古発見で感じた疑問が解消された。このことから，歴史時代の考古学研究で，文献記載と考古発見が証明しあい，補充しあう重要性を実感できる。

　麦類作物を除くそのほかのイネやアサのような農作物品種についても，ここでは一つひとつ述べないが，文献記載と考古によって証明し補充できる。

　最後に補充すべき点は，今回，植物考古学の発見と研究が，文献に記載される漢代墓葬制度の信用度について検討する上で，重要な実物証拠となっていることである。例えば，『後漢書・礼儀下』

には，漢代では大喪時に規定された副葬品は「筲八盛，容三升，黍一，稷一，麥一，粱一，稲一，麻一，菽一，小豆一。」であると記載がある。筲は一種の竹編みの容器，稷は粟のことで，『三蒼』釋には「粱，好粟也」とあり（粱は良い粟のこと），菽は豆類作物の総称である。小豆とするときはダイズを示す。この文献記載を解釈すると，漢代墓葬制度では，副葬穀物の最高位は8種の農作物で，キビ，アワ，ムギ，オオアワ（＝粱），イネ，アサ，ダイズ，アズキを同時に用いたとなる。これは，私たちが漢墓陶倉で発見した10種の農作物，アワ，白アワ（オオアワ），キビ，オオムギ，コムギ，イネ，アサ，ダイズ，アズキ，ハトムギと合致している。もし，かなり特殊な穀物品種であるハトムギを計算に入れず，そしてオオムギとコムギを「麥」に合わせれば，今回，西安地区の漢墓陶倉で出土した農作物品種と，文献記載の漢代墓葬制度で列記される副葬農作物品種とは，完全に一致するのである。このことは，副葬品として用いるこの8種の農作物品種が，漢代の朝廷が規定する墓葬制度であるだけでなく，長安城の住民が等しく認識する墓葬習俗であったことを意味する。もちろん，一般民衆が同時に8種の農作物を副葬することは僭越なことである。このため，今回検討した23基の西安漢墓には多くとも5種の農作物しか副葬されなかったのである。

※原載：西安市文物保護考古所編著『西安東漢墓』文物出版社，2009年

参考文献

劉慶柱 2004「長安漢墓―序」西安市文物保護考古所・鄭州大学考古専業編著『長安漢墓』（上冊），陝西人民出版社

陝西省考古研究所 2003『白鹿原漢墓』p.101，三秦出版社

趙志軍 2005「有関中国農業起源的新資料和新思考」中国社会科学院考古研究所編著『新世紀的中国考古学』科学出版社

趙志軍 2007「浮選結果及分析」北京大学考古文博学院・河南省文物考古研究所編著『登封王城岡考古発現与研究（2002-2005）』大象出版社

周原考古隊 2004「周原遺址（王家嘴地点）嘗試性浮選的結果及初歩分析」『文物』2004年第10期

日本への金属器の渡来

石川 岳彦

はじめに

　日本の弥生時代を東アジアのなかで位置づけるとき，日本の弥生文化と朝鮮半島や中国東北地方南部の青銅器文化との関連についてはかねてから注目されてきたところである。特に青銅器や鉄器をめぐっては，いち早く金属器文化が成立した中国中原地域と日本の間にあるこれらの地域の文化の研究は，弥生時代の文化を考えるうえで欠くことができない。それは文化内容にとどまらず，弥生文化の年代を考える際にも，これらの地域の青銅器文化の年代が東北アジアの青銅器文化の広域編年を通して，日本の弥生時代の年代と深く関わるからである。近年，韓国における青銅器文化の考古学的研究は活発に行なわれ，多くの成果をあげている。また，中国東北地方南部は，中原地域の青銅器が直接的に流入する東端の地域であり，この地域の青銅器文化は文化要素はもちろん，中原青銅器を通して，それ以東の青銅器文化の年代を考察する際に極めて重要な位置を占めている。このような背景から，弥生時代の新たな年代観はこの地域の青銅器研究の再構築を促すことになっている。

　日本における中国東北地方南部の青銅器時代研究は秋山進午による遼寧青銅器文化研究〔秋山1968・1969〕において本格的に始まり，この研究成果がその後の日本における中国東北地方，朝鮮半島，日本の青銅器文化の実年代を考える際の大きな基準の一つとなってきた。しかし，2000年代に入ってからの国立歴史民俗博物館によるAMS炭素14年代測定法による弥生時代の新たな実年代の提起〔春成・今村編 2004〕は，日本のみならず，朝鮮半島から中国東北地方にかけての東北アジア全体の青銅器時代の年代観を再考させる結果になった。歴博による新たな弥生時代の年代観提示後初期における東北アジアの当該時期をめぐる研究の総括と課題については，2005年に大貫静夫によりまとめられている〔大貫 2005〕。この時点では大貫も指摘したように，歴博の弥生時代の年代観には，まだ日本における東北アジアの青銅器文化の年代観との間にかなりの齟齬が存在していた。第一の問題が弥生時代の開始年代に関連する遼寧式銅剣の出現年代であり，第二の問題が弥生時代中期の開始年代に関連する鉄器の流入とその原因になった中国・燕国の東北アジアへの進出年代である。以下ではこの二つの問題について，その後の研究や調査をもとに述べることとする。

1　東北アジアの青銅器文化のはじまり

（1）　遼寧式銅剣出現年代をめぐって

　遼寧式銅剣の起源をめぐっては，上述の秋山による研究以後，日本で主流を占めてきたのが，遼寧式銅剣の発生地を遼河以西地域とする遼寧式銅剣遼西起源説である。今日まで遼河以西地域の最も古い銅剣としてしばしば挙げられるのが内蒙古自治区寧城県小黒石溝8501号墓〔項春松・李義1995〕出土の剣身・剣柄・加重器が一体で製作された銅剣である（図1）〔近藤 2000，宮本 2000・2008，岡内 2004など〕。この墓からはこの銅剣のほかに中原青銅礼器が副葬品として出土している。そのため，この墓から出土した銅剣は中原青銅礼器の年代をもとにして，おおむね西周時代中期から春秋時代前期の年代が実年代として与えられており，それが遼寧式銅剣の起源年代とされてきた。

　その一方，遼河以東地域の青銅器文化については1980年代から中国では林澐により遼寧式銅剣

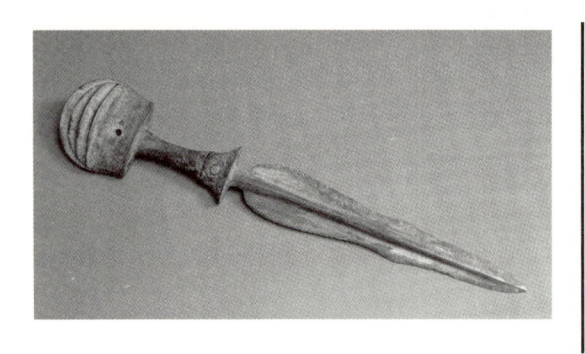

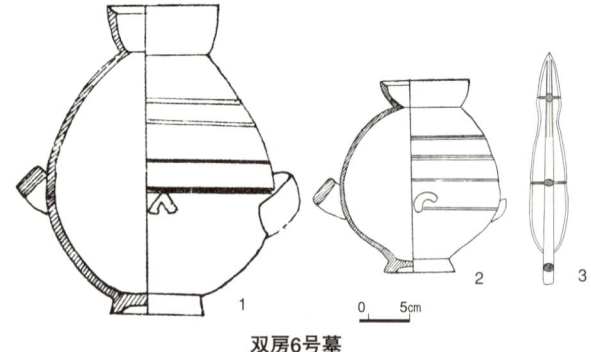

小黒石溝8501号墓　　　　　　　　　　　双房6号墓

図1　内蒙古寧城小黒石溝8501号墓出土青銅短剣（左写真）と遼寧普蘭店（新金）双房6号墓出土壺と青銅短剣
　　（右図の1～3）

の剣身の型式学的検討から遼東の初期の銅剣が遼西の銅剣よりも古いとの説が出され，遼寧式銅剣遼東起源説が打ち立てられた〔林澐1980〕。そしてこの地域の遼寧式銅剣出現の実年代は，その後の遼東起源説の展開のなかで当該時期遺跡の遺物による炭素14年代をもとに西周前期から中期まで遡るとされた。しかし，歴博による新しい弥生時代の実年代研究が行なわれるまで，日本では遼寧式銅剣の遼東起源説はほとんど受け入れられてこなかった。その理由には，大きく二つの点があげられる。一つは，遼西と遼東の間では伝統的に土器文化に大きな違いがあるため，二地域間の同時期性の土器による検証が難しいこと。もう一つは遼西では上にあげた小黒石溝8501号墓のように遼寧式銅剣の実年代を考える際の基準となる中原青銅器，特に青銅礼器の共伴例が少なからずあるのに対し，遼東ではこのような青銅礼器の共伴例がないということである。特に後者の問題点は，日本の研究者の間で特に重要視され，遼東起源説の根拠が乏しいことの最大の理由とされてきた。このような背景から，遼寧式銅剣遼西起源説に基づくことが多かった日本の東北アジア青銅器文化研究では，遼寧式銅剣の上限年代は早くても紀元前9世紀までにしか遡りえないとされてきたのである。このため，朝鮮半島を含む東北アジアの青銅器文化の広域編年観から，歴博による新しい弥生時代の開始年代は整合性がとれないとの多くの見解がなされることとなったのである。

　そこで以下では，遼西，遼東それぞれの地域の最古段階の銅剣をめぐって，遼西で最古段階の銅剣とされるいわゆる「一鋳式」銅剣と，遼東の遼寧式銅剣の年代を最近の研究成果もふまえながらみていくこととする。

（2）遼西の「一鋳式」遼寧式銅剣

　遼西における最古段階の銅剣とされてきた小黒石溝8501号墓出土の銅剣は，加重器，柄部，剣身のそれぞれを組合わせて使用する一般的な遼寧式銅剣とは異なり，これらが当初から合体した形態である。この銅剣が最古段階のものだとすれば，遼寧式銅剣は当初このような「一鋳式」とよばれる銅剣として登場し，その後，各部位を組み立てて剣として使用する形態に変化したことになる。

　しかし，最近，小林青樹は小黒石溝8501号墓出土の「一鋳式」の遼寧式銅剣の観察調査を行ない，極めて興味深いことを述べている。小林によれば，この銅剣の柄部と剣身の茎部との境界部には鋳掛状の痕跡がみいだされるという。これをもとに小林は，この銅剣はこれまで考えられてきたような一つの鋳型を用いて製作したいわゆる「一鋳式」ではない可能性を指摘した。そしてもともとは柄と剣身を分けて鋳造し，その後柄部と剣身を合体させたということは，この小黒石溝8501号墓出土の銅剣はより東の地域に分布する組合式の遼寧式銅剣をモデルとしたものであり，この銅剣が最古の銅剣ではないと結論づけている〔小林2008〕。

　このような小林の説は遼西における各種の銅剣の分布からもあとづけることができる。遼寧式銅剣遼西起源説において，最古段階の紀元前9世紀から8世紀（西周時代後期から春秋時代前期）に位

置づけられる銅剣が出土した上述の小黒石溝8501号墓や南山根101号墓〔遼寧省昭烏達盟文物工作站・中国科学院考古研究所東北工作隊 1973〕などは地理的に遼西西部に位置する。これらの遺跡が存在する西遼河上流域（ラオハ河・シラムレン河流域）で，この時期に主体的位置を占める銅剣は柄部がソケット状の筒柄銅剣や，剣身と装飾性に富む柄部が一体で鋳造される匕首式銅剣であり，組合式の一般的な遼寧式銅剣のみが出土するそれ以東の地域とは鮮やかな対照をなす。また，この地域の筒柄銅剣には脊があり，刃部形態が波うつなど一見すると，組合式の遼寧式銅剣と同様の特徴が見いだされる。しかし筒柄銅剣には，遼寧式銅剣，さらには細形銅剣以降の東北アジアの銅剣において各型式の銅剣間を横断する属性として型式分類の際に極めて重要視される刃部研磨の際に生じる脊の研ぎは全く存在しておらず，筒柄銅剣と遼寧式銅剣の間には大きな相違が存在しているのである。そして，小黒石溝遺跡や南山根遺跡は筒柄銅剣や匕首式銅剣が主体的位置を占めるこの地域の中で，遼寧式銅剣分布のまさに最西端に位置しているのである〔石川 2009〕。このような分布論的事実や「一鋳式」遼寧式銅剣に関する小林の指摘などを総合すれば，東北アジアにおける遼寧式銅剣の最古段階に位置づけられてきた小黒石溝8501号墓出土の「一鋳式」の遼寧式銅剣や南山根101号墓出土の柄部の両面にそれぞれ男女の裸像をあしらった「一鋳式」の遼寧式銅剣は，その他の種類の銅剣が主を占める地域における「客体的」存在であり，この地の青銅器文化から遼寧式銅剣が独自に発生してきたとは考えにくいだろう。

（3）遼東の最古の遼寧式銅剣の年代

　遼東の遼寧式銅剣の年代をめぐってはすでに述べたように遼寧式銅剣遼西起源説ではその上限年代はいくら遡っても遼西における遼寧式銅剣の最古段階の年代である紀元前9世紀から8世紀（西周時代後期から春秋時代前期）までとされてきた。この説では，両地域における出現には時期差が生じるが，最近では，起源が遼西にあっても遼東における遼寧式銅剣の出現はほとんど時期差を措く必要はなく，その出現年代を西周時代後期と考える説もある〔宮本 2008など〕。一方，日本でも春成秀爾は遼寧式銅剣の祖形を植刃骨剣にもとめ，型式学的検討から双房6号墓出土剣（図1）が最古型式であり，その実年代は西周時代前期，紀元前11世紀であるとしている〔春成 2006〕。

　1980年代以降，林澐をはじめとして，中国において唱えられてきた遼東起源説の年代の基準になってきたのは，遼東における最古段階の遼寧式銅剣とともに出土する主に土器などの編年であり，この編年に実年代を与えていたのは中国における炭素14年代測定にもとづく年代値であった。日本の考古学界で長年にわたり，遼寧式銅剣の遼東起源説が受け入れられなかった最大の要因は，遼西における小黒石溝遺跡や南山根遺跡などのように中原地域との併行関係と実年代を追うことのできる中国中原地域の遺物によるクロスチェックができないとされてきたことにあった。

　このようななか，大貫静夫は2004年以降，遼東半島先端部にある遼寧省大連市の牧羊城遺跡の出土遺物を調査し，牧羊城遺跡を中心に遼東における土器編年の再検討を行なった〔大貫編 2007，大貫ほか 2007〕。大貫はこの地域の土器編年に実年代を与える鍵となる遺物として銅鏃に着目した。銅鏃は遼寧式銅剣出現に先だち，この地域に中原地域からすでに流入している青銅器であり，さらに遼寧式銅剣文化の段階においても遼東などでは銅鏃そのものや，製作のための鋳型が複数発見されている。大貫は中原の銅鏃の編年をもとに，遼東出土の銅鏃との比較を行ない，遼寧式銅剣出現の前段階にあたる大連市の砣頭積石墓24号墓〔旅順博物館・遼寧省博物館 1983〕出土の銅鏃をおそくとも西周前期頃，最古段階からやや時期が遅れる段階の遼寧式銅剣とともに遼寧省西豊県誠信村石棺墓〔遼寧省西豊県文物管理所 1995〕から出土した鋳型に彫りこまれた銅鏃の年代を西周後期頃とした。これらのことから，銅鏃は出土していないものの遼東において最古段階の銅剣とされている遼寧省普蘭店市（旧・新金県）双房6号墓〔許玉林・許明綱 1983〕出土の遼寧式銅剣（図1-3）の年代は西周時代中期前後と推定している。これは，中原系の考古遺物の年代をもとに遼東の遼寧式銅剣出現期の実年代を積極的に検討した研究であり，遼東の遼寧式銅剣の年代観に対し，示唆す

各種青銅器　　　　　　　　　　　　　0　　10cm　　　　青銅器土製鋳型

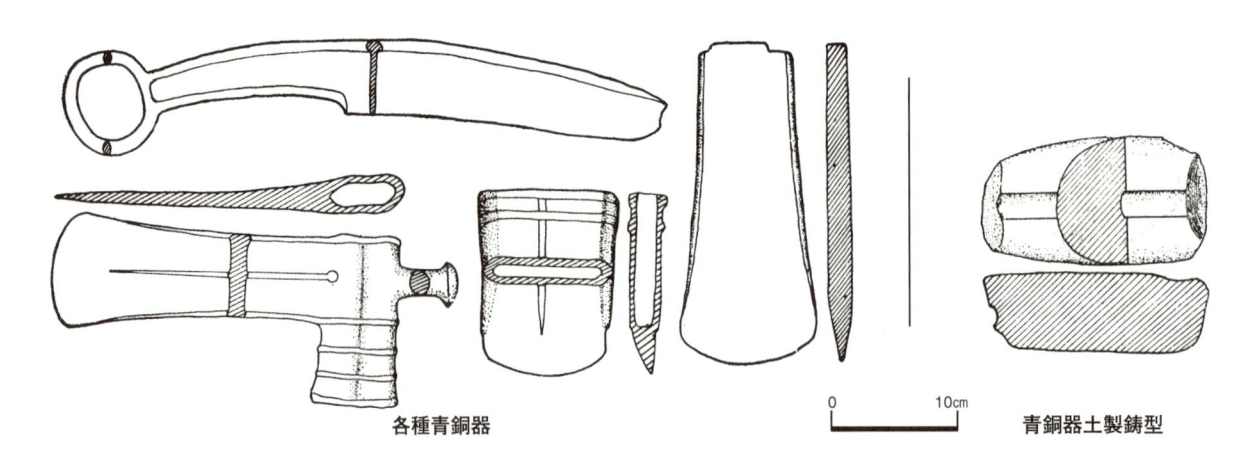

図2　遼寧法庫湾柳街出土青銅器と青銅器土製鋳型

るところは極めて大きいといえるだろう。

　このような新たな手法により求められた年代観は，古式遼寧式銅剣に伴って，遼東から朝鮮半島西北部にかけて広範囲に分布し，韓国，日本を含む東北アジアの広域土器編年を考える際の鍵となる「美松里型（双房類型）」の土器（図1－1・2参照）の実年代の議論にも役立つものである。大貫は将来的に遼西でより古い銅剣が発見される可能性を指摘しながら，現段階で最も古い遼寧式銅剣として双房6号墓の銅剣をあげ，その年代は西周時代中期前後としている〔大貫編 2007〕。

　このように遼東の遼寧式銅剣の実年代は西周時代中期頃（紀元前10世紀頃）までは遡ることが考証されたが，これまで遼東が遼西に遅れて遼寧式銅剣の製作が開始される背景として遼東の青銅器製作技術の後進性が指摘されることがあった。遼東ではこの時期にどの程度の青銅器製作技術をもっていたのだろうか。このことを考えるための資料として興味深い遺物がある。遼東には殷時代後期から西周時代初期にかけて北方系とされる刀子などの青銅器がかなり流入している。そして，遼寧省法庫県湾柳街遺跡（図2）〔遼寧大学歴史系考古教研室・鉄嶺市博物館 1989〕からはこのような青銅器とともに土製の簡単な青銅器の鋳型が発見されている。このことは，この時代にはすでに青銅器そのものだけではなく，青銅器生産技術も流入していることを示している。そして，遼東ではこの時期には在地で青銅器生産が可能な技術的水準に達していた可能性が極めて高く，遼寧式銅剣出現の歴史的背景になったと考えられる〔石川 2009〕。そして，これらの北方系青銅器流入後に，遼東では土器文化において広域の再編成が起き，「美松里型（双房類型）」の土器が出現し，遼寧式銅剣が登場する。「美松里型」土器出現と拡散の過程については，まだ不明な部分も多く，今後の課題であると考えられる。しかし，これらの北方系青銅器の遼東への流入から遼寧式銅剣の出現までの時期差がどれほどかにより，遼寧式銅剣の出現が西周時代中期以前まで遡る可能性は十分あるといえるだろう。

（4）　遼寧式銅剣を伴う東北アジア青銅器文化の開始年代

　このように日本の近年の研究においても，遼寧式銅剣の上限の年代が遅くとも西周時代中期にまで遡るとの見解が出されるようになってきた。このような新たな年代観により，これまではこの地域の遼寧式銅剣の年代が西周時代後期（紀元前9世紀から紀元前8世紀）にまでしか遡りえないとする前提に基づいてきた，朝鮮半島の青銅器文化の年代観も今後再考されていくものと期待される。そしてそれは当然，朝鮮半島の青銅器文化，無文土器文化との併行関係をもとに考証される日本の弥生文化の開始年代に関する新たな年代観の検証と構築につながると考えられるのである。

2　燕国の進出と東北アジア青銅器文化の変容

　紀元前6世紀から紀元前3世紀にかけて，中国東北地方南部を中心に東北アジアの青銅器文化は大きな変化をみせる。そしてその変動の波は朝鮮半島，そして弥生時代の日本にまで及ぶ。この時期は以前から，中原の燕国の進出とともに中国東北地方南部では在地的な青銅器文化が終焉し，さらに東の朝鮮半島や日本では青銅器文化に変化が発生する時期としてとらえられてきた。また，燕国の東漸は，日本も含めた東北アジアに鉄器が流入する契機とも考えられてきたのである。

　これまで，その燕国の東方への進出を考える際の一つの基準となってきたのが，『史記』の匈奴列伝に記された記事をもとにする燕将・秦開による東胡の撃退，そしてそれによる東北アジア南部地域での燕国による長城建設と遼西郡・遼東郡をはじめとする五郡の設置であった。そしてその年代は紀元前300年頃と考えられてきた。このような文献記事をもとにした年代観が朝鮮半島や日本をも含む東北アジアの青銅器文化に変容が起こった年代を考える際の重要な基準とされてきたのである。

　しかし，近年の中国東北地方南部における考古学的な調査により，上述の文献資料をもとにする燕国の東漸説とは年代観，内容ともに異なった状況が次第に明らかになっている。以下ではこれらの最新の考古学的知見をもとにした燕国の東方進出の様相を考察したい。

（1）　遼西への中原勢力の拡大とその様相
燕国青銅器の流入と遼西の青銅器文化

　遼西では紀元前6世紀後半（春秋時代後半）から中原系・燕国の青銅器が遼寧式銅剣などの在地的な青銅器とともに墓から出土しはじめる。有名な遺跡には遼寧省喀左県南洞溝遺跡〔遼寧省博物館・朝陽地区博物館 1977〕や凌源市三官甸遺跡〔遼寧省博物館 1985〕がある。これらの墓から出土する銅剣は宮本一夫が遼寧式銅剣Ⅱ式と分類する形態である〔宮本 2008〕。共伴する中原系の青銅器については以下で筆者の燕国の青銅器編年〔石川 2008〕を参照しながらみていきたい。

　南洞溝遺跡からは鍑という器種の青銅容器と銅戈が出土している。報告ではこの鍑を河北省唐山市賈各荘遺跡M18〔安志敏 1953〕から出土したものに類似するとしている。賈各荘遺跡は燕国の集団墓地遺跡で，多数の燕国青銅器が出土し，M18出土の青銅器は筆者の燕国青銅器編年の第Ⅰ期にあたり，紀元前6世紀後半の実年代を与えることができる。しかし南洞溝遺跡出土の鍑を詳細にみると，胴部に付く一対の環状耳部の形態は獣面形で，賈各荘遺跡M18よりも河北省双村大唐廻〔廊坊地区文物管理所・三河県文化館 1987〕出土の鍑により近いといえる。大唐廻遺跡から出土した青銅器は筆者の燕国青銅器編年の第Ⅲ期に相当し，賈各荘M18の青銅器に比べ新しい様相をもっており，南洞溝遺跡出土の青銅器の年代も賈各荘M18の時期から若干下って，紀元前5世紀代に入る可能性もある。

　一方，三官甸遺跡から出土した中原系青銅器には青銅鼎や銅戈がある。筆者はかつて，この遺跡の青銅鼎や青銅戈の年代を紀元前4世紀代と考えたが，近年，筆者が遼寧省で行なった青銅器の実見調査などにより，現在では三官甸遺跡の青銅器の年代は紀元前5世紀代に遡ると考えている〔石川 2008〕。

　また，近年に調査された大規模な墓群として建昌県東大杖子遺跡がある。この遺跡の正式な報告はまだなされていないが，調査内容の一部がすでに紹介されている〔中国国家文物局 2000〕。墓群にはM13など規模の大きな墓があり，そこからは銅鼎，銅豆，銅壺，銅車軸頭など多数の燕国系の青銅器などをはじめ，金柄の遼寧式銅剣のほか，現在のところ大凌河・小凌河流域でのみ出土例が知られる遼西式銅戈（異形銅戈）も副葬品として出土している。筆者の実見では，ここで出土している燕国系の青銅器は器形や紋様が北京市中趙甫遺跡〔程長新 1985〕で発見された青銅器に近似するものが多く，青銅器の紋様でさらに古い要素をもつものもありそうである。中趙甫遺跡の青銅器

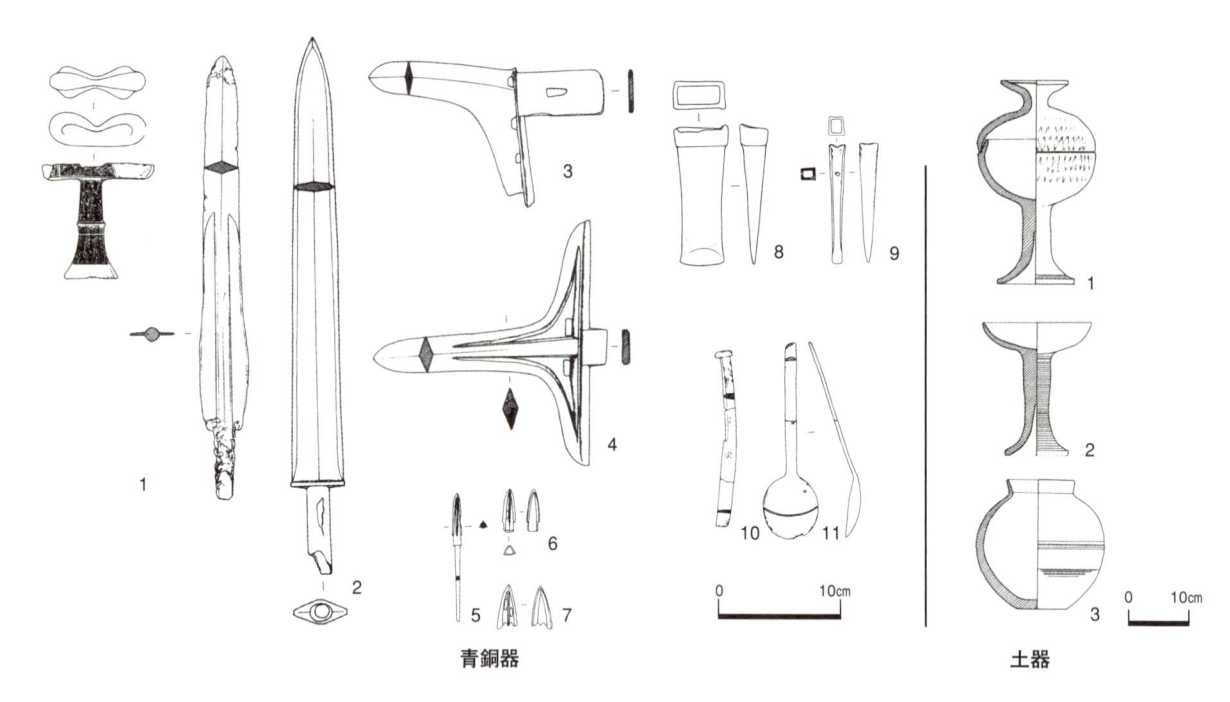

図3　於道溝孤山子90M1出土青銅器（1：遼寧式銅剣・剣柄・剣把頭, 2：中原系銅剣, 3：中原系銅戈, 4：遼西式銅戈, 5～7：銅鏃, 8：銅斧, 9：銅鑿, 10：銅刀, 11：銅匙）と土器（1：蓋豆, 2：無蓋豆, 3：罐）

は筆者の燕国青銅器編年第Ⅱ期，紀元前5世紀前半に相当するため，この墓群の年代は，紀元前6世紀後半から紀元前5世紀前半代とすることができよう。また，この遺跡から出土した遼西式銅戈はこの周辺でも複数発見されている（図3-4）。建昌県於道溝遺跡（図3）〔遼寧省文物考古研究所・葫蘆島市博物館・建昌県文管所 2006〕では，やはり墓から遼寧式銅剣（図3左-1）や燕国系の副葬土器（図3右-1・2）とともに出土しており，燕国系副葬陶器の年代から考えれば，年代は紀元前5世紀前半とすることが可能であろう〔小林ほか 2007〕。

　このように遼西の遼寧式銅剣文化社会に，燕国の青銅器が流入し始めるのは紀元前6世紀後半からであり，遼西（特に大・小凌河流域）では，墓に燕国系の青銅礼器や銅戈などの武器，一部には燕国の副葬土器を入れるようになる。しかし，一方では遼寧式銅剣が引き続き存在し，遼西式銅戈といった在地的な青銅器が新たに登場する。そして，この遼西式銅戈こそが朝鮮半島から日本において出土する銅戈の祖形として想定される青銅器であることは，すでに筆者などにより報告されている通りであり〔郭大順 2006，小林ほか 2007〕，これまでは紀元前300年頃が上限と考えられてきた朝鮮半島や日本の銅戈の，祖形となる遼西式銅戈は中原系青銅器文化との接触のなかで，在地系青銅器文化の変容という歴史的背景の下，紀元前6世紀から5世紀にかけて生成したと推定される。なお，東大杖子遺跡にみられるように，大規模で副葬品が多数発見される被葬者が上位階層者であると想定される墓から遼寧式銅剣などの在地的な青銅器とともに燕国系の遺物が集中して出土しているということは，この地域の社会がこの時期，南の燕国と関係をもちながらも，在地的な独自性を強固に保持し続けていることを示している。

遼西での燕国文化の展開

　遼西では，上述のような墓のほか，燕国の副葬土器を中心にもつ墓も大・小遼河流域や北の内蒙古自治区赤峰市付近にかけて多数発見されている。喀左大城子眉眼溝〔朝陽地区博物館・喀左県文化館 1985〕では一部に地域的な特徴がみいだされるとはいえ，副葬土器の器形や基本的器種構成，墓壙内配置などは燕国中核地のそれと共通する墓が発見されている。その年代は副葬土器の器形から筆者の副葬土器編年〔石川 2001〕の第Ⅲ期前半段階（紀元前4世紀前半）と考えられる。これら

の墓は前代の一部に燕国系の青銅器を含む南洞溝遺跡や三官甸遺跡の段階の墓とは異なり，完全に燕国の土器副葬の規制に従っている。このことはこの墓の時期には，この地域が燕国の領域として組み込まれたことを示している。そしてその実年代は遅くとも大城子眉眼溝の燕国副葬土器の編年から三官甸遺跡の次の段階に相当する紀元前4世紀代前半にまで遡る。このような事実は，燕国のこの地域への進出が従来の文献の記載にもとづく紀元前300年頃を少なくとも数十年以上遡ることをものがたっている。

一方，遼西では内蒙古自治区東南部に燕国のものとされる内・外二本の長城が現在も残っており，その南の地域などではいくつかの城址も発見されている。ここからは燕下都遺跡〔河北省文物研究所 1996〕といった燕国中心部の遺跡と同様の遺物が出土する。それらの遺物のなかには多数の鉄器もあり，戦国時代におけるこの地域への鉄器の流入の様相を示している。ただ，城址の調査はまだ不十分な点が多く，具体的にこれらの城砦がいつ築かれたのかは，判然としない。ただ，上で述べたような燕国の文化の流入状況を考慮すれば，城砦の建造の上限年代も従来からいわれてきた紀元前300年に拘束されるものでないことはいうまでもない。

（2）遼東への中原勢力拡大とその様相

上述のように，遼西における燕国の進出を考古学的資料から再検討すると，これまで考古学文化の画期の実年代を考える際に重視されてきた文献の記載の事実とは異なった様相が明らかになってくる。それは遼寧省東部に関しても同様であり，近年の研究を総合すると，新たな燕国の東方進出像がみえてくるのである。以下では，遼寧省東部における燕国文化の流入をめぐって，筆者の近年の研究結果も踏まえながら，この地域を遼東平原部，遼東半島先端部，遼東山地部以東に分けて，燕国の城址と墓の状況を中心に検討する。

城址と墓，その出土遺物にみる燕国の遼東進出

〔遼東半島先端部〕 牧羊城遺跡は遼東半島の先端部，現在の大連市にある城址である。戦前に東亜考古学会による調査が行なわれ，報告書も刊行されている〔東亞考古學會 1931〕。この城の調査では先史時代から漢代にわたる土器や石器，さらに鉄器など多数の遺物が出土し，当時の報告で

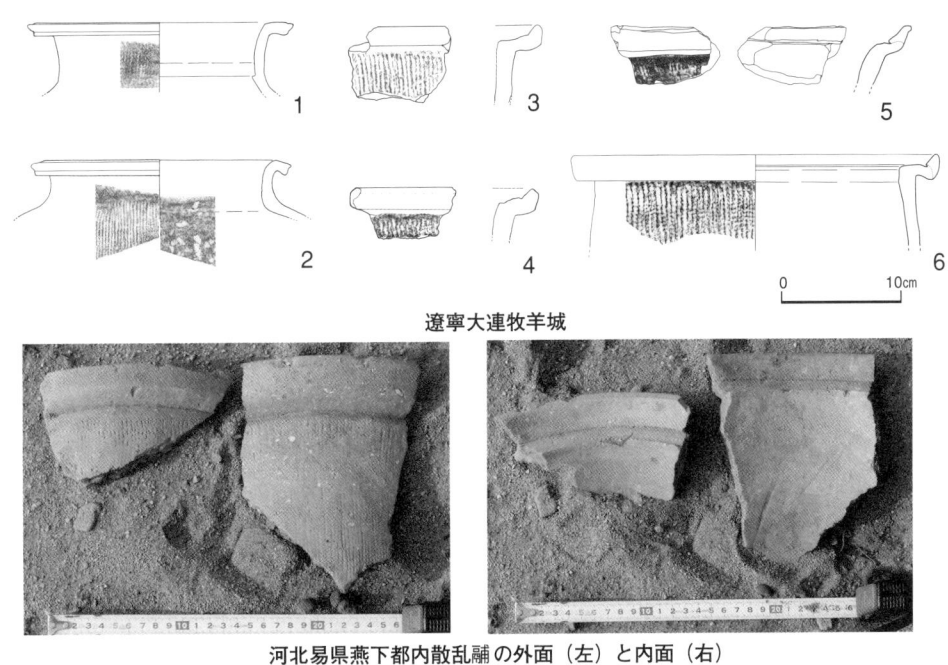

遼寧大連牧羊城

河北易県燕下都内散乱甗の外面（左）と内面（右）

図4　牧羊城出土の戦国燕系の土器（1・2：罐，3〜6：甗）と燕下都の甗の口縁付近

は城砦に関連する遺物の年代はおおむね戦国時代から漢代で，その中心は漢代にあるとされた。

　筆者らは2004年から2007年にかけて東京大学に保管されている牧羊城出土遺物の再整理調査を行なった〔大貫編 2007，大貫ほか 2007〕。このなかで筆者は牧羊城遺跡から出土した土器の中に含まれる燕国およびその系統の土器の有無とその実態の調査を担当した。その調査の結果，牧羊城から出土した土器のなかには，明らかに戦国時代燕国土器の特徴を有する土器（図4－1～6）が存在しており，それらの土器は，戦国時代の燕国の都城遺跡として有名な河北省易県燕下都遺跡で出土する土器と極めて類似することが判明した。しかも，鬲とよばれる炊事用土器（図4－3～6）では，口縁部内側の屈曲部に土器製作の際に調整の痕跡として残る細い溝が双方の遺跡出土の鬲に共通にみられることもわかった（図4写真参照）。これらは戦国時代の段階で遼東半島先端部にまで，燕国の勢力が及んでいたことを証明するものである。さらに鬲という器種が大形の炊事用日常土器であることを考慮すれば，燕国中心地からの搬入品と考えるよりも，在地で作られたものと考えるのが自然であり，遼東半島先端部において燕国中心地と同一手法で土器製作が行なわれていたことをも示しており，この地域への燕国文化移入がいかに強かったかをものがたる。

　では，牧羊城遺跡で出土する燕国の土器の年代はいつ頃であろうか。筆者は牧羊城遺跡出土の土器と燕下都遺跡出土の土器について，器形の時期的特徴が捉えやすい器種の比較を行なった。その結果，牧羊城遺跡で出土する燕国土器の年代は多くが燕下都遺跡内の郎井村10号工房遺跡3期（紀元前3世紀，戦国後期）に相当することがわかった。郎井村10号工房遺跡3期の上限年代は，時期が相当する墓に副葬される土器編年との対応からも紀元前300年頃と考えられる。

　以上のことから，牧羊城遺跡の城砦は紀元前3世紀には存在していたことが考古資料から明らかとなった。また，遼東半島における最末期に位置づけられる遼寧式銅剣を出土した尹家村遺跡12号墓からは，燕国系統の灰陶の高杯が出土している。この高杯の類似例は同じく燕下都遺跡郎井村10号工房遺跡2期の紀元前4世紀中葉から後半の高杯にあり，遅くとも紀元前4世紀代半ば以降には，遼東半島先端部の遼寧式銅剣をもつ在地社会に燕国のモノが流入していることを示している。これらを総合すれば燕国の牧羊城築城はこれまで『史記』の秦開による燕国の遼東進出の記事をもとにして基準とされてきた紀元前300年を遡る可能性は十分考えられるのである。また，上述の鬲のような土器の製作技術の燕国中心部との共通性は，燕国とその文化が紀元前3世紀代にはこの地域にすでにかなり根づいていたことをあらわしており，燕国の文化の流入がこの地域にかなりのインパクトを与えるものであったことを示している。

　〔遼河平原部〕　遼河平原部は燕国の遼東郡が設置され，その中心地であったと考えられるが，郡治が存在したと推定される遼寧省遼陽での燕国の城砦の状況は現在のところ不明である。しかし，最近その北にある遼寧省瀋陽で発見されている瀋陽故宮地下城址で戦国時代から漢代以後までの遺物や遺構が確認された〔李暁鍾 2008〕。この城址の城壁壁体からは多数の

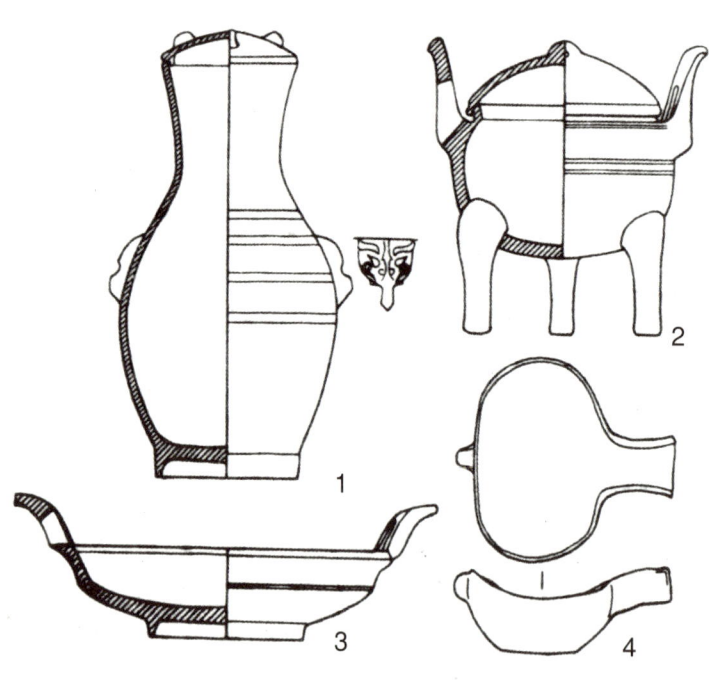

図5　瀋陽熱鬧路燕国墓出土副葬土器（縮尺不明）
（1：壺, 2：鼎, 3：盤, 4：匜）

土器

上堡遺跡1号墓 銅剣

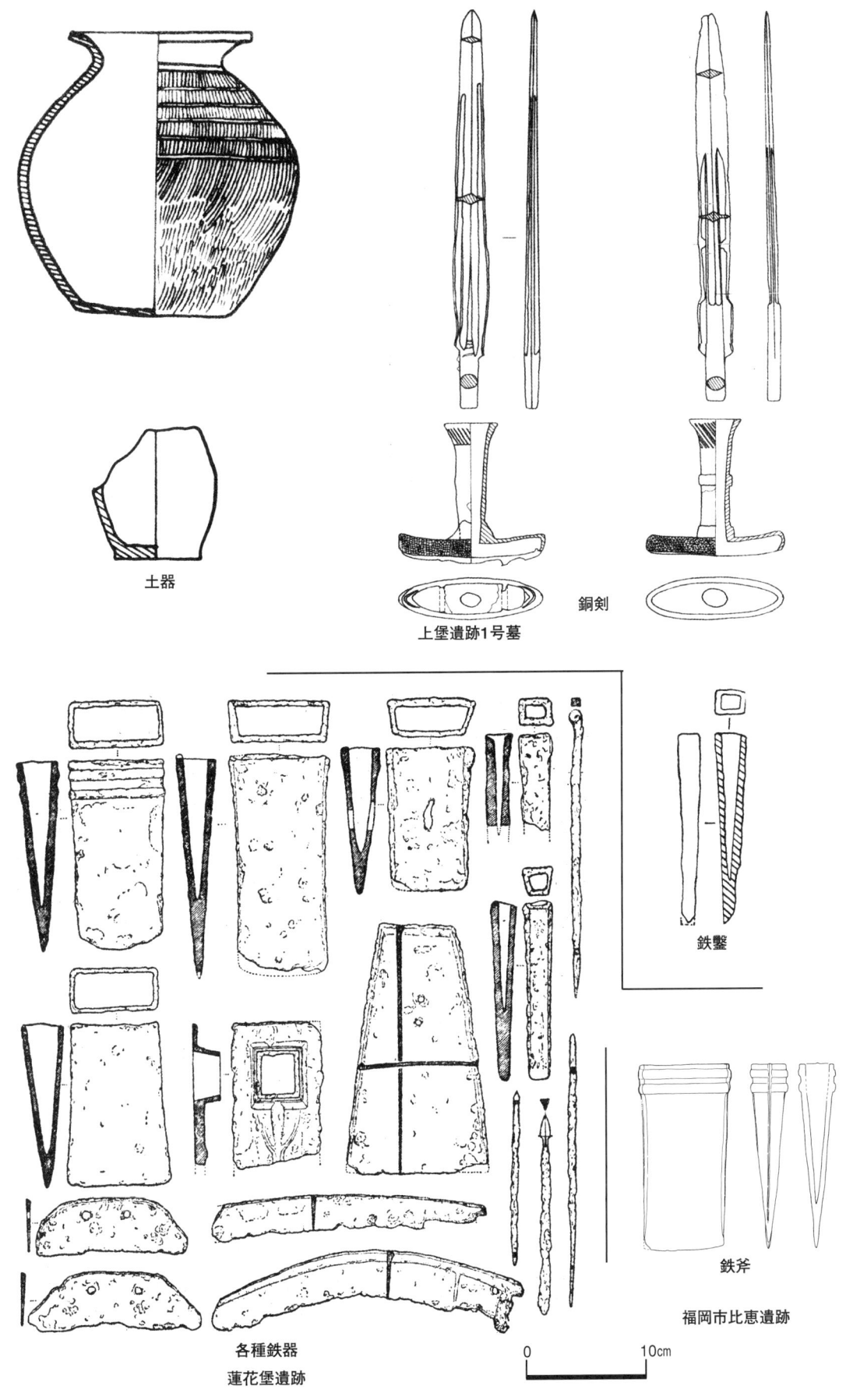

各種鉄器
蓮花堡遺跡

鉄鑿

鉄斧

福岡市比恵遺跡

0　　　10cm

図6　遼寧本渓上堡遺跡1号墓，撫順蓮花堡遺跡，福岡県比恵遺跡出土遺物

燕国の半瓦当や平瓦，土器が出土しているとされ，戦国時代の半瓦当の写真も公開された。この城から出土した半瓦当は写真で見る限り，燕下都遺跡で発見される饕餮紋などの半瓦当と紋様や形態が極めて類似するものであり，調査された城壁がいつ建造されたかははっきりしないが，この場所には戦国時代の燕国の瓦を用いた建造物が存在していたこと，そしてここがその当時の燕国の拠点（城？）であることは明らかだろう。

一方，瀋陽や遼陽では燕国の副葬土器をもつ墓がいくつか報告されている。瀋陽熱鬧路で発見された墓（図5）〔瀋陽市文物管理辦公室 1993〕は筆者の副葬土器編年のⅡ期とⅢ期の副葬土器の要素を有するが，土器組成や壺の形態に着目すれば，Ⅲ期の土器の要素が色濃い。これらを総合すれば，時期は筆者の副葬土器編年のⅡ期末からⅢ期前半頃にあたるだろう。実年代では紀元前4世紀前半，早ければ紀元前400年前後に遡る可能性がある副葬土器ということができる。また，遼陽徐往子では副葬土器の観察からは筆者の土器編年のⅢ期からⅣ期にあたる紀元前4世紀中盤頃の墓が発見されている。これらの墓の存在は，燕国が紀元前4世紀代にはすでに遼河平原の東半部に進出していることを示唆している。

これまでは上述のような，かなり古い時期に遡る墓は発見されていたものの，燕国の拠点の様相が不明であった。この点でも瀋陽で戦国時代の燕国の拠点が発見されたことの意義は極めて大きい。この城砦の年代がどこまで遡るのか，そして鉄器の出土の有無などは，東北アジアへの鉄器文化普及の年代と様相を考古学的に考察する際に重要なこととなるだろう。詳細な報告が期待される。

〔遼東山地部以東〕（図6） 遼東への戦国時代の燕国の進出が，この地域の文化要素に与えた大きな影響の一つは鉄器の流入である。上述のように遼河平原部や遼東半島先端部では紀元前4世紀にはモノの流入も含めて燕国の影響がかなりの程度及んでいる。遼東山地部ではかねてからこの地域の最初期の鉄器文化類型として蓮花堡類型〔王増新 1964〕が知られている。この文化類型と同様の鉄器発見例は朝鮮半島西北部の清川江以北にまで広がっており，東北アジア南部における明刀銭の分布地域ともちょうど重なる。蓮花堡類型の鉄器は鋳造鉄器が中心で，燕下都遺跡など戦国時代の燕国の遺跡で発見される鉄器と器種やその形状が類似しており，その年代は遅くとも紀元前3世紀代には遡る。蓮花堡類型の鉄器に関しては，日本でも福岡県福岡市比恵遺跡〔白井編 1996〕の須玖Ⅱ式古段階の土坑から出土した上部に二条の突帯を有する鋳造鉄斧がこの類型の鉄器に極めて類似し，戦国時代の燕国との関係がうかがわれる好例である。

ところで遼東山地のこの時期の状況をものがたる遺跡に，遼寧省本渓満族自治県上堡遺跡〔魏海波・梁志龍 1998〕があげられる。上堡M1からは遼東山地の地域色の強い遼寧式銅剣や在地の土器とともに，蓮花堡類型にみられる鉄器（鑿）と燕国のタタキによる縄紋が施された土器が一緒に出土した。出土した銅剣の年代からも，この墓の年代は遅くとも紀元前3世紀で，さらにさかのぼる可能性が十分考えられる。一方で遼東山地以東では瀋陽や遼陽で発見されているような燕国の副葬土器をもつ墓はみつかっていない。このことから，この地域は遼河平原以西とは異なり，燕国の支配または影響のもとで完全に燕国と一体化するのではなく，一部で発見されている山城などにみられるように燕国の進出は拠点的なものにとどまっている。吉林省梨樹県二龍湖古城遺跡〔四平地区博物館・吉林大学歴史系考古専業 1988〕，遼寧省鉄嶺市邱台遺跡〔鉄嶺市文物管理辦公室 1996〕，遼寧省鳳城市劉家堡古城遺跡〔崔玉寛 1996〕はそのような燕国の拠点的な城砦遺跡と考えられ，点在するこれらの城砦跡からは燕国系の土器や鉄器が出土している。一方で，邱台遺跡などでは在地の土器もともに出土しており，鉄器文化をはじめとする燕国の文化は，この地域では燕国の面的な領域支配を受けたより西の地域とは異なり，それまでの在地文化のなかに鉄器や明刀銭など一部の中原的燕国の文化要素が受け入れられるようなかたちで広がっていったと推定できるだろう。このことは，鉄器の流入という事象が，必ずしも燕国の面的領域の支配下でおこるという前提が必要ではないことを示しており，朝鮮半島や日本で発見される初期の鉄器の流入の経緯を考察するにも大変参考になる事実であろう。

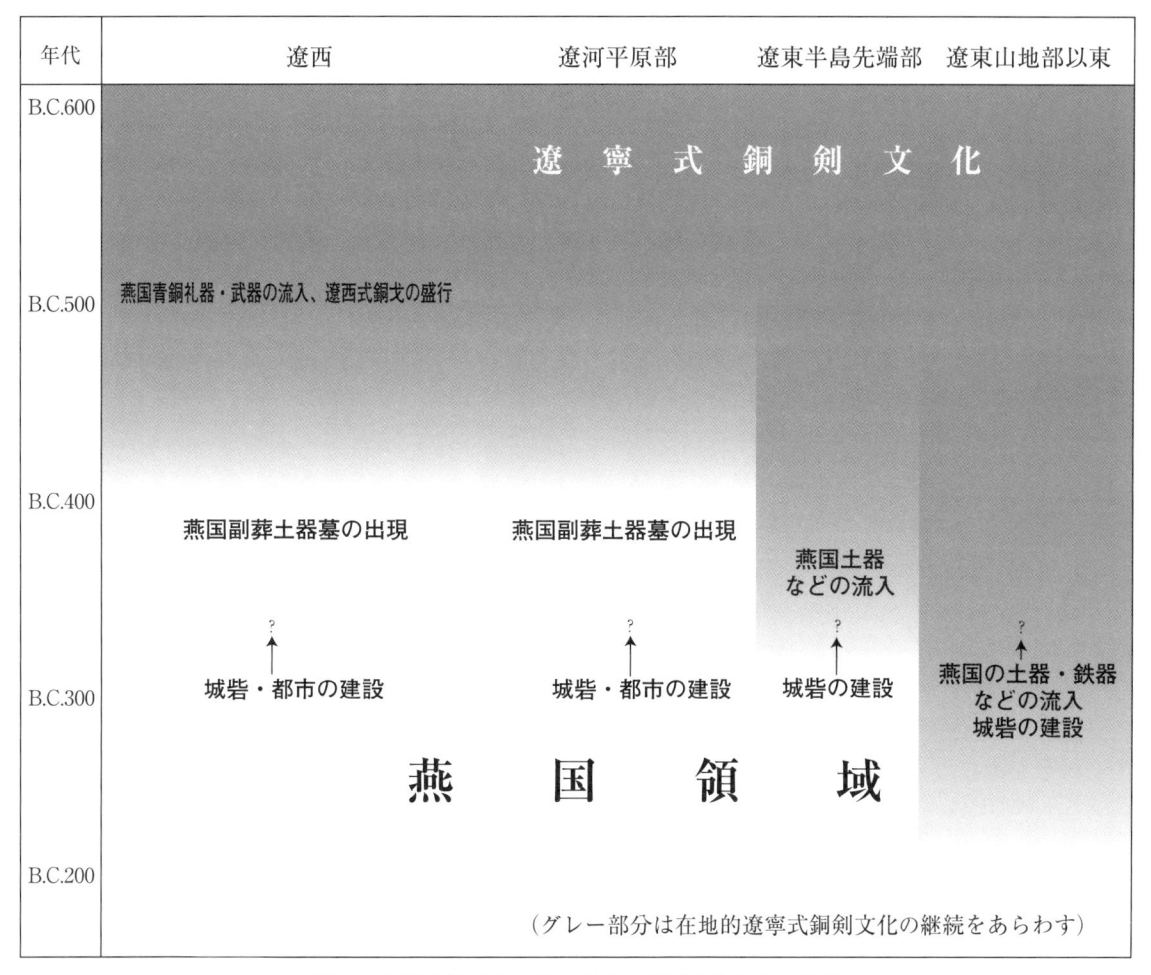

年代	遼西	遼河平原部	遼東半島先端部	遼東山地部以東
B.C.600	遼寧式銅剣文化			
B.C.500	燕国青銅礼器・武器の流入、遼西式銅戈の盛行			
B.C.400	燕国副葬土器墓の出現	燕国副葬土器墓の出現	燕国土器などの流入	
B.C.300	↑? 城砦・都市の建設	↑? 城砦・都市の建設	↑? 城砦の建設	↑? 燕国の土器・鉄器などの流入 城砦の建設
	燕 国 領 域			
B.C.200				

(グレー部分は在地的遼寧式銅剣文化の継続をあらわす)

図7　中国東北地方南部における燕国文化移入の様相

上記の各地域における，考古学資料から見た遼寧式銅剣文化と燕国の関係の時系列での概略を示し，紀元前1千年紀後半の様相をまとめると図7のようになる。従来の文献記載を基にしたこの地域の様相とはかなり異なる状況が確認できる。

(3) 紀元前1千年紀中盤の東北アジア青銅器の日本への流入の可能性 (図8)

最後に燕国の東北アジア進出前後の時期における日本との関係を考える一例として，佐賀県唐津市宇木汲田遺跡で出土した銅剣〔唐津市史編纂委員会編1962, 小田・韓炳三編 1991〕について触れておきたい。この遺跡からは戦国時代の中国式銅剣とされる柄部と剣身の一部が残存する銅剣が出土している（図8-3）。採集品であり，出土状況や遺構，共伴遺物がわからないのは残念である。この銅剣は直刃で柄部と剣身が一鋳であることから，これまで単純に中国の戦国時代の銅剣であるとされてきた。しかし形態に着目すると，柄部は10数cmで，しかも柄部の断面は

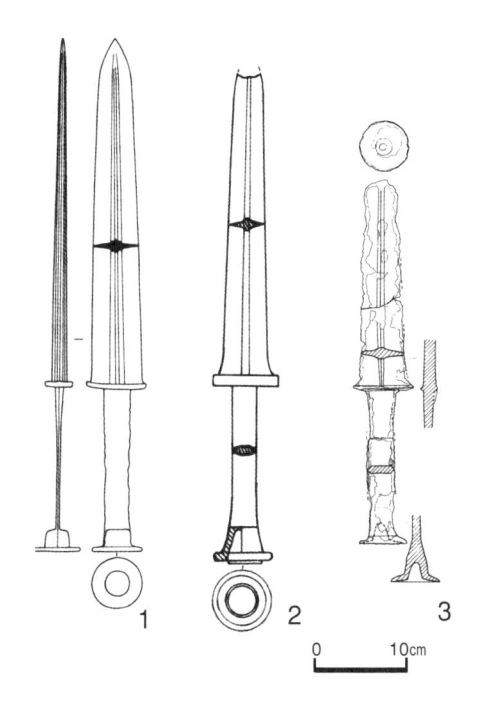

図8　燕山地域の銅剣（1：北京市軍都山YYM199,　2：遼寧省凌源五道河子8号墓）と佐賀県宇木汲田遺跡出土の銅剣（3）

かなり扁平である。さらに柄の先端部が柄内部に向かって空洞になる円盤状で，一般的な戦国時代の中原の銅剣とは異なる特殊な形状である。

　この銅剣の類例をもとめると，中国北京市の北から河北省北部にかけての燕山地域の地域的な銅剣に形態や大きさが極めて類似する例を見出すことができる（図8-1・2）〔北京市文物研究所 2007，遼寧省文物考古研究所 1989〕。この地域は遼寧式銅剣分布域の南西に接している。これらの銅剣の年代は共伴する中原・燕国の青銅器から春秋時代後半から戦国時代初めと考えられ，燕山地域に燕国の青銅器文化が流入し始める時期に相当し，遼西で燕国青銅器が流入するようになり，朝鮮式銅戈の祖形となる遼西式銅戈が生成する時期からその直前段階に併行している。

　宇木鶴崎遺跡出土の銅剣は，伝世期間を短く考えれば，中原勢力が東北アジアに拡大を始めたちょうどそのころの将来品ということになる。しかも，燕山地域というかなり遠方の遺物である。現在のところ単独例であり，流入の経緯などははっきりしないが，遅くとも紀元前5世紀段階において中国東北部から朝鮮半島，日本の九州北部にかけてのかなり長距離間のモノの移動が可能であった状況をしめしているだろう。また，このような事実は，その後の燕国の進出に関連する鉄器の流入や細形銅剣や銅戈の出現といった青銅器文化の変容と移入が，朝鮮半島や日本も含む広範囲の地域内でどの程度の時間差を措いて起こったのかという点において，弥生時代の実年代を考える際にも興味深い例となるだろう。

3　さいごに

　2000年代に入ってからの国立歴史民俗博物館によるAMS炭素14年代測定法による弥生時代の新たな実年代の提起は単に日本の弥生時代の年代問題にとどまるものではなく，東北アジアの青銅器時代の年代観を再考する大きな契機となった。特に中国東北地区南部は中国中原地域と朝鮮半島および日本をつなぐ地域であり，この地域の文化は日本の弥生文化を東アジア的視点のなかで位置づける上で，極めて重要な位置を占めている。

　そして，新たな視角からの研究は確実に大きな成果を挙げつつある。一つは，日本も含む東北アジアにおける青銅器文化の開始年代をめぐる問題であり，そしてもう一つがこの地域への鉄器の流入とそれに伴う青銅器文化の変容と展開の問題である。いずれの問題をめぐっても，かつての研究ではみえてこなかった様相が次第に明らかになりつつあることは，上述してきた通りである。

　そして，このような検討作業を続けていくことを通して，日本の弥生文化をも含む東アジアの新たな青銅器文化像が構築されるものと考えられる。

引用・参考文献
〔日本語〕

秋山進午 1968・1969「中国東北地方の初期金属器文化の様相—考古資料，とくに青銅短剣を中心として—（上）・（中）・（下）」『考古学雑誌』第53巻4号：1-29，第54巻1号：1-24，第54巻4号：21-47

石川岳彦 2001「戦国期における燕の墓葬について」『東京大学大学院人文社会系研究科・文学部考古学研究室研究紀要』第16号：1-58

石川岳彦 2008「春秋戦国時代の燕国の青銅器—紀元前5・6世紀を中心に—」春成秀爾・西本豊弘編『新弥生時代のはじまり 第3巻 東アジア青銅器の系譜』雄山閣：114-128

石川岳彦 2009「紀元前10世紀前後の遼東・遼西」藤尾慎一郎編『弥生時代の考古学 2 弥生文化誕生』同成社：59-72

大貫静夫 2005「最近の弥生時代年代論について」『ANTHROPOLOGICAL　SCIENCE（JAPANESE SERIES）』VOL.113, No.2：95-107

大貫静夫編 2007『遼寧を中心とする東北アジア古代史の再構築』平成16年度～平成18年度科学研究費

補助金（基盤研究Ｂ）研究成果報告書（研究代表：大貫静夫）
大貫静夫・鄭仁盛・石川岳彦・中村亜希子・古澤義久 2007「牧羊城をめぐる諸問題」『中国考古学』第
　　　7号：77-96
岡内三眞 2004「東北式銅剣の成立と朝鮮半島への伝播」春成秀爾・今村峯雄編『弥生時代の実年代
　　　炭素14年代をめぐって』 学生社：181-197
小田富士雄・韓炳三編 1991『日韓交渉の考古学　弥生時代篇』六興出版
唐津市史編纂委員会編 1962『唐津市史』唐津市
小林青樹・石川岳彦・宮本一夫・春成秀爾 2007「遼西式銅戈と朝鮮式銅戈の起源」『中国考古学』第7
　　　号：57-76
小林青樹 2008「遼寧式銅剣の起源に関する諸問題―小黒石溝遺跡8501号墓出土短剣の観察から―」『中
　　　国考古学』第8号：167-186
近藤喬一 2000「東アジアの銅剣文化と向津具の銅剣」山口県編『山口県史 資料編　考古1』：709-794
白井克也編 1996『比恵遺跡群 21』福岡市埋蔵文化財調査報告書第452集, 福岡市教育委員会
東亞考古學會 1931『東方考古學叢刊 甲種第二冊　牧羊城 南滿洲老鐵山麓漢及漢以前遺蹟』
春成秀爾・今村峯雄編 2004『弥生時代の実年代　炭素14年代をめぐって』学生社
春成秀爾 2006「弥生時代の年代問題」西本豊弘編『新弥生時代のはじまり 第1巻 弥生時代の新年代』
　　　雄山閣：65-89
宮本一夫 2000『中国北疆史の考古学的研究』 中国書店：237-266
宮本一夫 2008「遼東の遼寧式銅剣から弥生の年代を考える」『史淵』第145輯：155-190
〔中国語〕
安志敏 1953「河北省唐山市賈各荘発掘報告」『考古学報』第6冊：57-116
王増新 1964「遼寧撫順市蓮花堡遺址発掘簡報」『考古』1964－6：286-293
郭大順 2006「"異形戈"尋踪―兼談従文化発展大趨勢看遼寧式銅剣的起源」『遼寧省博物館館刊』第1
　　　輯, 遼海出版社：14-26
河北省文物研究所 1996『燕下都』文物出版社
許玉林・許明綱 1983「新金双房石棚和石蓋石棺墓」『文物資料叢刊』7：92-96
魏海波・梁志龍 1998「遼寧本渓県上堡青銅短剣墓」『文物』1998－6：18-22, 30
項春松・李義 1995「寧城小黒石溝石槨墓調査清理報告」『文物』1995－5：4-22
崔玉寛 1996『鳳城市文物志』遼寧民族出版社
四平地区博物館・吉林大学歴史系考古専業 1988「吉林省梨樹県二龍湖古城址調査簡報」『考古』1988－
　　　6：507-512
瀋陽市文物管理辦公室 1993『瀋陽市文物志』瀋陽出版社
中国国家文物局 2000「遼寧建昌東大杖子戦国墓地的勘探與試掘」『2000 中国重要考古発現』文物出版
　　　社：57-61
中国青銅器全集編輯委員会編 1995『中国青銅器全集 15 北方民族』文物出版社
朝陽地区博物館・喀左県文化館 1985「遼寧喀左大城子眉眼溝戦国墓」『考古』1985－1：7-18
程長新 1985「北京市通県中趙甫出土一組戦国青銅器」『考古』1985－8：694-700, 720
鉄嶺市文物管理辦公室 1996「遼寧鉄嶺市邱台遺址試掘簡報」『考古』1996－2：36-51
北京市文物研究所 2007『軍都山墓地―玉皇廟』文物出版社
李曉鍾 2008「瀋陽地区戦国秦漢考古初歩研究」徐光輝編『東北アジア古代文化論叢』北九州中国書
　　　店：153-165
遼寧省昭烏達盟文物工作站・中国科学院考古研究所東北工作隊 1973「寧城県南山根的石槨墓」『考古学
　　　報』1973－2：27-39
遼寧省西豊県文物管理所 1995「遼寧西豊県新発現的幾座石棺墓」『考古』1995－2：118-123

遼寧省博物館 1985「遼寧凌源県三官甸青銅短剣墓」『考古』1985－2：125-130
遼寧省博物館・朝陽地区博物館 1977「遼寧喀左南洞溝石槨墓」『考古』1977－6：373-375
遼寧省文物考古研究所 1989「遼寧凌源県五道河子戦国墓発掘簡報」『文物』1989－2：52-61
遼寧省文物考古研究所・葫蘆島市博物館・建昌県文管所 2006「遼寧建昌於道溝戦国墓地調査発掘簡報」
　　　　『遼寧省博物館館刊』 第1輯，遼海出版社：27-36
遼寧大学歴史系考古教研室・鉄嶺市博物館 1989「遼寧法庫県湾柳遺址発掘」『考古』1989－12：1076-
　　　　1086
旅順博物館・遼寧省博物館 1983「大連於家砣頭墓地」『文物』1983－9：39-49
林澐1980「中国東北系銅剣初論」『考古学報』1980－2：139-161
廊坊地区文物管理所・三河県文化館 1987「河北三河大唐廻，双村戦国墓」『考古』1987－4：318-322

挿図出典
図1：中国青銅器全集編輯委員会編 1995（小黒石溝），許玉林・許明綱 1983（双房6号）を引用。図2：遼寧大学歴史系考古教研室・鉄嶺市博物館 1989を引用。図3：遼寧省文物考古研究所・葫蘆島市博物館・建昌県文管所 2006を引用。図4：筆者実測・撮影。図5：瀋陽市文物管理辦公室 1993を引用。図6：魏海波・梁志龍 1998（上堡），王増新 1964（蓮花堡），白井編 1996（福岡・比恵）を引用。図7：筆者作成。図8：北京市文物研究所 2007（軍都山），遼寧省文物考古研究所 1989（五道河子），小田・韓炳三編 1991（佐賀・宇木鶴崎）を引用。

●文部科学省・科学研究費補助金・学術創成研究費(昭和16年度～20年度)
『弥生農耕の起源と東アジアー炭素年代測定による高精度編年体系の構築』

〔研究代表者〕
　西本　豊弘　　　　　国立歴史民俗博物館　教授

〔研究分担者〕
　今村　峯雄　　　　　国立歴史民俗博物館　教授
　春成　秀樹　　　　　国立歴史民俗博物館　教授
　広瀬　和雄　　　　　国立歴史民俗博物館　教授
　平川　南　　　　　　国立歴史民俗博物館　教授
　藤尾　慎一郎　　　　国立歴史民俗博物館　准教授
　永嶋　正春　　　　　国立歴史民俗博物館　准教授
　坂本　稔　　　　　　国立歴史民俗博物館　准教授
　小林　謙一　　　　　国立歴史民俗博物館　助教
　宮本　一夫　　　　　九州大学大学院人文科学研究院　教授
　中村　俊夫　　　　　名古屋大学年代測定総合研究センター　教授
　櫻井　敬久　　　　　山形大学理学部　教授
　設楽　博己　　　　　駒沢大学文学部　教授
　松崎　浩之　　　　　東京大学大学院工学系研究科　准教授
　小林　青樹　　　　　國學院大學栃木短期大學　准教授
　光谷　拓実　　　　　奈良文化財研究所埋蔵文化財センター　室長
　三上　喜孝　　　　　山形大学人文学部　准教授
　近藤　恵　　　　　　お茶の水女子大学生活科学部　助教
　　注．所属・職名は参加した時点のもの。

〔研究協力者（敬称略）〕
　長沼　孝　　　　　　北海道教育庁生涯学習部文化課
　西田　茂　　　　　　（財）北海道埋蔵文化財センター
　上野　秀一　　　　　札幌市観光文化局文化部文化財課
　南川　雅男　　　　　北海道大学大学院地球環境科学研究院
　臼杵　勲　　　　　　札幌学院大学人文学部
　岡田　康博　　　　　青森県教育庁文化財保護課三内丸山遺跡対策室
　工藤　竹久　　　　　八戸市教育委員会文化課
　小林　克　　　　　　秋田県埋蔵文化財センター北調査課
　小林　正史　　　　　北陸学院短期大学
　石川　日出志　　　　明治大学文学部
　松浦　秀治　　　　　お茶の水女子大学生活科学部
　篠田　謙一　　　　　国立科学博物館人類研究部
　堀内　晶子　　　　　国際基督教大学教養学部
　米田　穣　　　　　　東京大学大学院新領域創成科学研究科
　山本　直人　　　　　名古屋大学大学院文学研究科
　新美　倫子　　　　　名古屋大学博物館
　小田　寛貴　　　　　名古屋大学年代測定総合研究センター
　石黒　直隆　　　　　岐阜大学応用生物科学部

秋山　浩三	(財)大阪府文化財センター
森岡　秀人	芦屋市教育委員会文化財課
寺沢　薫	奈良県立橿原考古学研究所
常松　幹雄	福岡市埋蔵文化財センター
木下　尚子	熊本大学文学部
宮城　弘樹	今帰仁村教育委員会社会教育課
水ノ江和同	文化庁記念物課
馬場伸一郎	岐阜県下呂市教育委員会
大河内隆之	奈良文化財研究所
瀬口　眞司	滋賀県文化財保護協会
小島　孝修	滋賀県文化財保護協会

〔研究支援研究員〕
尾嵜　大真
宮田　佳樹
遠部　慎
住田　雅和
新免　歳靖
若狭　幸

〔事務局職員〕
小林　園子
知識　文恵
南部　逸枝
浪形　早季子
和泉　きよい
密本　晃子
宇井　裕子
橘　美津江

編者紹介

西本豊弘　　　国立歴史民俗博物館教授（学術創成研究代表）

執筆者紹介

西本豊弘　　　国立歴史民俗博物館教授
尾嵜大真　　　（株）パレオ・ラボ
藤尾慎一郎　　国立歴史民俗博物館教授
小林謙一　　　中央大学文学部准教授
宮田佳樹　　　国立歴史民俗博物館研究員
遠部　慎　　　北海道大学埋蔵文化財調査室
伊達元成　　　総合研究大学院大学博士課程
住田雅和　　　国立歴史民俗博物館研究員
水ノ江和同　　文化庁記念物課調査官
梁　成赫　　　国立光州博物館学芸員
趙　志軍　　　中国社会科学院考古研究所教授
石川岳彦　　　国立歴史民俗博物館研究員

新弥生時代のはじまり　第4巻

弥生農耕のはじまりとその年代

2009年3月10日　発行

編　者　　西本豊弘

発行者　　宮田哲男

発行所　　株式会社 雄山閣
　　　　　〒102-0071
　　　　　東京都千代田区富士見2-6-9
　　　　　TEL　03（3262）3231
　　　　　FAX　03（3262）6938

印　刷　　株式会社秀巧堂

©Printed in Japan

ISBN978-4-639-02079-0　C1321